ZWISCHEN OSTSEE UND NORDSEE
WIRTSCHAFT IM BEZIRK DER IHK ZU KIEL

MONOGRAPHIEN
DEUTSCHER
WIRTSCHAFTSGEBIETE

ZWISCHEN OSTSEE UND NORDSEE
WIRTSCHAFT IM BEZIRK DER IHK ZU KIEL

HERAUSGEGEBEN IN ZUSAMMENARBEIT MIT DER
INDUSTRIE- UND HANDELSKAMMER ZU KIEL
REDAKTION:
HAUPTGESCHÄFTSFÜHRER ASSESSOR WOLF-RÜDIGER JANZEN
DIPL.-VERWALTUNGSWIRT (FH) JOHANNES CALLSEN
DIPL.-VOLKSWIRT PETER WELTERSBACH
DRITTE AUSGABE 1996

VERLAG KOMMUNIKATION UND WIRTSCHAFT GMBH · OLDENBURG (OLDB)

▨ *Die Deutsche Bibliothek
— CIP-Einheitsaufnahme
Zwischen Ostsee und Nordsee —
Wirtschaft im Bezirk der IHK zu
Kiel/hrsg. in Zusammenarbeit mit
der Industrie- und Handelskammer
zu Kiel. Red.: Wolf-Rüdiger Janzen,
Johannes Callsen und Peter Welters-
bach. — 3., völlig neue Ausg. —
Oldenburg (Oldb): Verl. Kommuni-
kation und Wirtschaft, 1996
(Edition Städte — Kreise — Regio-
nen) (Monographien deutscher Wirt-
schaftsgebiete)*

ISBN 3-88363-140-X

▨ *Das Buch erscheint in der Edition
«Städte — Kreise — Regionen»
Alle Rechte bei Kommunikation und
Wirtschaft GmbH, Oldenburg (Oldb)*

Printed in Germany 1996

*Satz und Druck: Schlütersche
Verlagsanstalt und Druckerei
GmbH & Co., Hannover
Lithographien: Hoppe & Ruthe
EBV GmbH, Herford*

Bildnachweis: Seite 259

ISBN 3-88363-140-X

INHALT / CONTENTS

7

FREIZEIT, KULTUR, SPORT / LEISURE, CULTURE, SPORTS

AUSBLICK / VIEW

REGISTER

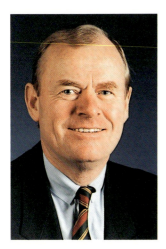

■ Die aktive Förderung der gesamten Wirtschaft Schleswig-Holsteins — und speziell die unserer Region — ist das zentrale Anliegen der Industrie- und Handelskammer zu Kiel. Unter dem Motto „WIR UNTERNEHMEN ZUKUNFT" nutzt die Kammer ihr 125jähriges Jubiläum zur Neuauflage ihrer Wirtschaftsmonographie, um die Leistungsvielfalt und die Leistungsfähigkeit der Region zu präsentieren.

Schleswig-Holstein hat in den vergangenen Jahren gravierende Veränderungen in seiner Wirtschaftsstruktur bewältigt, ein Prozeß, der auch heute noch anhält. Der abnehmenden Bedeutung traditioneller Bereiche wie der Landwirtschaft und von Teilen des produzierenden Gewerbes steht eine dynamische und stark expandierende Dienstleistungs- und Kommunikationsbranche gegenüber, die Schleswig-Holstein mit auf den Weg in das Informationszeitalter nimmt. Die Ansiedlung junger und kreativer Unternehmen, oftmals in Technologie- und Gründerzentren und in unmittelbarer Nähe renommierter und leistungsfähiger Forschungsinstitute, wirkt wie eine belebende Frischzellenkur, die der Region spürbare innovative Impulse verleiht.

Vom — freilich überzeichneten — Klischee eines idyllischen, aber vermeintlich rückständigen Agrarlands mit glücklichen Kühen und frischen Krabben hat sich Schleswig-Holstein zu einem Land mit einer unterdurchschnittlichen Arbeitslosenquote und einem überdurchschnittlichen Wirtschaftswachstum entwickelt. Dies wäre

■ The central concern of the Kiel Chamber of Industry and Commerce is to actively promote the whole Schleswig-Holstein economy and especially that of our region. Following the motto "Undertaking the future", the chamber is marking its 125th anniversary with a new edition of this economic monograph presenting the region's capabilities. The Schleswig-Holstein economy has undergone great changes in recent years, and the process is still continuing. The decreasing importance of agriculture and parts of manufacturing industry contrasts with dynamic and expanding service and communication sectors that are carrying Schleswig-Holstein forward into the information age. The settlement in the region of young and creative firms — often in technology and start-up centres and adjacent to highly-reputed research institutes — is having the effect of a rejuvenating live-cell cure, lending the region an innovative stimulus.

From the — greatly exaggerated — cliché of an idyllic but supposed backward agricultural area with contented cows and fresh shrimps, Schleswig-Holstein has become an area with a lower-than-average jobless rate and an above-average economic growth. This would not have been possible if the region had not had critical but down-to-earth cooperation between business, policy-makers and the administration.

The monograph illuminates the individual areas of the chamber's territory no less than the focal points of economic activity, and the

sicher nicht möglich gewesen, gäbe es in Schleswig-Holstein nicht eine kritische, aber gleichwohl sachorientierte Zusammenarbeit zwischen Wirtschaft, Politik und Verwaltung.

Die Monographie beleuchtet die Teilregion des Kammerbezirks genauso wie die Schwerpunkte wirtschaftlichen Handelns. Dies wird ergänzt durch aktuelles Bildmaterial, das auch eine detailliertere Beschäftigung mit Einzelthemen ermöglicht. Dabei wird der Blickwinkel des Lesers bewußt nicht auf wirtschaftliche Aspekte verengt, sondern erfaßt auch historische Hintergründe und kulturelle Eigenarten der Region. Nur so können sich dem Leser neben harten ökonomischen auch weiche Standortfaktoren und damit die besondere Lebensqualität im hohen Norden erschließen. Nicht ohne Grund heißt es „Dort arbeiten, wo andere Urlaub machen". Auch gibt sich dieses Werk nicht mit einer Bestandsaufnahme des Heute zufrieden, sondern es versucht den Blick in die Zukunft, um so die Grundlinien des weiteren Wandels erkennbar zu machen. Diese Sicht der Dinge entspricht gleichermaßen dem vorwärtsgerichteten Selbstverständnis eines tüchtigen Unternehmers wie auch der zupackenden Art der Menschen an der Küste.

Die Kammer hofft, daß die Monographie diesem an sie gestellten Anspruch gerecht wird und der Leser sich nach der Lektüre ein objektives Bild vom Bezirk der Industrie- und Handelskammer zu Kiel machen kann — dabei sind wir außerordentlich zuversichtlich, daß es ein positives Bild sein wird.

whole is complemented by up-to-the-hour illustrations. The reader's viewpoint is not narrowed to economic aspects but can take account of the historical background and the region's cultural aspects. Only so, in addition to hard economic and also soft locational factors, can the special quality of life in the high north be revealed to the reader. It is not for nothing that they speak here of "working where others go on holiday". The monograph does not content itself with presenting a picture of today, but seeks to take a look into the future. This view of things corresponds with the forward-looking attitude of a capable entrepreneur or the hands-on style of the people of the coast.

The chamber hopes that the monograph will conform with the demands placed on it and that it will provide the reader with an objective picture of the area represented by the Kiel Chamber of Industry and Commerce. We are confident that the impression will be a positive one.

11

Konsul Dr. Fritz Süverkrüp
Präsident der IHK zu Kiel

Assessor Wolf-Rüdiger Janzen
Hauptgeschäftsführer der IHK zu Kiel

WOLF-RÜDIGER JANZEN

LEBENDIGE WIRTSCHAFT ZWISCHEN OSTSEE UND NORDSEE

Der Bezirk der Industrie- und Handelskammer zu Kiel reicht von der Schlei, Eckernförde und Kiel an der Ostseeküste über Rendsburg, Neumünster und Plön im Herzen des Landes bis nach Itzehoe und Pinneberg vor den Toren Hamburgs. Die IHK zu Kiel betreut auch die einzige deutsche Hochseeinsel — Helgoland — und die meistbefahrene künstliche Wasserstraße der Welt, den Nord-Ostsee-Kanal. Auf rund 5200 Quadratkilometern leben etwa 1,12 Millionen Menschen, davon 250 000 in der Landeshauptstadt Kiel.

Schleswig-Holstein durchlebt seit einigen Jahren einen tiefgreifenden Strukturwandel, der durch den Übergang von der Industrie- zur Dienstleistungs- oder Informationsgesellschaft bestimmt ist. Die Norderweiterung der EU und die Renaissance Ost- und Mittel-Ost-Europas erhöhen zusätzlich den Wettbewerbsdruck und führen zu einer grundlegenden Neuordnung der Handelsströme und Marktanteile. Um die Chancen aus diesen Umwälzungen nutzen zu können, wurden rechtzeitig die Weichen für eine Modernisierungs- und Innovationswelle gestellt. Schleswig-Holstein weist heute eine flexible und innovative, mittelständisch strukturierte Wirtschaft auf. Die Landwirtschaft erwirtschaftet nur noch rund zwei Prozent der Bruttowertschöpfung, dient allerdings der starken Nahrungs- und Genußmittelindustrie als Vorstufe. Der produzierende Sektor selbst hält noch etwa 30 Prozent Anteil, wie die Landwirtschaft mit fallender Tendenz. Neben einer hohen Zahl von Bundeswehrstandorten war auch die Wehrtechnik im Kammerbezirk stark vertreten. Ihr Rückgang trifft vor allem den marinen Sektor, der den Raum Kiel seit über hundert Jahren mit zahlreichen Großbetrieben, einer breiten Zuliefererstruktur und vielen industriellen Arbeitsplätzen geprägt hat. Die negativen Folgen für den Arbeitsmarkt konnten durch Zuwächse in anderen industriellen Bereichen nicht kompensiert werden, erst recht nicht nach der jüngsten Rezession.

The area covered by the Kiel Chamber of Industry and Commerce extends from the river Schlei, Eckernförde and Kiel on the Baltic coast, through Rendsburg, Neumünster and Plön in the heart of Schleswig-Holstein to Itzehoe and Pinneberg just outside Hamburg. Kiel is also responsible for Heligoland — Germany's only island in the high seas — and the Kiel Canal, the busiest waterway in the world. Some 1.12 million people live in an area of 5,200 square kilometres, 250,000 of them in Kiel, the capital of Schleswig-Holstein.

For several years Schleswig-Holstein has been undergoing radical structural change brought about by the transition from an industrial society to a society in which services and information transfer dominate. The northern extension of the European Union and the renaissance of eastern and eastern central Europe have further increased the pressure of competition and are leading to totally new patterns in the flow of trade and market shares. To make use of the opportunities arising from this upheaval, the way for a new wave of modernization and innovation was prepared in good time. Today Schleswig-Holstein has a flexible and innovative economy characterized by small and medium-sized companies. Agriculture now only accounts for about two percent of the gross net product, but it does have an important function as a supplier to the strong food and beverages industry. The production sector itself has a share of only 30 percent — with a downward trend as in the case of agriculture. In addition to a large number of military bases, military engineering used to be strongly represented in the area. Its decline is most felt in the marine sector, that has played an important role in and around Kiel for over a hundred years with numerous large companies, a network of component suppliers and many jobs in industry. It has not been possible to compensate for the negative effects on the labour market through growth in other industries, and the latest recession has not improved matters.

A LIVELY ECONOMY BETWEEN NORTH SEA AND BALTIC

■ Der Nord-Ostsee-Kanal, hier die Kanalschleusen Kiel-Holtenau, zieht sich quer durch den Bezirk der Industrie- und Handelskammer zu Kiel.

■ The Kiel Canal — seen here are the locks at Kiel-Holtenau — traverses the territory of Kiel Chamber of Industry and Commerce.

■ Dienstleistungs- und Wirtschafts-
metropole Kiel

Das von 1907 bis 1911 gebaute
Kieler Rathaus mit dem 106 Meter
hohen Turm ist das Wahrzeichen der
schleswig-holsteinischen Landeshauptstadt. Für die Gesamtverwaltung ist
das Gebäude heute zu klein. Aber
wichtige Ämter sind darin untergebracht. Außerdem lenken von hier aus
Magistrat und Ratsversammlung die
Geschicke der 242 000-Einwohner-
Metropole.

■ Services and business metropolis
Kiel

With its 106-metre-high tower, Kiel's
town hall (built 1907—1911) is the
principal landmark of the state capital. The town hall is today too small to
accommodate the entire administration, but important departments still
find space there, with the city authorities looking after the affairs of the
242,000 population.

■ Durch die Gründung der Kieler
Wirtschaftsförderungs- und Struktur-
entwicklungsgesellschaft mbH und
des Kieler Innovations- und Technologiezentrums sind zwei Instrumente
geschaffen worden, um die Innova-
tions- und Wettbewerbsfähigkeit der
örtlichen Wirtschaft zu stärken. Das
Team der Kieler Wirtschaftsförde-
rungsgesellschaft um Geschäftsführer
Finn Duggen (Mitte) steht für alle
Fragen zur Verfügung. Es reagiert
schnell und unbürokratisch in enger
Zusammenarbeit mit der Stadt.

■ The founding of the Kieler Wirt-
schaftsförderungs- und Strukturentwicklungsgesellschaft mbH and Kiel
Center of Innovation and Technology has created two bodies devoted to
strengthening innovation and competition in local business. The team of
the former and managing director
Finn Duggen (centre) are available
to answer all questions promptly and
unbureaucratically in close cooperation with the city.

■ Aufgabe der Kieler Wirtschaftsförderung ist es unter anderem,
Gewerbegebiete für Neuansiedlungen
und Umsiedlungen zu vermarkten
sowie neue Gebiete zu erschließen.
Außerdem werden Wirtschaftsunter-
nehmen in Standort-, Innovations-
und Finanzierungsfragen betreut
und im Rahmen der notwendigen
Antragsverfahren unterstützt.

■ The aims of Kiel's economic promotion activities include the marketing of sites and locations for new
start-up companies and resitings and
the development of new areas. Companies are also advised on matters
relating to location, innovation and
financing. Assistance is likewise given
in connection with necessary application procedures.

■ Ein weiterer wichtiger Ansprech-
partner ist der Hafen- und Wirt-
schaftsdezernent, Stadtrat Dr. Peter
Kirschnick, über den auch die Kontakte zum Kieler Hafen laufen.

■ A further important interlocutor
is the head of the port and economics
department, city councillor Dr. Peter
Kirschnick, through whom contacts
run with the port of Kiel.

Dagegen erzielt der Dienstleistungssektor heute schon über 50 Prozent der Bruttowertschöpfung, rechnet man den Bereich Handel und Verkehr hinzu sind es sogar fast 70 Prozent — mit weiter steigender Tendenz. Hierzu trägt zunächst ein facettenreiches Angebot im Fremdenverkehr bei. Gemessen an den Übernachtungen pro Einwohner ist Schleswig-Holstein Deutschlands Urlaubsland Nr. 1. Für die Positionierung im internationalen Wettbewerb bedeutend ist aber die Entwicklung im Telekommunikations- und Computersektor. Die Halbwertzeit technischen Fortschritts ist hier nur noch in Monaten zu rechnen und generiert einen stetig zunehmenden Beratungsbedarf, der in zahlreiche Unternehmensgründungen und steigende Beschäftigtenzahlen mündet. Diese expansive, von Flexibilität und Innovationskraft geprägte Entwicklung ist charakteristisch für weite Bereiche des Dienstleistungssektors. Bei aller Freude darüber muß aber sichergestellt werden, daß in einer ohnehin unterdurchschnittlich industrialisierten Region die industrielle Basis nicht wegbricht. Sie muß hochwertige, innovative Produkte anbieten, um angesichts der Kostenrelationen international wettbewerbsfähig zu sein. Das erfordert qualifizierte Arbeitskräfte, moderne Forschungseinrichtungen, einen funktionierenden Technologietransfer, eine lebendige Existenzgründerlandschaft und eine leistungsfähige Verkehrsinfrastruktur.

Folgerichtig wird der Aus- und Weiterbildung Priorität eingeräumt. Als einer der wichtigsten Standortvorteile Deutschlands sichert das duale System der Berufsausbildung ein ausreichendes Reservoir qualifizierter Fachkräfte. Auch die berufliche Weiterbildung ist in Schleswig-Holstein mit zahlreichen Institutionen, darunter der WAK — Wirtschaftsakademie Schleswig-Holstein — und dem ÜAZ — Überbetriebliches Ausbildungszentrum —, gut besetzt. Beide sind mit Regionalbüros in der Fläche vertreten und offerieren der Wirtschaft ein breites, qualitativ hochwertiges Angebot. Insbesondere die Berufsakademie an der WAK ist mit ihrer Kombination von beruflicher und theoretischer Ausbildung ein Pfeiler der mittelstandsorientierten Aus- und Weiterbildung. Auch die privat getragene „Nordakademie" in Elmshorn bietet Studiengänge an, die betriebliche und wissenschaftliche Ausbildung kombinieren.

Hohe Priorität genießen darüber hinaus Wissenschaft und Forschung. Kiel ist mit der 1665 gegründeten Christian-Albrechts-Universität der bedeutendste Hochschulstandort Schleswig-Holsteins. An ihr ist das international renommierte Institut für Welt-

By contrast, the tertiary sector already generates over 50 percent of the gross net product; if we include trade and transport it is nearly 70 percent, with an upward trend. A large contribution is made by the tourist trade, with a varied programme. Measured by the number of overnight stays, Schleswig-Holstein is Germany's leading holiday region. But most important for competition at the international level is development in the telecommunication and computer field. Here, the half-life of technical progress can only be measured in months and generates a continually increasing need for advisory services that has resulted in the establishment of numerous new companies and rising employment figures. This expansive development characterized by flexibility and innovation is typical of large areas of the tertiary sector. But encouraging as this is, we have to ensure that we do not destroy the industrial basis of a region that is less industrialized than most of Germany in any case. Local industry must supply high-quality, innovative products in order to remain competitive at the international level in spite of the relative costs. This demands a qualified workforce, modern research institutions, functioning technology transfer, plenty of new young companies and an efficient transport infrastructure. It is logical that priority has to be given to initial and on-going training. One of the most important advantages of Germany as an industrial location is the dual system of vocational training that ensures an adequate reservoir of qualified manpower. Advanced vocational education is also well represented in Schleswig-Holstein, with numerous institutions including the Schleswig-Holstein Business Academy (WAK) and the Extra-Plant Training Centre (ÜAZ). Both have regional offices covering rural areas as well, and offer industry a wide and high-quality range of educational measures. In particular the Vocational Academy, a section of the WAK, with its combination of vocational and theoretical education, is a pillar of initial and on-going training for smaller companies. The privately run "Northern Academy" in Elmshorn also offers courses of study that combine academic work with training in companies.

High priority is enjoyed by science and research. With the Christian-Albrechts University (CAU), founded in 1665, Kiel is the most significant university location in Schleswig-Holstein. The university departments include the internationally renowned Institute for World Economics (IfW). In 1995, special measures were taken to promote the technical disciplines. The CAU Faculty of Engineering was established, after the Advanced Technical College of Kiel

▦ *High-Tech made in Itzehoe . . .*
Das Fraunhofer-Institut für Silizi-
umtechnologie (ISiT) in Itzehoe ist
das europaweit führende Zentrum für
Mikroelektronik und Mikrosystem-
technologie. Der modulare Aufbau
des ISiT ermöglicht eine neue Art der
Kooperation mit technologieorientier-
ten Unternehmen. Besonders interes-
sante Chancen bieten sich mittelstän-
dischen Unternehmen, die die
Kompetenz des ISiT für eigene
FuE-Projekte nutzen können. Zu-
sammen mit dem IZET Innovations-
zentrum Itzehoe ist das ISiT somit ein
aktiver Partner der Wirtschaft.

▦ *High-tech made in Itzehoe . . .*
The Fraunhofer-Institute for Silicon
Technology (ISiT) in Itzehoe is Eu-
rope's leading centre for microelec-
tronics and microsystem technology.
The modular structure offers a novel
way of cooperating with technology-
oriented companies. Of special inter-
est for medium-sized companies are
the chances of using the institute's
facilities for own R & D projects.
Hence, along with the IZET Innova-
tion Centre Itzehoe, ISiT is an active
partner for cooperation.

wirtschaft angesiedelt. Gezielt gestärkt wurden 1995 die technischen Disziplinen. Nachdem die Fachhochschule Kiel Forschung und Lehre in diesem Bereich lange allein geleistet hat, wurde jetzt die Technische Fakultät der CAU gegründet. Auch das Institut für Meereskunde, die größte und vielseitigste ozeanographische Forschungsstätte Mitteleuropas, hat seinen Sitz an der CAU. Gemeinsam mit dem Institut für marine Geowissenschaften (GEOMAR) macht es Kiel zu einem europäischen Zentrum für Meerestechnik. Die GEOMAR-Konzeption ist ein Musterbeispiel für die gelungene Verknüpfung anwendungsnaher Forschung und ihrer Umsetzung in industrielle Produktion. Neben dem Institut wurde von Beginn an die GEOMAR-Technologie-GmbH in die Konzeption integriert. Heute beschäftigt das Institut mehr als 300 Wissenschaftler, und die GTG hat sich zu einer festen Größe in der Technologielandschaft des Landes entwickelt. Eine wichtige Rolle spielen in diesem Zusammenhang auch die private Fachhochschule in Wedel mit einem starken technologischen Zweig und die Hochschule für Berufstätige in Rendsburg.

Auch die Verbindung zwischen hochkarätiger Forschung im Fraunhofer-Institut für Siliziumtechnologie (ISiT) und ihre Umsetzung im angegliederten Innovationszentrum Itzehoe (IZET) ist ein Kristallisationspunkt für kreative Unternehmen und innovative Produktionen. Um Technologieförderung und -transfer landesweit zu optimieren, wurden die Technologie-Stiftung (TSH) und die Technologie-Transferzentrale Schleswig-Holstein (ttz) gegründet. Dabei ist die TSH für die Initiierung und Finanzierung von Projekten, die ttz, an der die TSH und die drei schleswig-holsteinischen Industrie- und Handelskammern zu gleichen Teilen beteiligt sind, dagegen für die Umsetzung in und mit den Unternehmen verantwortlich. Der Ansatz, Forschungskapazitäten bei einem gut organisierten Technologietransfer als Kristallisationspunkte für innovativ strukturierte Technologiezentren zu nutzen und so die Ansiedlung junger und innovativer Unternehmen zu fördern, ist erfolgreich, wie das auf ökologisches Bauen spezialisierte Technik- und Ökologiezentrum (TÖZ) in Eckernförde und das Kieler Innovations- und Technologie-Zentrum (KITZ) zeigen. In beiden Fällen sorgen Unternehmensansiedlungen für innovative und wettbewerbsfähige Produkte sowie qualifizierte, dauerhaft konkurrenzfähige Arbeitsplätze. Nur der Aufbau moderner Produktionen kann die industrielle Basis sichern und Schleswig-Holstein zu einem zukunftsorientierten und wettbewerbsfähigen Wirtschafts- und Produktionsstandort im Europa der Regionen machen.

had borne sole responsibility for teaching and research in this sector for many years. The Institute of Oceanography, the biggest and most diversified research institution of its kind in central Europe, is also sited at the CAU. Together with the Institute for Marine Geosciences (GEOMAR) it makes Kiel a European centre of marine technology. The GEOMAR concept is a fine example of the successful linking of application-oriented research with its practical use in industrial production. From the beginning the concept included a company, GEOMAR-Technologie-GmbH (GTG), alongside the Institute. The Institute now employs over 300 scientists, and GTG has developed into a well-known feature of the region's technology scene. Further important institutions of this kind are the private Advanced Technical College in Wedel, with a strong technological bias, and the University for Working People in Rendsburg.

The combination of high-level research at the Fraunhofer Institute for Silicon Technology (ISiT) and its practical application at the Innovations Centre in Itzehoe (IZET) which is associated with it is a source of creative companies and innovative production methods. Furthermore, the Technology Foundation (TSH) and the Technology Transfer Centre of Schleswig-Hostein (ttz) were established with the aim of optimizing the promotion and transfer of technology throughout the region. The TSH is responsible for initiating and financing projects, while the ttz, in which the TSH and the three Chambers of Industry and Commerce in Schleswig-Holstein hold equal shares, is responsible for practical application of the findings in and together with the companies. The idea of using research capacities and well-organized technology transfer as nuclei for innovative technology centres, thereby attracting young, innovative companies, has been successful, as the Technology and Ecology Centre (TÖZ) in Eckernförde — specializing in ecologically sound construction techniques — and the Kiel Innovation and Technology Centre (KITZ) plainly show. In both cases, newly established companies ensure innovative and competitive products and qualified jobs that can hold their own in the long term. Only the establishment of modern producing companies can safeguard the industrial basis of the region and make Schleswig-Holstein a forward-looking and competitive business and production location within the New Europe.

If Schleswig-Holstein is to make use of its new opportunities in the Baltic Sea area it must have reliable transport connections to the domestic and international markets. The main axes of the region, especially the A 1 and A 7 motorways, ensure that Schleswig-Hol-

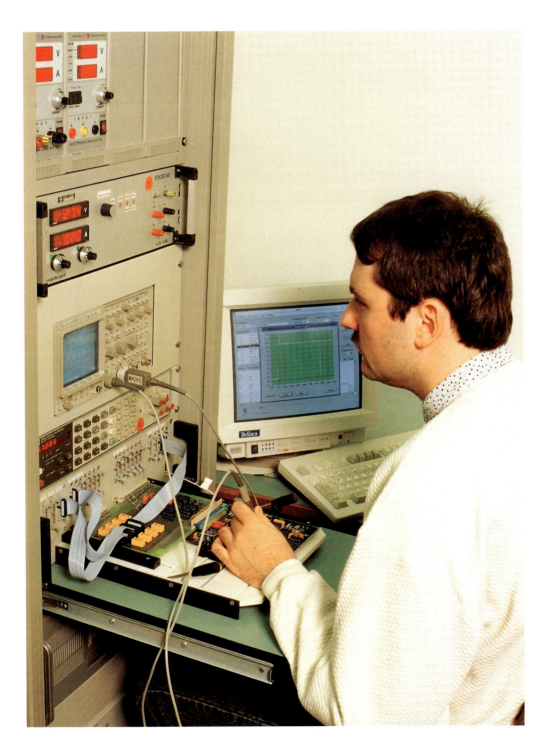

■ *Einsatz modernster Meßtechnik zur Prüfung elektronischer Systeme im Hause DST Deutsche System-Technik GmbH, Kiel*

■ *The most modern instrumentation is employed to check electronic systems at DST Deutsche System-Technik GmbH, Kiel.*

■ *Die ACO Gruppe: Vom Spezialisten für Oberflächenentwässerung
zum Komplettanbieter*

*Was 1946 mit einer Betonfabrik in
Rendsburg begann, wuchs zu einer
internationalen Unternehmensgruppe
mit 1800 Mitarbeitern in 18 Ländern. Den Durchbruch schaffte
ACO in den 70er Jahren mit Ent-
wässerungssystemen aus Polymerbeton. Heute werden die ACO DRAIN®
Rinnenelemente marktführend in
Europa und den USA vertrieben. Als*

*struktur, frei nach dem Motto "think
global, act local". Die einzelnen
Gesellschaften vor Ort arbeiten weitgehend selbständig und können so
den regionalen Besonderheiten der
Märkte gerecht werden.*

*Wachstum durch innovative
Produkte*

*Nach den Erfolgen im Bereich Ent-
wässerungstechnik baute ACO die
Geschäftsfelder zum kompletten
Systemangebot für den Hoch- und*

*Spezialist für korrosionsbeständige
Werkstoffe und moderne Systemtechnik bietet ACO vielfältige Problemlösungen im Hoch- und Tiefbau an.*

*Seit sieben Generationen Erfolg mit
Baustoffen*

*ACO blieb seit der Gründung durch
Josef-Severin Ahlmann in Familienbesitz. In siebter Generation reprä-
sentiert Hans-Julius Ahlmann die Unternehmensgruppe, die das Stammhaus in Rendsburg beibehielt.
Produziert wird weltweit an
20 Standorten, davon 17 in Europa,
zwei in den USA und einem in Au-
stralien. Für den Vertrieb sorgen weltweit insgesamt 50 ACO Gesellschaften, die gleichberechtigt zu einem
länderübergreifenden Netzwerk
verknüpft sind. Auch das Marketing
folgt der dezentralen Unternehmens-*

*Tiefbau aus. An mehreren Stand-
orten wurden Kompetenzzentren eingerichtet, die spezifisches Know-how
für die gesamte Gruppe bereitstellen.
ACO produziert heute Bauelemente
vom Keller bis zum Dach. Durch die
Übernahme der dänischen Plastmo
A/S bietet ACO jetzt ein komplettes
Fensterprogramm für Keller-, Neben-
raum- und Wohnraumfenster an. In
Systempartnerschaft mit der Fränki-
schen entwickelt ACO umweltgerechte
Lösungen für die Linienentwässerung mit angeschlossener Versicke-
rung.
Auch in Zukunft wird sich ACO als
größter Anbieter von Linienentwässerungssystemen profilieren. Zu den
Referenzobjekten gehören die Olym-
piastadien von München, Montreal,
Los Angeles, Seoul und Barcelona.
Bei den Olympischen Spielen in Atlanta wird der Entwässerungsspezia-
list wieder dabei sein.*

Produktionsfaktor Kommunikation

*In allen Unternehmensbereichen setzt
ACO auf modernste Technologie.
Stichworte sind hier Multimedia und
Satellitenverbindung, die besonders
die Kommunikation mit den Werken
in Osteuropa erheblich beschleunigt.
Datentransfer und Videokonferenzen
bestimmen den Arbeitsalltag von
morgen.*

Today the ACO DRAIN® channel drainage systems are market leaders in Europe and in the U.S.A. ACO are also specialists in corrosion resistant materials and modern system technology and offer a wealth of solutions to problems in civil engineering and construction.

Success with building materials over seven generations

ACO has been family-owned since it was founded by Josef-Severin Ahl-

mann. Hans-Julius Ahlmann represents the group in the seventh generation and Rendsburg is still the headquarters. There are 20 production sites worldwide — 17 in Europe, two in the U.S.A. and one in Australia. Worldwide marketing is undertaken by 50 ACO companies who are linked by a global network. Marketing is also decentralized and subscribes to the motto "Think global, act local!" The individual companies are largely independant and so can best to the characteristics of the regional markets.

Innovative products ensure growth

Following it's success in drainage technology, ACO developed its divisions to provide a complete system for civil engineering and construction. So-called competence centres were set up at various locations to provide the

specific know-how for the whole group. ACO today produces building components for the basement to the roof. With the takeover of the Danish firm Plastmo A/S, ACO now offers a complete window programme including basement, adjoining room and living area windows. In a system partnership with Fränkische, ACO develops environmentally friendly solutions for line drainage with connected ground infiltration. ACO will continue to make its name as the largest supplier of line drain-

age systems. Jobs on the group's reference list include the stadiums for the Olympic Games in Munich, Montreal, Los Angeles, Seoul and Barcelona and the drainage specialist will again be present at the Olympic Games in Atlanta.

Communication is a production factor

ACO relies on the most modern technology in all divisions, keywords here being multimedia and satellite links. These substantially speed up communication with the plants in Eastern Europe. Data transfer and videoconferencing are putting their mark on tomorrow's everyday world.

■ The ACO Group: From surface drainage specialists to suppliers of construction system solutions

What started as a concrete mixing plant in Rendsburg in 1946 has become an international group with a workforce of more than 1,800 in 18 countries. ACO's breakthrough came in the 1970's with drainage systems made of polymer concrete.

21

Um die neuen Chancen im Ostseeraum nutzen zu können, muß die Verkehrsanbindung Schleswig-Holsteins an die nationalen und internationalen Märkte sichergestellt werden. Die Hauptverkehrsachsen des Landes, insbesondere die A 1 und die A 7, gewährleisten, daß die langjährige Randlage Schleswig-Holsteins zugunsten einer Drehscheibenfunktion im Ostseeraum überwunden werden kann. Dem daraus erwachsenden deutlich zunehmenden Straßenverkehr, via Dänemark und via Fähren über die „nasse Autobahn Ostsee", wird mit der vierten Röhre für den Elbtunnel und der geplanten festen Elbquerung westlich von Hamburg im Rahmen der „Ostsee-Autobahn" A 20 Rechnung getragen. Zudem wurden die Bahnstrecken elektrifiziert und damit konkurrenzfähiger. Die gute verkehrstechnische Anbindung ist auch ein Trumpf für den expandierenden Kieler Hafen, der sich zum bedeutendsten deutschen Passagierhafen entwickelt hat. Der neue Flugterminal in Hamburg-Fuhlsbüttel stärkt die weltweite Luftverkehrsanbindung Schleswig-Holsteins. Zusätzlich sorgt der Kieler Flughafen für die Anbindung der Region an die anderen deutschen Luftverkehrskreuze.

Schleswig-Holstein ist also auf einem guten Weg in die Zukunft. Die Erfolge zeigen sich in einem Wirtschaftswachstum, das über, und in einer Arbeitslosenquote, die unter dem Durchschnitt der alten Bundesländer liegt, und daran, daß das Land zum Nettozahler innerhalb des Länderfinanzausgleichs wurde. Um Schleswig-Holstein dauerhaft als modernen und leistungsfähigen Wirtschaftsstandort zu erhalten, ist weitere Arbeit zu leisten. Die Chancen haben wir in der Hand, wir müssen sie nur gemeinsam nutzen — deshalb unternehmen wir Zukunft!

stein can abandon the peripheral position it occupied for so many years and become a hub for the Baltic Sea region. Responses to the resulting sharp increase in road traffic, through Denmark and by ferry on the "watery autobahn" of the Baltic Sea, are the construction of a fourth "tube" for the Elbe Tunnel and the planned bridge west of Hamburg forming part of the "Baltic Motorway" A 20. A further measure is the electrification of the railways, which will make them more competitive. The good transport connections are also an advantage to the expanding harbour of Kiel, that has become the most important German passenger port. The new terminal at Hamburg's Fuhlsbüttel Airport helps to connect Schleswig-Holstein to air transport facilities throughout the world. Kiel Airport too connects the region to other German air transport centres.

Schleswig-Holstein is on a promising course into the future. Its success is reflected in economic growth that is above the average for the west German states and an unemployment rate below the average for the same area. It is also shown by the fact that Schleswig-Holstein makes a good contribution to the fiscal adjustment system between the German Länder. But more effort is required to keep Schleswig-Holstein a modern and efficient business location. We have been given the chance; now we must use it together to shape our future!

In über 860 Annahmestellen bietet das NordwestLotto in Schleswig-Holstein die Teilnahme an vielen Lotterien an. Dank der neuen Online-Technik ist es seit 1995 möglich, auch noch am Tag der Ziehung der Gewinnzahlen — zum Beispiel für das Zahlenlotto „6 aus 49" am Sonnabend — einen Tip abzugeben. Von den Spieleinsätzen profitieren nicht nur die Spielteilnehmer, die einen der begehrten Millionengewinne erzielen können. Auch das Land hat großen Anteil an den Spieleinsätzen; rund 41 Prozent hiervon (etwa 190 Millionen DM jährlich) sind vom NordwestLotto Schleswig-Holstein an die Landeskasse u. a. zur Förderung sozialer und kultureller Zwecke abzuführen.

The NordwestLotto lottery operator for North-West Germany has more than 860 agent's offices in Schleswig-Holstein where one can try one's luck. Thanks to the new on-line technology it has been possible since 1995 to hand in one's tip on the same day as the winning numbers are drawn, for example the "6 out of 49" lotto on Saturday. It is not only the players that profit from the stake money — perhaps winning a few millions — but the state also benefits. Some 41 percent of the money staked (about 190 million DM annually) is paid by NordwestLotto Schleswig-Holstein to the state treasury to be used for social and cultural purposes.

23

DR. FRITZ SÜVERKRÜP

ZUKUNFTSSTANDORT KIEL

Kiel ist mit über 250 000 Einwohnern nicht nur die größte Stadt Schleswig-Holsteins, sondern als Sitz der Landesregierung auch sein politisches Zentrum.

Eine Oper, ein Schauspielhaus und weitere Bühnen bieten eine künstlerische Vielfalt, die zwischen Kopenhagen und Hamburg ihresgleichen sucht. Gleiches gilt natürlich für die Kieler Woche, die der Landeshauptstadt seit mehr als 100 Jahren alljährlich Hunderttausende Gäste aus aller Welt beschert und Kiel eine Woche lang zum Mekka nicht nur der Segelwelt werden läßt. Nicht zuletzt wegen ihrer Popularität und der Qualität des Segel-Reviers „Kieler Förde" gehört Kiel zu der Handvoll Städte, die bereits zweimal Olympiastadt waren und so über einen beachtlichen internationalen Bekanntheitsgrad verfügen.

Wesentlicher Bestandteil des Lebens in Kiel sind die rund 23 000 Studenten, die größtenteils an einer der mittlerweile neun Fakultäten der 1665 gegründeten Christian-Albrechts-Universität — CAU — immatrikuliert sind. Im vergangenen Jahr setzte die CAU mit der Neugründung der Technischen Fakultät einen neuen Meilenstein. Eine enge Kooperation mit der stark technisch geprägten Fachhochschule bietet diesem wichtigen Forschungssektor in Kiel nun völlig neue Perspektiven. Hohe internationale Reputation hat sich die CAU vor allem durch das Institut für Weltwirtschaft — IfW — und das Institut für Meereskunde, die größte und vielseitigste ozeanographische Forschungsstätte Mitteleuropas, erworben. Gemeinsam mit dem Forschungsinstitut für marine Geowissenschaften (GEOMAR) macht das Institut für Meereskunde Kiel zu einem führenden europäischen Zentrum für Meerestechnik.

Die GEOMAR-Konzeption ist zudem ein Musterbeispiel für die gelungene Verknüpfung von anwendungsnaher Forschung und deren Transfer in den Produktionsprozeß. Neben dem Institut umfaßte das Konzept von Beginn an auch die GEOMAR-Technologie-GmbH — GTG —, die dem Forschungsinstitut als Dienstleister und über ihre Gesellschafter auch als Partner in der Produktion zur Verfügung steht. Die Eröffnung des Kieler Innovations- und Technologiezentrums — KITZ — stärkt zusätzlich die Kompetenz und

Kiel with its more than 250,000 inhabitants does not only constitute the major town of the federal state of Schleswig-Holstein, but as its political hub also houses the state government headquarters. One opera, one theatre and other playhouses offer an artistic variety unparalleled between Copenhague and Hamburg. The same applies of course to the Kieler Woche (Kiel sailing week) which, for more than a hundred years now, has brought every year hundreds of thousands of visitors from all over the world to the state capital and, for the period of one week, turns Kiel into a mecca for the sailing crowd and others, too. It's not only on account of its popularity and the quality of its cruising waters called "Kieler Förde" that Kiel belongs to the handful of towns which have been Olympic Cities twice and, on this account, enjoy a remarkable international reputation.

An essential part of life in Kiel are the more or less 30,000 students who, for the most part, are enrolled at one of the at present nine faculties of the Christian-Albrechts University (CAU) founded in 1665. During the past years, the university set a further milestone with the new establishment of the technical faculty. Close cooperation with the technical college now offers this important research sector in Kiel entirely new perspectives. The university acquired high international reputation in particular by its Institut für Weltwirtschaft (IfW — Institute for Global Economics) and its Institut für Meereskunde, the most important and most versatile oceanographic research establishment in Middle Europe. In association with the Forschungsinstitut für Marine Geowissenschaften (GEOMAR — Research Institute for Marine Geosciences), the Oceanographic Institute has turned Kiel into a leading European centre for marine technology.

The GEOMAR conception is moreover a prime example of a successful interrelationship between applied research and its transfers into the production process. Along with the Institute, the conception equally included from the very beginning the GEOMAR-Technologie-GmbH (GTG — GEOMAR Technology Company) which renders services to the research institute and is also a partner in production via its associates. The inauguration of the Kieler Inno-

KIEL, THE LOCATION OF THE FUTURE

▧ Am Kieler Hafen ▧ The port at Kiel

die Kapazitäten der Landeshauptstadt in Fragen technologienaher Existenzgründungen, wovon wir uns neben technologischen und strukturellen Impulsen nicht zuletzt auch zahlreiche neue und zukunftssichere Arbeitsplätze erhoffen. Eine vielfältige Weiterbildungslandschaft u. a. mit der Wirtschaftsakademie Schleswig-Holstein —WAK — sichert zudem einen top-aktuellen Stand der Arbeitstechnik und -organisation in den Unternehmen und den Standortvorteil einer hochqualifizierten Arbeitnehmerschaft.

Die Basis der Kieler Wirtschaftsstruktur wurde im 19. Jahrhundert gelegt. Der Bau der ersten Eisenbahnlinie Schleswig-Holsteins von Kiel nach Altona im Jahre 1844 — noch unter dänischer Herrschaft — und die Ernennung Kiels zum Reichskriegshafen im Jahre 1870 ließen eine stürmische industriell geprägte Entwicklungsphase beginnen, die besonders vom Schiffbau und seinen Zulieferbereichen getragen wurde. Noch immer ist Kiel ein wichtiger Werft- und Marinestandort und vor allem Heimathafen des Segelschulschiffs „Gorch Fock". Wie die Werften, haben sich auch die Zulieferer in den letzten Jahren zu modernsten High-Tech-Unternehmen entwickelt. Im Maschinen- und Apparatebau oder in der Elektro-, Meß- und Regeltechnik haben heute viele kleinere und mittlere Betriebe mit flexiblen und innovativen Organisations- und Produktionstechniken am Markt Erfolg. Sie sind die Garanten für eine gesunde und vielfältige Wirtschaftsstruktur.

Ein Erfolgskapitel ist auch die Entwicklung des Kieler Hafens zum bedeutendsten Passagierhafen Deutschlands. Hierfür zeichnen insbesondere die zahlreichen Fährverbindungen nach Skandinavien verantwortlich. Ebenso erfreulich ist die expansive Entwicklung der Güterverkehre auf der „Nassen Autobahn Ostsee", die neben dem Hafen auch der meistbefahrenen künstlichen Wasserstraße der Welt — dem Nord-Ostsee-Kanal — neue Perspektiven beschert.

Die Landeshauptstadt Kiel lebt mit, aber nicht von ihren Traditionen und sie lebt mit, aber nicht von ihrem Umland, das einen herausragenden Freizeitwert und eine überdurchschnittliche Lebensqualität bietet. Damit ist Kiel ein moderner und kreativer Standort mit ausgezeichneten Zukunftsperspektiven.

vations- und Technologiezentrum (KITZ — Kiel Innovative and Technological Centre) further enhances the competence and capacities of the state capital in the domain of technology-related business establishments of which we expect further technological and structural impetus and, moreover, numerous future employment-creating impulses. Besides, manifold institutions of further education, to name the Wirtschaftsakademie Schleswig-Holstein (WAK — commercial college) among others, guarantee top-grade levels in industrial engineering and organization within enterprises and safeguard the locational advantage owing to highly qualified labour.

The basis of the town's economic structure was laid in the 19th century. The construction of the first Schleswig-Holstein railway line from Kiel to Altona in the year 1844 — at that time under Danish rule — and the designation of Kiel as imperial war port in the year 1870 were the beginning of an industrial development boom period in particular sustained by the shipbuilding trade and its ancillary industries. Kiel still is an important yard and marine location and, in particular, port of registry of the training sailing ship "Gorch Fock". Similar to the yards, the subcontracting industry has equally developed into modern high-tech enterprises. In the field of mechanical and apparatus engineering or in electrical engineering, measuring technology and control engineering, a great many small and medium enterprises are successful on the market owing to their flexible and innovative organization and production techniques. They guarantee a sound and multifarious economic structure.

Another success story is the development of the port of Kiel into the most important German passenger port. This is above all due to the numerous ferry services to Scandinavia. Equally good news is the freight traffic boom on the "Wet Baltic Highway" which, along with the port, also opens up new perspectives for the most frequented artificial waterway in the world — the Kiel Canal.

The state capital of Kiel lives along with its traditions, but not on them, and it lives along with, but not on, its environs which offer a high degree of recreational value and a quality of living well above average. Kiel is thus a modern and creative location with excellent future perspectives.

▦ *Daimler-Benz Aerospace AG,*
Sensorsysteme, Bereich Boden- und
Schiffssysteme, Werk Kiel
Verkehrszentrale Brunsbüttel

▦ *Daimler-Benz Aerospace AG,*
Sensor Systems, Ground and Naval
Systems Division, Kiel
Vessel traffic service center Bruns-
büttel

FRITZ DÄHMLOW

NEUMÜNSTER – EIN ATTRAKTIVER INDUSTRIESTANDORT

Die Stadt Neumünster gilt als ältester Industriestandort in Schleswig-Holstein. Obwohl ausreichende Energie- und Rohstoffquellen nicht vorhanden sind, hat die Stadt ihre beachtliche Entwicklung im wesentlichen ihrer zentralen Lage zu verdanken.

Bereits im Mittelalter war Neumünster einer der wichtigsten Verkehrsknotenpunkte im Land zwischen den Meeren. Diese günstige Lage führte schon bald zu einem stetigen Aufbau des Fuhrwesens. Das machten sich die Tuchmacher, die sich vor rund 300 Jahren in Neumünster ansiedelten, für den Transport von Rohstoffen und Waren zunutze.

Sowohl die Textilindustrie als auch die Lederindustrie wurden mit der zunehmenden Industrialisierung aller Lebensbereiche immer stärker, so daß sich Neumünster in den zwanziger Jahren zur bedeutendsten Textilstadt in Deutschland und die hiesige Lederindustrie zur größten Produktionsstätte in Preußen entwickelte.

Der Nachholbedarf nach dem Zweiten Weltkrieg gab diesen beiden Wirtschaftsschwerpunkten in Neumünster einen nochmaligen Aufschwung. Durch die Öffnung der europäischen Märkte und die Angebote der asiatischen Niedrigpreisländer, durch das Aufkommen von Kunststoffen und den Konjunktureinbruch von 1966/67 geriet jedoch erst die Leder-, dann aber zunehmend auch die Textil- und mit ihr die Bekleidungsindustrie in die Krise und kam letztlich zum Erliegen. Die letzten zwei Volltuchfabriken konnten sich zwar bis in die neunziger Jahre behaupten, mit ihrer Schließung verschwanden dann aber schließlich doch die letzten Zeugnisse einer langen Industriegeschichte aus dem Stadtbild.

Neumünster ist der Verkehrsknotenpunkt in Schleswig-Holstein. Die Nähe zum Ballungszentrum Hamburg und die Anbindung an die Autobahn A 7 waren für die Stadt entscheidende Faktoren, um in Zusammenarbeit mit dem Land Schleswig-Holstein die Strukturkrise aus eigener Kraft bewältigen zu können.

Durch umsichtiges und zukunftsweisendes Handeln wurden schon früh Industrie- und Gewerbegebiete ausgewiesen. So gelang es, eine große Zahl neuer Betriebe und Branchen nach Neumünster zu holen. Neben den traditionell hier ansässigen Metallverarbei-

The town of Neumünster is one of the oldest industry locations in Schleswig-Holstein. Despite the lack of sufficient energy and raw materials sources, the town has made impressive developments chiefly due to its central position.

As early as the Middle Ages, Neumünster was one of the most important transport nodes in the land between the seas. This favourable position soon led to a steady increase in haulage. This facility was employed for the transport of raw materials and goods by the cloth-makers who settled in Neumünster about 300 years ago.

Both the textile industry and the leather industry became ever stronger with the increasing industrialization of all aspects of life, so that in the twenties Neumünster had become the most important textile town in Germany and the leather industry constituted the biggest production centre in Prussia.

The economic regeneration following the Second World War gave both these economic sectors another boost. However, a series of factors including the opening of the European market, an influx of goods from Asian cheap-labour countries, the rise of plastics and the economic depression of 1966/67 put increasing pressure on these local industries. The leather industry was the first to suffer, followed by the textile industry and with it the clothing industry; crisis was followed by collapse. The last two full-weave fabric factories were able to survive into the nineties, but with their closure the two remaining witnesses to a long industrial epoch vanished from the town's landscape.

Neumünster is the main traffic node of Schleswig-Holstein. Its proximity to the Hamburg conurbation and the link to the A7 motorway were decisive factors in helping the town to deal with the structural crisis using its own energies, in collaboration with the State of Schleswig-Holstein.

Thanks to a prudent and progressive approach, industrial and commercial areas were designated at an early stage. In this way the town was able to attract a large number of new companies and sectors to Neumünster. In addition to the traditionally resident

NEUMÜNSTER – AN ATTRACTIVE
LOCATION FOR INDUSTRY

◼ *Die Stadt Neumünster gilt als Verkehrsknotenpunkt in Schleswig-Holstein.*

◼ *Neumünster is a transport hub of importance in Schleswig-Holstein.*

tungsbetrieben und dem für den Standort so wichtigen Ausbesserungswerk der Deutschen Bahn AG haben sich sowohl im Industriegebiet im Süden als auch im Gewerbegebiet im Norden der Stadt nach und nach große Handelsunternehmen und neue Industriezweige angesiedelt, darunter Fertigungsbetriebe im Bereich Elektrotechnik, Versandunternehmen sowie Handwerks- und Dienstleistungsbetriebe. Innovative Betriebe, die sich mit Recycling und Umwelttechnik beschäftigen, haben Neumünster in kurzer Zeit den Ruf eingebracht, das Recyclingzentrum in Schleswig-Holstein zu sein. Als ein wichtiger Wirtschaftsstandort in der K.E.R.N.-Region Mittelholstein trägt der Industriestandort Neumünster wesentlich zur zukunftsweisenden Entwicklung in Schleswig-Holstein bei.

Als Knotenpunkt im Schienen-, Autobahn- und Straßennetz mitten in Schleswig-Holstein wird Neumünster zunehmend zu einem wirtschaftlich außerordentlich interessanten Standort — gerade auch auf dem Weg zu einem starken Europa.

Lebensqualität in Neumünster, das heißt viel Grün in der Stadt, ein breitgefächertes Bildungs- und Ausbildungsangebot, das zentrale Bedeutung für das ganze Land hat, sowie Naherholungsgebiete in der Stadt: Einfelder See, Dosenmoor, Stadtwald und Tierpark sind hier besonders hervorzuheben. Weltweiten Ruf hat das Textilmuseum, auch die Niederdeutsche Bühne Neumünster (NBN) ist ein überregionales Aushängeschild für Neumünster, und das Industriemuseum zeigt die einzigartige Entwicklung der Textilindustrie.

Zentral gelegen zwischen Nord- und Ostsee, die Nähe zu Kiel, Lübeck und Hamburg, der kurze Weg nach Dänemark, das eigene kulturelle Angebot, Erholung und Ausgleich — auch das ist Neumünster —, denn ein Industriestandort lebt nicht nur von der Arbeit allein!

metalworking companies and the repair works of Deutsche Bahn AG, so vital to the town as commercial location, large trading enterprises and new branches of industry have settled in the industrial areas both to the north and the south of the town. These include manufacturing companies in the electrical engineering sector, mail-order houses and companies active in trades and services. A range of innovative enterprises active in the environmental and recycling sectors have quickly brought Neumünster a reputation as the recycling centre of Schleswig-Holstein. As an important economic location in the Central Holstein K.E.R.N. region, the industrial centre of Neumünster is making a major contribution to future-oriented developments in Schleswig-Holstein.

As a transport node for rail, motorway and normal road traffic, situated in the centre of Schleswig-Holstein, Neumünster is developing into an extremely interesting economic location — firmly on course towards a strong Europe.

Quality of life in Neumünster means generous greenery in the town, a wide range of educational and training facilities of major significance to the entire state, and recreational areas close to or in the town: Einfelder See, Dosenmoor, the Town Woods and the Zoo are outstanding examples. The Textile Museum has a worldwide reputation, the Neumünster Low German Theatre (NBN) is a Neumünster attraction well-known outside the region, and the Industrial Museum recounts the unique development of the textile industry.

Centrally located between the North Sea and the Baltic, close to Kiel, Lübeck and Hamburg, just a short journey from Denmark, and with its own cultural, recreational and entertainment facilities — also an important part of Neumünster, because an industrial location does not live from work alone!

Das im Fotosatzverfahren belich-
tete und entwickelte Barcode-Mate-
rial wird in der speziell für die
INOTEC Barcode Security GmbH
konstruierten Laminiermaschine mit
anwendungsspezifischem Kleber
unterlegt. Dieses Vorprodukt wird im
nachfolgenden Stanzvorgang zum
selbstklebenden Barcode-Etikett für
sichere Identifikation in Industrie,
Medizin und Bibliotheken.

After being exposed and developed in the photocomposition process,
the bar code material is lined in the
laminator with application-specific
adhesive. The laminator was specially
designed for INOTEC Barcode
Security GmbH. In the following cutting procedure this pre-product will
be processed into a self-adhesive bar
code label for reliable identification in
industry, medicine and libraries.

31

RENÉ BERBERAT

PINNEBERG — GRÜNER KREIS MIT INDUSTRIE VOR DEN TOREN HAMBURGS

Der Kreis Pinneberg ist mit 661 Quadratkilometern Fläche und rund 280 000 Einwohnern der kleinste, bevölkerungsmäßig aber bedeutendste Kreis in Schleswig-Holstein. Zu ihm gehört die einzige deutsche Hochseeinsel Helgoland. Im Südwesten des Landes gelegen, grenzt der Kreis auf 35 Kilometer Länge an die Freie und Hansestadt Hamburg.

Die traditionell starken Verflechtungen zwischen Hamburg und den Nachbarkreisen in Schleswig-Holstein führten 1955 zur Bildung des „Gemeinsamen Landesplanungsrates Hamburg/Schleswig-Holstein". Seitdem legt dieses Gremium gemeinsame Entwicklungs- und Planungsziele fest. Danach sollen Bevölkerung, Arbeitsplätze und Infrastruktur sich auf die strahlenförmig von Hamburg ausgehenden Entwicklungsachsen konzentrieren. Im Kreis Pinneberg sind dies die Achsen Hamburg—Halstenbek—Elmshorn mit Schwerpunkt Elmshorn und Hamburg—Quickborn—Kaltenkirchen. Ergänzt wurde die Regionalplanung zwischen Hamburg und Schleswig-Holstein um die Zusammenarbeit mit den Nachbarkreisen in Niedersachsen — in Form des Regionalen Entwicklungskonzeptes für die Metropolregion Hamburg (REK). Unter Federführung der IHK zu Kiel haben darüber hinaus die Kreise Dithmarschen, Steinburg und Pinneberg das Perspektivpapier „Region Schleswig-Holsteinische Unterelbe — Entwicklung und Perspektiven eines Wirtschaftsraumes" vorgelegt. Die Chancen dieser Region, an der überdurchschnittlichen Entwicklung Hamburgs teilzunehmen, liegen in ihrer verkehrstechnisch günstigen Anbindung an die Metropole. Probleme entstehen aber durch einen zunehmenden Flächenverbrauch, der mit Rücksicht auf die natürlichen Lebensgrundlagen kreisübergreifendes Handeln und ein Denken in Wirtschaftsräumen erfordert.

Die Struktur des dichtbesiedelten Kreises Pinneberg hat früh dazu geführt, Konflikte zwischen Ökonomie und Ökologie zu entschärfen. Heute sind rund 50 Prozent des Kreises Landschaftsschutzgebiet. Grünzonen innerhalb der Achsenbereiche sollen ein Ineinanderwachsen der Siedlungsräume vermeiden. Engen Bezug dazu hat die Erhaltung der gewachsenen Orts- und Landschaftsbilder.

With an area of 661 square kilometres and a population of 200,080, Pinneberg is the smallest administrative district in Schleswig-Holstein and at the same time the most significant in terms of population. It also includes Heligoland, Germany's only island in the high seas. Situated in the south-western part of Schleswig-Holstein, the district borders on the territory of Hamburg over a length of 35 kilometres.

In 1955 the traditionally strong ties between Hamburg and its neighbouring districts in Schleswig-Holstein led to the formation of the "Joint Planning Council for Hamburg and Schleswig-Holstein". Since then, this body has established joint development and planning objectives. According to these, the population, jobs and infrastructure are to be concentrated along development axes radiating outwards from Hamburg. In the Pinneberg district these are Hamburg—Halstenbek—Elmshorn, with the focus on Elmshorn, and Hamburg—Quickborn—Kaltenkirchen. Joint regional planning between Hamburg and Schleswig-Holstein has been complemented by collaboration with the neighbouring administrative districts in Lower Saxony in the form of the Regional Development Plan for the Metropolitan Region of Hamburg (REK). Under the overall control of the Kiel Chamber of Industry and Commerce the districts of Dithmarschen, Steinburg and Pinneberg have also submitted the long-term planning paper "The Schleswig-Holstein Lower Elbe Region — Development and Perspectives of an Economic Area". The region's chances of sharing Hamburg's above-average development lie in its good transport connections to the big city. The problems lie in an increasing use of space that requires joint action by all the administrative districts and thinking in terms of economic regions in order to preserve the natural basis of life.

The structure of the densely populated Pinneberg district made it necessary to resolve conflicts between the economy and ecology at an early stage. Around 50 percent of the area is now protected landscape. Green zones have been created within the axes to prevent the urban areas from growing together. Closely related to this is preservation of the original appearance of the towns and landscapes.

PINNEBERG — GARDEN OF INDUSTRY AT THE GATES OF HAMBURG

■ *Elmshorn ist die größte Industrie-stadt im Kreis Pinneberg.*

■ *Elmshorn is the largest industrial location in Pinneberg District.*

Die Baumschulen im Kreis Pinneberg, der als größtes geschlossenes Baumschulgebiet Europas bzw. der Welt gilt, tragen mit ihren von Hecken und Knicks geprägten Anbauflächen nicht nur zum „grünen Erscheinungsbild", sondern auch zur Wirtschaftskraft des Kreises bei.

Dennoch nahm der Anteil der Land- und Forstwirtschaft an der Bruttowertschöpfung von 1980 bis 1992 weiter ab und liegt heute bei 2,3 Prozent. Das warenproduzierende Gewerbe erreicht 37,3 Prozent, der Dienstleistungssektor 41,7 Prozent, Handel und Verkehr 18,8 Prozent. Die Zahl der sozialversicherungspflichtig Beschäftigten stieg von 1978 bis 1994 um 13,6 Prozent auf 75 318. Davon waren im verarbeitenden Gewerbe 31,6 Prozent tätig, im Handel 19,9 Prozent und in den übrigen Dienstleistungen 19,3 Prozent. Das Baugewerbe liegt bei 7,1 Prozent, die Gebietskörperschaften und Sozialversicherungen erreichen 6,1 Prozent, Land- und Forstwirtschaft 4,5 Prozent. Energie-, Verkehrs-, Kredit- und Versicherungsgewerbe sowie Organisationen bauten ihren Anteil auf 11,4 Prozent aus. Von der industriell-gewerblichen Entwicklung haben besonders die Städte und Gemeinden in unmittelbarer Nähe der A 7 und A 23 profitiert, ebenfalls die Kommunen, die an Hamburg angrenzen.

Die Insel Helgoland lebt vom Fremdenverkehr. Zoll- und Mehrwertsteuerfreiheit, die gute Luft, das heilsame Reizklima der Nordsee, klares Wasser und der Charme der Helgoländer Friesen machen den Aufenthalt auf dem „Roten Felsen" zu einem vergnüglichen und gesunden Erlebnis.

Auch künftig bietet der Kreis Pinneberg hervorragende Standortbedingungen. Die im Bundesverkehrswegeplan festgeschriebene Elbquerung bei Glückstadt, die Elektrifizierung und der Ausbau der Hauptbahnstrecken, Bildungseinrichtungen wie ÜAZ und Wirtschaftsakademie Schleswig-Holstein, die Fachhochschule Wedel, die Nordakademie und die Berufsakademie an der WAK, Forschungsstätten sowie der hohe Wohn- und Freizeitwert prägen die Attraktivität des Kreises „vor den Toren Hamburgs". Er gehört zu den Wachstumsregionen in Schleswig-Holstein; davon ist auch in Zukunft auszugehen.

Surrounded with their characteristic hedges and ditches, the tree nurseries of Pinneberg, said to be the biggest continuous tree nursery area in Europe or even the world, contribute both to the "green appearance" of the district and to its economic success. Nevertheless, the share of agriculture and forestry in the gross net product continued to drop between 1980 and 1992 and is now 2.3 percent. The production sector accounts for 37.3 percent, the tertiary sector 41.7 percent and trade and transport 18.8 percent. The number of employed persons liable to contribute to social security increased by 13.6 percent to 75,318 between 1978 and 1994. Of these, 31.6 percent worked in the processing industry, 19.9 percent in trade and 19.3 percent in the remaining services. The building trade reached a share of 7.1 percent, local authorities and social insurance 6.1 percent and agriculture and forestry 4.5 percent. Energy and transport, banking and insurance and various organizations increased their share to 11.4 percent. It is the towns and rural districts close to the A 7 and A 23 motorways, but also those adjacent to Hamburg, that have profited most from industrial and commercial development.

The island of Heligoland earns its living from the tourist trade. Exemption from customs duties and VAT, good air, the healthy, bracing climate of the North Sea, clear water and the charm of the Heligoland Frisians make a stay on the "Red Rock" an enjoyable and invigorating experience.

And Pinneberg will continue to offer enviable advantages as a location. The new Elbe crossing near Glückstadt (planned at the Federal level), electrification and extension of the main railway lines, educational institutions such as the Extra-Plant Training Centre (ÜAZ) and the Schleswig-Holstein Business Academy (WAK), the Advanced Training College in Wedel, the Northern Academy and the Vocational Academy at the WAK, research institutions and a high residential and leisure value all contribute to the attractiveness of this district "at the gates of Hamburg". It is one of the growth areas of Schleswig-Holstein — and is likely to remain so in future.

Das Pinneberger Bauunternehmen Groth & Co., erstellte als Generalunternehmer dieses Bürogebäude mit Bankfiliale am Damm in Pinneberg.

Groth & Co., building contractor in Pinneberg, was generally in charge of the construction of this office block with bank branch located at the Damm in Pinneberg.

HELMUT BREUER

WIRTSCHAFT UND TECHNOLOGIE IM KREIS STEINBURG

Der Kreis Steinburg wird von den weiten Elbmarschen im Südwesten und den bewaldeten, welligen Geestgebieten im Norden geprägt. In den Städten Itzehoe, Glückstadt, Kellinghusen, Wilster und Krempe sowie 109 Gemeinden leben rund 132 000 Einwohner, davon etwa ein Drittel in der zentral gelegenen Kreisstadt Itzehoe.

Neben den Kernregionen Itzehoe und Glückstadt haben sich kleinere regionale Schwerpunkte wie Kellinghusen, Wilster, Horst (Holstein), Hohenlockstedt, Lägerdorf, Schenefeld und Krempe herausgebildet. In den letzten Jahren hat sich eine überdurchschnittliche wirtschaftliche Eigendynamik durchgesetzt. Das produzierende Gewerbe, vor allem die Druck- und Zementindustrie, das Bauhaupt- und Baunebengewerbe, die holz- und kunststoffverarbeitende Industrie sowie die Papier- und Werftindustrie, haben Konjunktur- und Strukturkrisen überstanden und sich konsolidiert. Maschinen- und Apparatebau, Futter- und Nahrungsmittelindustrie sowie eine leistungsfähige Landwirtschaft runden das Bild ab. Um den negativen Folgen des Strukturwandels zu begegnen, wurde im Raum Brunsbüttel eine industriell-gewerbliche Konzentration eingeleitet. Spätestens die Protestaktionen um das Kernkraftwerk Brokdorf haben den Interessenkonflikt zwischen Ökologie und Ökonomie verdeutlicht. Inzwischen liefert Brokdorf zuverlässig Strom und trägt zur guten Entwicklung der Region bei. Der Anteil der Land- und Forstwirtschaft an der Bruttowertschöpfung liegt im Kreis Steinburg bei 3,6 Prozent, Handel und Verkehr erreichen 15,4 Prozent, das Dienstleistungsgewerbe 49 Prozent und das warenproduzierende Gewerbe 31,9 Prozent. Von den rund 35 000 sozialversicherungspflichtig Beschäftigten waren 1994 im verarbeitenden Gewerbe 32 Prozent tätig, 19,1 Prozent in den „übrigen Dienstleistungen", 13,5 Prozent im Handel, 9,3 Prozent in den Gebietskörperschaften und 9 Prozent im Baugewerbe. Die übrigen Hauptbereiche sind mit 2 bis 4,4 Prozent relativ unbedeutend.

Steinburg District ranges from the expansive Elbe marshlands in the southwest to the wooded and hilly region of sandy ground in the north. Some 132,000 people live there, in the towns of Itzehoe, Glückstadt, Kellinghusen, Wilster and Krempe and 109 municipalities, about a third of them in the district town of Itzehoe.

As well as the core regions of Itzehoe and Glückstadt there are the lesser centres of Kellinghusen, Wilster, Horst (Holstein), Hohenlockstedt, Lägerdorf, Schenefeld and Krempe, where in recent years an above-average economic dynamism has set in. Manufacturing, particularly printing and cement, building and the allied trades, wood and plastics processing, the paper industry and shipbuilding have weathered business setbacks and structural crises. The picture is rounded off with machine and plant construction, the food and animal-feed industry and a modern agriculture.

A concentration of industry and commerce in the Brunsbüttel area has been commenced to counter the negative effects of structural change. And the conflict of interests between ecology and economy became apparent to all during the protests against the Brokdorf nuclear power station. Now Brokdorf is fully functional and is reliably supplying electricity for the general benefit of the region.

Agriculture and forestry's share of the district's gross value added is 3.6 percent, that of trade and transport is 15.4 percent, the service industry 49 percent and goods manufacture 31.9 percent. Of about 35,000 socially insured employees in 1994, 32 percent were in manufacturing, 19.1 percent in the "other services", 13.5 percent in trade, 9.3 percent in the area authorities and 9 percent in building. The other main sectors with 2 to 4.4 percent are relatively unimportant.

Brunsbüttel's locational advantages have been substantial even if not all the hopes have been fulfilled. Suppliers, processors and service firms have seized their chances. The opportunities for setting up have been fully utilized.

One of the most promising developments has been the setting up of

BUSINESS AND TECHNOLOGY IN STEINBURG DISTRICT

■ Das Fraunhofer-Institut für
Siliziumtechnologie (ISiT) in Itzehoe,
Kreis Steinburg: Schaltstelle für den
Technologietransfer und die Mikro-
elektronik

■ The Fraunhofer Institute for
Silicon Technology (ISiT) in Itzehoe,
Steinburg District: focusing on tech-
nology transfer and microelectronics

Die Standortvorteile des Wirtschafts- und Entwicklungsraumes Brunsbüttel haben sich positiv ausgewirkt, wenngleich nicht alle Blütenträume in Erfüllung gingen. Zulieferer, Weiterverarbeiter und Servicebetriebe haben ihre Chancen entschlossen wahrgenommen. Ansiedlungsmöglichkeiten wurden intensiv genutzt.

Den stärksten Impuls verdankt die Region der Ansiedlung des Fraunhofer-Instituts für Siliziumtechnologie (ISiT) in Itzehoe mit rund 200 Beschäftigten. Schon jetzt interessieren sich Firmen aus aller Welt für den Standort Itzehoe. Die Errichtung eines Technologiezentrums (IZET) — Initiatoren sind u. a. der Kreis Steinburg, die Stadt Itzehoe und die IHK zu Kiel — in direkter Nachbarschaft zum ISiT soll den Transfer zwischen Wissenschaft und Wirtschaft fördern. IZET hat bereits Teile seiner Einrichtungen an technologieorientierte Unternehmen vermietet. ISiT und IZET stellen innovativen Unternehmen eine beispielhafte Dienstleistungspalette zur Verfügung: von der Technologieberatung und dem Technologietransfer bis hin zur konkreten Existenzgründungsförderung im Wachstumsbereich Mikro-Systemtechnik. Seine technologieorientierten Standortvorteile hat der Kreis in die Arbeit der „Region Schleswig-Holsteinische Unterelbe" eingebracht. In Veranstaltungen, zum Beispiel den Unterelbe-Foren, ist mit der Vermarktung seiner Entwicklungschancen erfolgreich begonnen worden.

Der Kreis Steinburg befindet sich zweifellos im Aufwind! Ein gesunder Branchenmix von Industrie, Handel und Dienstleistungen, die breite Basis mittelständischer Betriebe sowie Forschung und Innovation sorgen für Stabilität. Kultur, Freizeit, Gesundheit und Bildung sind Ausdruck einer hohen Lebensqualität. Mit dem Bau der im Bundesverkehrswegeplan beschlossenen festen Elbquerung bei Glückstadt, der Elektrifizierung der Eisenbahnstrecken, den Wasserwegen und der Zugehörigkeit zur „erweiterten Metropolregion Hamburg" sind attraktive Standortfaktoren vorhanden.

Der Kreis Steinburg zeigt, wie durch entschlossenes Handeln aller Verantwortlichen aus einer Problemregion eine dynamische Wachstumsregion werden kann.

the Fraunhofer Institute of Silicon Technology (ISiT) in Itzehoe with a workforce of about 200, and firms from all over the world are showing interest in Itzehoe as a location. The setting up of a technology centre (IZET) — initiated by Steinburg District, Itzehoe and the Kiel Chamber of Industry and Commerce — near to the ISiT will advance technology transfer between science and commerce. The IZET has already leased some of its facilities to technology-oriented firms. ISiT and IZET are making an interesting range of services available to innovative companies, from technology counselling and technology transfer to concrete start-up assistance in the growth sector of microsystems technology. The district has put its locational advantages into the work of an association known as Schleswig-Holstein Region Lower Elbe. A start has been made with the marketing of its development prospects by way of events such as the Lower Elbe forums.

Things are rapidly improving for Steinburg District. A healthy branch mix between industry, trade and services, a strong base comprising small and medium-sized firms allied with research and innovation make for stability. Cultural life, leisure, health and education add up to satisfactory living. With the building of a fixed crossing of the Elbe at Glückstadt (as envisaged in the central government's plans), the electrification of the region's railway lines, the waterway proposals and the district's inclusion in an "expanded Hamburg metropolis region", the location is an attractive one.

Steinburg District shows how decisive action by all concerned can turn a problem region into an area of opportunity.

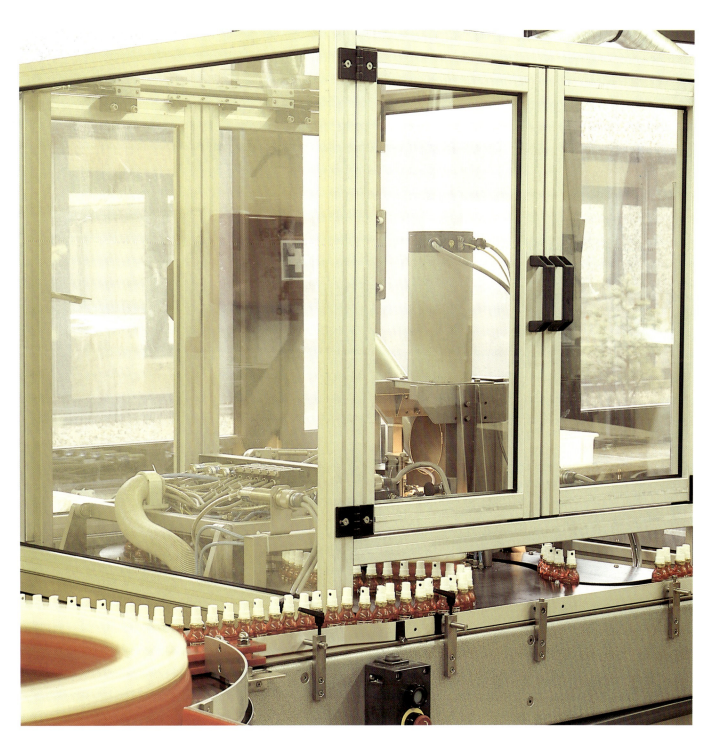

39

■ Die pharmazeutische Fabrik Pohl-Boskamp in Hohenlockstedt produziert Markenarzneimittel wie Gelomyrtol®, Nitrolingual® oder Lebertrankapseln Pohl®. Im Bild wird mit Hilfe modernster Technik Nitrolingual®-Spray N getestet, ein führendes Produkt zum Einsatz bei Notfällen im Zusammenhang mit koronarer Herzkrankheit.

■ The pharmaceutical manufacturer Pohl-Boskamp in Hohenlockstedt produces brand drugs such as Gelomyrtol®, Nitrolingual® and Pohl cod-liver oil capsules®. The picture shows Nitrolingual®-Spray N being tested with the aid of the most modern technology. This is a leading product for use in connection with emergencies involving cardiac disease.

PETER MICHAEL STEIN

PLÖN — AUFSTREBENDER KREIS
MIT HOHEM FREIZEITWERT

Als eine vollendete Urlaubslandschaft wurde der Kreis Plön bei Erscheinen der ersten Auflage dieser Monographie im Jahre 1987 bezeichnet. An dieser Bewertung kann heute und auch in Zukunft festgehalten werden, denn die von der Natur gelieferten Rahmenbedingungen — Ostseeküste, Binnenseen und Wälder — haben weiterhin Bestand. Der in den vergangenen Jahren immer intensiver entwickelte Umweltschutz hat auch in Ferienregionen, deren größtes Kapital eine intakte Natur ist, seinen Einzug gehalten. Das bedeutet für die Tourismuswirtschaft, daß Maßnahmen zur Steigerung der Gästezahlen nur mit Augenmaß vorzunehmen sind. Die Zeiten, in denen großflächige Ferienzentren aus der Retorte geschaffen werden konnten, sind lange vorbei. Wachstum wird eher in qualitativer als in quantitativer Hinsicht angestrebt. So gewährt der Kreis seinen Gemeinden Zuweisungen zu Fremdenverkehrsprojekten und unterstützt die regionalen Fremdenverkehrszusammenschlüsse „Hohwachter Bucht", „Selenter See" und „Wankendorfer Seengebiet" ebenso wie die überregionalen Verbände „Holsteinische Schweiz" und „Ostseebäderverband" mit dem Ziel, die Tourismuswerbung auf die Region und nicht auf die verschiedenen Fremdenverkehrsorte hin auszurichten.

Das Gebiet zwischen Kieler Förde und Hohwachter Bucht ist mit vielseitigen Angeboten ausgestattet. Vom Badeurlaub an feinsandigen Ostseestränden bekannter Badeorte über den Fahrrad-Tourismus auf dem Ostseeküstenradwanderweg bis hin zum Erleben einer der seenreichsten Naturlandschaften Deutschlands mit über 80 Binnengewässern werden Segel-, Angel- und sonstigen Wassersportfreunden, aber auch den Liebhabern unberührter Landstriche alle Möglichkeiten der Erholung geboten. Hinzu kommen historische Sehenswürdigkeiten und Kulturangebote — an der Spitze das Schleswig-Holstein Musik Festival.

Obwohl für den Tourismus prädestiniert, haben sich die politischen Entscheidungsträger angesichts der Strukturschwäche des Kreises Plön — seine Wirtschaft trägt nur rund 6,5 Prozent zur Bruttowertschöpfung des Kammerbezirks bei — entschlossen, bei ihrer Wirtschaftsförderung nicht allein auf den Fremdenverkehr

In the first edition of this monograph in 1987, Plön was described as the complete holiday region, and it can continue to be so regarded, for the area is still couched in nature, with the coast of the Baltic, the inland lakes and the woods and forests to the fore. An increasingly practised environmental protection policy has been making itself felt also in the holiday regions, whose greatest capital is an intact nature. For the tourist industry this means that efforts to increase the number of visitors must show a sense of proportion. The times when giant holiday centres could be thrown up on virgin ground are long past. Growth is seen more in terms of quality than in quantity. So Plön District allocates funds to its communities in respect of general tourism projects and supports tourism committees such as "Hohwachter Bight", "Selent Lake" and "Wankendorf Lakeland" and the supraregional associations "Holstein Switzerland" and "Baltic Resorts Association" with the aim of orienting tourist publicity on the region and not on particular locations.

The area between Kiel Bay and Hohwachter Bight has many attractions, from bathing holidays on Baltic beaches with their fine sand through cycling tours along well laid out tracks along the Baltic coast to exploring Germany's most numerous inland-lake district (more than eighty lakes) with every opportunity for sailing, angling and other water sports. The lovers of untouched nature are also well catered for, and there are many historical sites worth seeing and also cultural offerings — among the latter the Schleswig-Holstein Music Festival is a particular success.

In view of the structural weakness of the district — its economy contributes only about 6.5 percent of the gross value added of the Chamber of Commerce territory — the powers that be have decided not to rely entirely on tourism. Plön District is said to be pro-business, which is encouraging for the location there of new enterprises and the additional jobs this entails. The district's strengths lie to a large extent in the service sector. In addition to the hotel and catering business, there is a diversity of small and medium-sized firms that profit from the proximity to Kiel, the state capital. The excellent "soft" locational advantages of the district are also being

PLÖN — AN ENTERPRISING DISTRICT
WITH A HIGH LEISURE VALUE

Das Plöner Schloß gilt als markantes Bauwerk des Kreises Plön.

Plön's palace is one of the prominent landmarks in Plön District.

zu setzen. Immerhin wird dem Kreis Plön ein wirtschaftsfreundliches Klima attestiert, das auch die Ansiedlung zusätzlicher Betriebe — und somit die Schaffung neuer Arbeitsplätze — ermöglichen sollte. Die Leistungsfähigkeit des Kreises Plön beruht zum größten Teil auf dem Dienstleistungsgewerbe. Neben dem aufgrund der Fremdenverkehrsintensität entsprechend stark vertretenen Gastgewerbe hat sich eine mittelständisch geprägte Dienstleistungsstruktur entwickelt, die nicht zuletzt von der Nähe zur Landeshauptstadt Kiel profitiert. Die herausragenden „weichen" Standortvorteile des Kreises Plön nutzen aber auch produzierende Betriebe der Branchen „Lebensmittel" sowie „Medizin-" und „Elektrotechnik". Die Landwirtschaft ist — bezieht man es auf den Landesdurchschnitt — noch vergleichsweise stark vertreten, was dem Kreis weiterhin ein ländliches Image beschert. Doch ist die Bedeutung der bäuerlichen Betriebe rückläufig. Die Zukunft des Kreises Plön ist eher an der Steigerung der sozialversicherungspflichtig Beschäftigten in den Bereichen „Verarbeitendes Gewerbe", „Handel" und „Dienstleistungen" ablesbar. Folgerichtig konzentriert sich die Wirtschaftsförderung des Kreises mit dem Betrieb eines Gewerbe- und Technikzentrums auf innovative Unternehmen und technikorientierte Existenzgründer. In Ergänzung hierzu wurde eine Wirtschaftsförderungsagentur eingerichtet, die insbesondere Betriebsansiedlungen und -erweiterungen, einschließlich der Bereitstellung von Gewerbeflächen, zu ihren Aufgaben zählt. Mit den ersten Erfolgen bei Unternehmensansiedlungen geht der Kreis Plön bedeutende Schritte auf dem zukunftsträchtigen Weg der Schaffung von Arbeitsplätzen. Denn über qualifizierte Arbeitskräfte verfügt der Kreis allemal — die hohen Auspendlerzahlen bestätigen es. Immer mehr von ihnen nehmen gerne Arbeitsplatzangebote aus dem Kreis Plön an — wegen der Nähe zum Wohnort und wegen des hohen Wohn- und Freizeitwertes ihres schönen Kreises. ■

taken advantage of by such manufacturing sectors as food, medicine and electrical engineering. Agriculture is, seen in relation to the average for Schleswig-Holstein as a whole, relatively well represented, which contributes to the district's rural image, but farming is nevertheless on the decline. The district's future is rather to be seen in such sectors as manufacturing, trade and services, so consequently its promotional efforts are concentrated on the operation of a trade and technology centre for innovative firms and start-up companies with a leaning toward technology. In addition thereto, a trade promotion agency has been set up that is devoted in particular to bringing firms to the district and expanding existing ones and to providing suitable industrial sites. With its initial successes the district has taken important steps along the way to creating more jobs. There is no doubt that there is plenty of qualified labour to be found here, as is evidenced by the district's many commuters. More and more of them are glad to take jobs offering in the Plön area, because of the promise of closeness to home and the desirability of living and working in beautiful surroundings. ■

■ *Tourismus wie hier im Ostseebad Schönberg gehört zu den wirtschaftlichen Säulen des Kreises Plön.*

■ *Tourism, such as here at the Baltic Sea resort of Schönberg, is a pillar of the economy in Plön District.*

GÜNTER DITTMER

DER KREIS RENDSBURG-ECKERNFÖRDE — EIN LÄNDLICHER RAUM IM AUFWIND

Im Zuge der Kreisgebietsreform in Schleswig-Holstein entstand vor 25 Jahren der Kreis Rendsburg-Eckernförde aus den früheren Kreisen Rendsburg und Eckernförde. Er ist heute einer der flächengrößten deutschen Landkreise. Den Kreis, der im Osten durch die Ostsee mit der Eckernförder Bucht und im Westen durch die Niederungen der schleswig-holsteinischen Marschen begrenzt wird, durchschneidet in Ost-West-Richtung die meistbefahrene künstliche Wasserstraße der Welt, der Nord-Ostsee-Kanal. Die Eröffnung des Kanals vor 100 Jahren löste wirtschaftliche Impulse aus, die in den ländlich strukturierten Raum Industrie und Gewerbe brachten.

Während die Bedeutung der Landwirtschaft seit dem Zweiten Weltkrieg ständig zurückgegangen ist, spielt der Fremdenverkehr von jeher eine wichtige Rolle im Wirtschaftsleben. Besonders die reizvolle Landschaft der Naturparks „Westensee", „Hüttener Berge" und „Aukrug-Innien" sowie der Ostseebäderbereich im Dänischen Wohld und auf der Halbinsel Schwansen sind Anziehungspunkte für den Fremdenverkehr.

Siedlungsschwerpunkt ist der Raum Rendsburg mit der Kreisstadt Rendsburg, den Gemeinden Westerrönfeld, Osterrönfeld, Schacht-Audorf, Büdelsdorf und Fockbek mit mehr als 70 000 Einwohnern. Der Wirtschaftsraum liegt direkt am Schnittpunkt internationaler Straßen-, Schienen- und Wasserverbindungen und muß als Verkehrsknotenpunkt vor allem durch die Anbindung des nördlichsten deutschen Binnenhafens an Straße und Schiene weiter ausgebaut werden. Die Werftindustrie hat nach einer gravierenden Strukturkrise wieder zu einer stabilen Entwicklung zurückgefunden, und einige Maschinenbauunternehmen haben auf den internationalen Märkten eine Spitzenstellung erreicht. So ist die Peter Wolters AG, die im Bereich der Halbleitertechnik eng mit dem Fraunhofer-Institut in Itzehoe verbunden ist, mit ihren Metalloberflächenbearbeitungsmaschinen ebenso weltweit führend wie die Firma ACO Severin Ahlmann im Bereich Linienentwässerung. Auch das Hobby-Wohnwagenwerk, der größte europäische Wohnmobil- und Wohnwagenhersteller, ist im Raum Rendsburg angesiedelt.

In the process of the county reform in the federal state of Schleswig-Holstein 25 years ago, the district of Rendsburg-Eckernförde emerged from the former counties of Rendsburg and Eckernförde. At the present time, it is one of the biggest rural districts in Germany. The county, bordering on the Baltic Sea with the bay of Eckernförde in the east and bounded on the west by the lowlands of the Schleswig-Holstein marshes, is divided from east to west by the most frequented waterway in the world, the Kiel Canal. The opening of the channel 100 years ago gave fresh economic impetus bringing industry and trade into the rural area.

While the importance of agriculture has been constantly on the decline ever since World War II, tourism has at all times played an important role in economic life. In particular the charming landscape of the national parks of "Westensee", "Hüttener Berge" and "Aukrug-Innien" as well as the Baltic Sea spa area within the Danish Wohld and on the peninsula of Schwansen are touristic points of attraction.

Main development centre is the region of Rendsburg with the district town of Rendsburg, the municipalities of Westerrönfeld, Osterrönfeld, Schacht-Audorf, Büdelsdorf and Fockbek with more than 70,000 inhabitants. The economic area is directly situated at an international intersection of roads, railways and waterways and requires further development as traffic junction in particular by connecting the northernmost German inland port to road and rail. Following a serious structural crisis, the shipyard industry is back on its feet again, and various enterprises of the engineering industry have reached top positions in international markets such as the company Peter Wolters AG whose semiconductor business works in close cooperation with the Fraunhofer Institute at Itzehoe and whose metal finishing treatment machinery is ranking top on an international level just as the company ACO Severin Ahlmann in the drainage sector. In addition, the Hobby-Wohnwagenwerk, the leading European manufacturer of mobil homes and caravans, has its headquarters in the Rendsburg area.

Eckernförde is the place of business of two important enterprises of the metalworking industry and of major offices of the Federal Navy

THE DISTRICT OF RENDSBURG-ECKERNFÖRDE — A RURAL AREA ON THE UPSWING

◼ Stadt Rendsburg
Einmalig in Schleswig-Holstein ist
der rund 30 000 Quadratmeter große
Paradeplatz. Mit seinen barocken
Fassaden und den liebevoll restau-
rierten Fachwerkhäusern bietet er
eine der eindrucksvollsten Stadt-
ansichten des Landes.

◼ City of Rendsburg
Unique in Schleswig-Holstein is the
30,000-square-metre parade-ground.
With its baroque façades and the
carefully restored timber-framed
houses, it is one of the most impressive
townscapes to be seen in the state.

Eckernförde ist Sitz von zwei bedeutenden Unternehmen der Metallverarbeitung und von größeren Dienststellen der Bundesmarine, die allerdings deutlich abgebaut wurden. Die Stadt konnte diese negative Entwicklung durch neue Initiativen auffangen. So wurde 1996 ein Technologie- und Ökologiezentrum eröffnet, das Existenzgründern aus dem Bereich „Bautechnik und Ökologie" einen ersten Standort gibt. Die Vermietung von rund 80 Prozent der Flächen in den ersten sechs Monaten bestätigt das erfolgreiche Konzept. Die Stadt Nortorf ist Sitz der Firma Teldec, die zum Time-Warner-Konzern gehört und hier einen bedeutenden Standort für neue Unterhaltungsmedien errichtet hat. Ein industriell-gewerblicher Schwerpunkt ist auch die Gemeinde Hohenwestedt, in der mit den Firmen der LEGO-Gruppe ein Weltunternehmen zu Hause ist. Hinzu kommen ein Betonfertigteilwerk und ein großes Lager- und Produktionsgebäude der EDEKA Handelsgesellschaft Nord.

Eine besondere Entwicklung im Kreis verzeichnen die Stadtrandgemeinden um Kiel und Neumünster herum. Sie haben sich auf der Verkehrsachse Kiel—Neumünster—Hamburg zu Siedlungsschwerpunkten entwickelt.

Der Kreis Rendsburg-Eckernförde ist mit seiner reizvollen Landschaft eine ideale Fremdenverkehrsregion. Stadterneuerungsmaßnahmen in Rendsburg und Eckernförde haben eine beachtliche Eigendynamik entwickelt. Rendsburg ist es gelungen, die alte dänische Festungsstadt in ihrem ursprünglichen Charakter zu bewahren und die militärischen Anlagen der Dänen einer neuen Nutzung zuzuführen. Eckernförde hat die alte Fischersiedlung im Hafenviertel wieder so hergestellt, daß ein attraktiver innerstädtischer Bereich entstanden ist, der auch bei Touristen beliebt ist.

Der Kreis Rendsburg-Eckernförde befindet sich auf einem positiven Weg in die Zukunft. Dabei gilt es, die vorhandenen Möglichkeiten weiterzuentwickeln und den hier ansässigen Weltunternehmen gute Rahmenbedingungen zu bieten. Die Zusammenarbeit in der Technologieregion K.E.R.N. — dem Städteviereck zwischen Kiel, Eckernförde, Rendsburg und Neumünster — wird wie die enge Kooperation mit der Universität Kiel, der Fachhochschule Kiel, dem Fachbereich Bauwesen in Eckernförde und dem Forschungszentrum Neumünster weitere Impulse für eine positive Wirtschaftsentwicklung auslösen. Strategische Vorteile, zum Beispiel die Kreuzung internationaler Straßen-, Schienen- und Schifffahrtswege, müssen im Interesse des Gesamtraumes ausgebaut und die interkommunale Zusammenarbeit verstärkt werden.

which, however, have been significantly cut back. The town was able to cushion this negative development by new initiatives. Thus, in 1996, a technological and ecological centre was inaugurated offering an initial location to new business establishments in the domain of "construction engineering and ecology". The leasing of about 80 percent of the floor space in the course of the first half year confirms this successful conception. The city of Nortorf is head office of the company Teldec which is part of the Time-Warner group and set up here a major location for new entertainment media. Another centre for industry and trade is the municipality of Hohenwestedt which houses the companies of the LEGO group, an enterprise of worldwide reputation. In addition, a precast concrete factory and a large storage and production plant of the trading company EDEKA Handelsgesellschaft Nord.

The suburban municipalities on the outskirts of the districts of Kiel and Neumünster record a particular development within the county. They have grown into centres of development along the transport axis from Kiel via Neumünster to Hamburg are established here.

The district of Rendsburg-Eckernförde constitutes an ideal tourist area owing to its charming landscape. Urban renewal measures undertaken at Rendsburg and Eckernförde have developed a remarkable dynamism of their own. Rendsburg has succeeded in preserving the original character of the old Danish citadel and in putting the military facilities of the Danes to new use. Eckernförde has restored the old fishermen's settlement in the dock area in such a way as to turn it into an attractive downtown area which is very popular also with tourists.

The district of Rendsburg-Eckernförde is well on its way into the future. It will be necessary at the same time to further develop the existing opportunities and to offer excellent outline conditions to the international enterprises which are established here. The cooperation within the technological area of K.E.R.N. — which designates the quadrangle formed by the four towns of Kiel, Eckernförde, Rendsburg and Neumünster — will, similar to the close collaboration with the university of Kiel, the technical college of Kiel, the building faculty at Eckernförde and the research centre of Neumünster, give further impetus with a view to positive economic growth. Strategic advantages such as e.g. the intersection of international road, rail and water-borne traffic require extension in the interest of the whole area and intermunicipal cooperation must be strengthened.

◼ Die Norddeutsche landwirtschaftliche Fachausstellung NORLA mit
der Norddeutschen kommunalen
Fachausstellung (NORKOFA) auf
dem Rendsburger Messegelände zeigt
einen Leistungsquerschnitt der schleswig-holsteinischen Wirtschaft.

◼ The North German agricultural
exhibition NORLA with the North
German municipalities exhibition
NORKOFA at Rendsburg's fair-
grounds present a picture of Schleswig-Holstein's economy.

KLAUS P. FRIEBE

TECHNOLOGIE UND INNOVATION IN SCHLESWIG-HOLSTEIN

Technologische Kompetenz und Innovationskraft sind die bestimmenden Faktoren für die wirtschaftliche Entwicklung eines Landes. Die Dynamik der technischen Entwicklung erzwingt jedoch neue Formen des Dialoges zwischen Wissenschaft und Wirtschaft, um eine schnelle Umsetzung von Erkenntnissen in nutzenbringende Produkte zu gewährleisten. Die Kooperationsmodelle der vergangenen Jahrzehnte werden durch die wirtschaftlich-technologische Entwicklung zunehmend funktionsunfähig. Neue Ansätze für die Zusammenarbeit sind notwendig; ein neues Miteinander, nicht das Nacheinander oder Nebeneinander von Wissenschaft und Wirtschaft ist zur Bewältigung der strukturellen Herausforderungen der Zukunft erforderlich. Diese Aufgabe beinhaltet Veränderungen von beiden Seiten. Entgegen einer verbreiteten Tendenz, der sozialen Verantwortlichkeit des Kapitals aus dem Wege zu gehen, bedarf es einer umfassenden Einbettung der technologiepolitischen Diskussion in einen volkswirtschaftlichen Gesamtrahmen. Die Unternehmen sind nicht nur ihren betrieblichen Zielen verpflichtet, sondern müssen auch die gesellschaftlichen Rahmenbedingungen in ihre Entscheidungen einbeziehen.

Die Basis für die technologische Kompetenz der Unternehmen wird in den Hochschulen gelegt. Hier werden junge Menschen mit der technologischen Entwicklung vertraut gemacht, hier werden die Grundlagen für die Weiterentwicklung von Produkten und Dienstleistungen erarbeitet. Dieser Innovationspool an den deutschen Hochschulen droht auszutrocknen. Zwänge wie Mittelknappheit, Verschulung, veraltete Lehrinhalte, industrieferne Ausrichtung auf eine akademische Karriere sowie eine Sprache, die an den Bildungsidealen des 19. Jahrhunderts orientiert ist, verbauen den Blick auf die Aufgabe der Hochschule: Wissen und Nutzen für die Gesellschaft bereitzustellen und nicht nur den Nachwuchs für akademische Sonntagszirkel zu rekrutieren. Die Studenten werden an der Universität nicht immer direkt befähigt, ihr Fachwissen in die Wirtschaft einzubringen. Eine wirtschafts- und nutzenorientierte Kultur an den Hochschulen ist kaum entwickelt. Industrie besitzt einen zu negativen Akzent in der Wissenschaftslandschaft. Die Focussierung auf abstrakte Bildungsziele („das Schöne", „das Höhere") und die damit verbundene Indifferenz gegenüber der Zweck- und Zielbestimmung der akademischen Tätigkeit ist Ausdruck dieser Haltung.

Technological competence and innovative strength are the factors that determine economic development. But the dynamics of technical development require new forms of dialogue between science and business if new and useful products are to be rapidly produced. The models of cooperation in previous decades are being made increasingly ineffective by new developments. New methods of cooperation are necessary; a new togetherness, not an after each other nor a side-by-sideness of science and business is needed to meet the structural challenge of the future. The task requires changes on both sides. Contrary to a tendency to avoid capital's social responsibility, the integration of the techno-political discussion in an economic framework is needed. Firms must not only have their own objectives in view; they must also take account of the social framework as a whole in their decision-making.

The basis for a firm's technological competence is created in the technical colleges, where the young people are instructed in technological developments and where the basics are acquired for the further development of products and services. This innovation pool at Germany's colleges is threatening to dry up. Constraints such as lack of funds, excess of students, antiquated teaching content, an industry-remote focus on an academic career and a language that is oriented on the educational ideals of the 19th century, these obstruct the view for the college's real tasks: to provide knowledge for the benefit of society and not just to recruit young talent for academic Sunday circles. Students at the university are not always directly enabled to put their expertise at the disposal of the economy. A business- and use-oriented culture has hardly been developed there. Industry has a too negative touch in the scientific domain. An expression of this attitude is the focusing on abstract educational objectives (the "fine", the "higher"), and the associated indifference toward the purpose and aims of the academic activity. But without a positively attuned culture, a form of scientific spin-off such as experienced in America is not possible. That this problem is so seen not only by economic theorists and industrialists is indicated by the young people who can no longer enthuse over this kind of training, also for labour market reasons. The dramatic decline in the number of students especially in the applications-oriented engineering sciences is obvious proof of this.

It is easier for the technical colleges inasmuch as their professors

TECHNOLOGY AND INNOVATION IN SCHLESWIG-HOLSTEIN

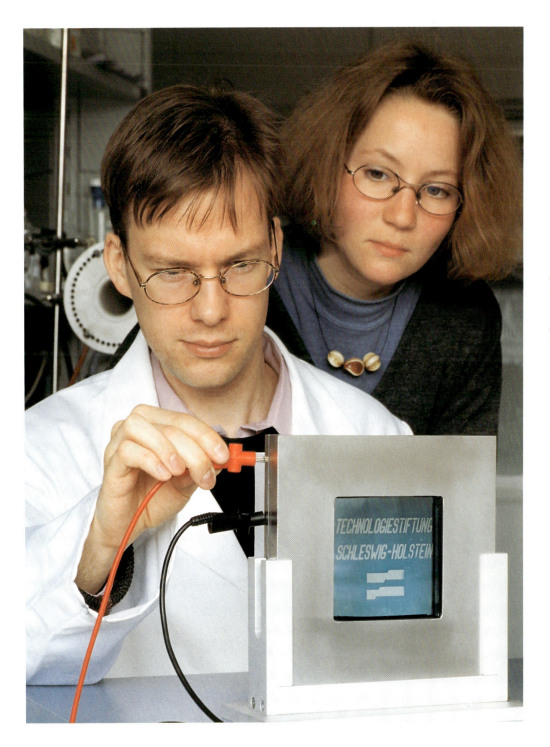

■ *Technologiestiftung Schleswig-Holstein, Kiel*
Ionentechnologien in Schleswig-Holstein — Beispiel: Demonstrationsobjekt für elektrochrome Beschichtungen, wie sie an der Technischen Fakultät entwickelt werden, können für die Konstruktion von farbigen Displays und als helligkeitsvariables Fenster genutzt werden.

■ *Technology Foundation Schleswig-Holstein, Kiel*
Ion technology in Schleswig-Holstein. Example: demonstration unit for electrochrome coatings as developed at the Faculty of Engineering. These can be used for the construction of colour displays and of variable-brightness windows.

49

Seit dem 1. März 1996 gibt es einen neuen Baustein in der schleswig-holsteinischen Technologielandschaft. Das Kieler Innovations- und Technologiezentrum (KITZ) bietet rund 3000 Quadratmeter Fläche für junge, technologieorientierte Unternehmen. Und dieses Angebot wird angenommen, wenige Wochen nach der Eröffnung sind bereits vierzehn Firmen eingezogen.

A new component has been present in the Schleswig-Holstein technology landscape since March 1, 1996. The Kiel Innovation and Technology Centre (KITZ) provides about 3,000 square metres of space for young, technology-oriented enterprises. And this offer is being eagerly taken up: within just a few weeks of opening fourteen companies had already moved in.

Die Technologie-Region K.E.R.N. zeichnet sich durch eine große Dichte von technischen Ausbildungs- und Forschungseinrichtungen aus. Die Christian-Albrechts-Universität zu Kiel mit ihrer Technischen Fakultät, die Fachhochschule in Kiel mit den Außenstellen in Eckernförde und Rendsburg, die AKAD Hochschule für Berufstätige in Rendsburg sowie Forschungs- und Ausbildungseinrichtungen wie das Institut für Meereskunde, das Institut für angewandte Physik und das Institut für marine Geowissenschaften (GEOMAR) sind dafür Beispiele. Dieses macht deutlich, daß in der K.E.R.N.-Region ein hohes Maß an technischen Fertigkeiten vorhanden ist. Ziel muß deshalb sein, eine möglichst große Zahl der hier ausgebildeten jungen Techniker, Ingenieure und Datenverarbeitungsfachleute in der Region zu halten. Voraussetzung dafür ist, daß ihnen bei entsprechender Begabung die Möglichkeit eröffnet wird, das eigene Unternehmen zu gründen. Genau dieses haben wir in der K.E.R.N.-Region mit dem Bau des Technik- und Ökologiezentrums in Eckernförde, das im Herbst letzten Jahres seinen Betrieb aufnahm, und des Kieler Innovations- und Technologiezentrums, das kürzlich seine Pforten öffnete, auf den Weg gebracht.

The technology region K.E.R.N. is marked by a high concentration of technical educational and research institutes. Kiel's Christian-Albrechts University with its Faculty of Engineering, Kiel College with departments in Eckernförde and Rendsburg, AKAD College for Further Professional Education in Rendsburg and research and educational institutes such as the Institute for Oceanography, the Institute for Applied Physics and the Institute for Marine Geosciences (GEOMAR) are just some examples.
This selection illustrates the high degree of technical skills present in the K.E.R.N. region. Consequently, the aim is to keep in the region as many as possible of the young technical experts, engineers and data-processing experts who have been trained here. But if that is to succeed, then graduates with the potential to set up an enterprise must receive a matching opportunity. And that is exactly what has been done in the K.E.R.N. region with the construction of the Engineering and Ecology Centre in Eckernförde which started operations in autumn of last year, and with the Kiel Innovation and Technology Centre which opened its doors just recently.

▦ Die zentrale Glasdachhalle wird unter Nutzung von Solarenergie durch die Hypokausten-Wand mittels Tag/Nacht-Thermik natürlich klimatisiert.

▦ The central glass-roofed hall is naturally climatized by means of day/night thermic energy, utilizing solar energy through the hypocaust wall.

▦ Die sehr großzügig angelegte, ausgesuchte Bepflanzung in der Innenhalle sorgt für ein angenehmes Mikroklima. Die Halle mit ihren Galeriebereichen wird als Stätte der Kommunikation und Begegnung genutzt.

▦ The luxuriant and specially selected greenery in the inner hall creates a pleasant micro-climate. The hall, with its gallery areas, functions as a venue for communication and encounter.

Ohne eine positiv gestimmte Kultur ist aber eine Form des Wissenschafts-Spin-off, wie er in Amerika gelebt wird, nicht möglich. Daß dieses Problem nicht nur von Wirtschaftstheoretikern oder Unternehmern so gesehen wird, zeigt sich an den jungen Menschen, die sich für diese Art der Ausbildung auch aus Gründen des Arbeitsmarktes nicht mehr begeistern können; die dramatischen Rückgänge der Studentenzahlen besonders in den anwendungsorientierten Ingenieurwissenschaften sind hierfür ein augenfälliger Beleg.

Die Fachhochschulen haben es leichter, da ihre Professoren in der Regel über mehr Praxiserfahrung verfügen. In der Vergangenheit wurde dort das eigene Licht manchmal unter den Scheffel gestellt und das Wort „Schule" zu sehr betont. Inzwischen haben sich die Fachhochschulen zu richtigen Hochschulen gemausert und besitzen mehr Verständnis für die Belange der Wirtschaft des Landes als manche große Universität. Dort sind die Hürden gewaltiger, da die kulturelle Differenz größer ist und die Komplexität der Organisation manchmal hemmend wirkt.

Allen Hochschulen gemeinsam fehlt jedoch die Kraft zu echten innovativen Impulsen für die Wirtschaft. Die Gründe liegen in der durch den Staat vorgegebenen Struktur und den verkrusteten Handlungsschemata. Die Selbstbeschränkung auf die Ausbildung der Studenten kann in der heutigen Gesellschaft nicht reichen. Der Nutzen der Innovation für Wirtschaft und Gesellschaft hängt von der Kürze der Zeit ab, in der die Koppelung zwischen technischer Entwicklung und deren Anwendung gelingt.

Je enger die Wissensproduktion an die Umsetzungsprozesse angebunden ist, desto effektiver läßt sich das technologische Wissen in einer Region nutzen und als Standortvorteil bewahren. Der Technologietransfer muß daher die enge Verzahnung von Wissensgenerierung und -nutzung zum Ziel haben. Forschung und Verwertung müssen konvergent erfolgen. Derzeit hinkt die Umsetzungsdiskussion trotz guter Ansätze den Notwendigkeiten um 15 bis 20 Jahre hinterher. Die Diskussion um Top down- oder Bottom up-Ansätze ist überholt, denn in erfolgreichen Branchen wird nicht nur über Netzstrukturen geredet, sondern sie werden gelebt. Dies meint nicht mehr als die enge Verzahnung von Wirtschaft und Wissenschaft aufgrund banaler wirtschaftlicher Zwänge. Die Entwicklung ist so schnell, daß ein kaskadenartiger Ablauf mit vielen zwischengeschalteten Stationen nicht mehr erfolgreich sein kann. Die heutigen technologischen Diskontinuitäten benötigen daher

usually have more practical experience. In the past, one's own light was sometimes hid under a bushel there and the "school" too much emphasized. Now the technical colleges have developed into real universities and have more understanding for economic needs than some large universities. There the obstacles are much higher since the cultural difference is greater and the complexity of the organization is sometimes an impediment.

But all institutions of higher learning lack the strength for imparting real innovative stimuli to industry. The reasons lie in the structure given by the state and in the encrusted schemes of action. Self-limitation only to the training of students cannot be enough in present-day society. The value of innovations for the economy and society depends on how short a time is needed between a technical development and its practical applications.

The closer the linkage between the production of knowledge and its utilization, the more effectively can the technical expertise be used in a region and be retained as a locational advantage. Hence technology transfer must have as objective the close meshing of the generation of expertise and its utilization. Research and exploitation must be convergent. Despite good beginnings, the discussion is about 15 to 20 years behind where it should be. Discussion of a top-down or bottom-up approach is out-dated, for in successful sectors they not only talk about but really live network structures. This means no more than the close meshing of science and industry on the basis of banal economic constraints. Development is so fast that a cascade-like process with many interposed stations can no longer be successful. Hence present-day technological discontinuities call for other transfer mechanisms and organizations. Strict separation of research and development in science, in the economy and in industrial utilization is not an answer to the dynamics of the present. Much has been written about the large number of small and medium-sized firms in Schleswig-Holstein. Many of them have demonstrated their flexibility and commitment to innovation in recent years. This is shown by the large number of software companies, but the coming into being of a technical services structure also shows that the economy is seeking to meet the requirements in that — such as the separation of a development department from a larger firm — design or consulting engineering expertise is now being offered independently to a variety of customers. This also happens not so seldom in the development of new products and their placement on the market.

andere Transfermechanismen und -organisationen. Die strikte Trennung von Forschung und Entwicklung in der Wissenschaft, in der Wirtschaft und die industrielle Nutzung sind keine Antwort auf die aktuelle Dynamik.

Über die große Zahl kleiner und mittlerer Betriebe in Schleswig-Holstein ist viel geschrieben worden. Viele von ihnen haben in den letzten Jahren ihre Flexibilität und Innovationsfähigkeit bewiesen. Dies zeigt sich an der großen Zahl von Software-Unternehmen; aber auch die Entwicklung einer Struktur technischer Dienstleistungen verdeutlicht, daß die Wirtschaftsstruktur den Anforderungen gerecht zu werden versucht, indem — etwa nach der Ausgliederung einer Entwicklungsabteilung aus einem größeren Unternehmen — entwerfendes oder beratendes Ingenieur- und Technikerwissen sowie entsprechende Erfahrung nun selbständig mehreren Kunden angeboten wird. Dies geschieht nicht selten auch mit der Entwicklung neuer Produkte und deren Plazierung am Markt. Eine neue Entwicklung ist die Ionik. Mit Hilfe dieser Breitentechnologie eröffnen sich Perspektiven für die Herstellung von Sensoren, für die Energiespeicherung oder die Datenverarbeitung. Durch die Förderung der Technologiestiftung Schleswig-Holstein konnte an der Technischen Fakultät der Kieler Christian-Albrechts-Universität ein Technologieschwerpunkt entstehen, der den Kristallisationspunkt für ein SH-Ionikforum bildet. Anwendungen für diese neue Querschnittstechnologie finden sich in der Medizin- und Umwelttechnik, in der Mikrotechnik sowie in der umweltschonenden Energieerzeugung und -speicherung. Mit Hilfe der modernen Materialwissenschaften ist es gelungen, physikalisch-chemische Phänomene nutzbar zu machen, die noch vor wenigen Jahren unmöglich erschienen. So bewegen sich in modernen festen Ionenleitern die geladenen Ionen mit Geschwindigkeiten ähnlich denen von Sauerstoffatomen in der Luft. Festkörperionenleiter lassen sich für die Entwicklung neuartiger Sensoren ebenso verwenden wie für die Erzeugung von farbigen elektrochromen Beschichtungen oder die Energiespeicherung und Energieumwandlung in festen Akkumulatoren und Brennstoffzellen. Eine erste Firma zur Entwicklung neuer Gassensoren für Industrie und Umwelttechnik ist bereits entstanden. Erste Produkte wie ein robuster, temperaturfester Sauerstoffsensor sind am Markt. Der automatisch abblendende elektrochrome Rückspiegel — in den USA bereits als Autozubehör angeboten — wird bald auch in Schleswig-Holstein erhältlich sein.

A new development is ionics technology, with the aid of which perspectives are opened up for the manufacture of sensors, for energy storage or data processing. With the assistance of the Schleswig-Holstein Technology Foundation it was possible to create a focus of activity at the technical faculty of Kiel's Christian-Albrechts University that became the crystallization point for an ionics forum. Applications for this new technology are to be found in medical and environment technology, in microtechnics and in environment-friendly power generation and storage. With the aid of modern material sciences it has been possible to utilize physical-chemical phenomena that seemed impossible just a few years ago. So it is that in modern solid ion conductors the charged ions move with speeds similar to those of oxygen atoms in the air. Solid ion conductors can be used for the development of new sensors just as for the production of coloured electrochrome coatings or energy storage and energy conversion in solid accumulators and fuel cells. A first firm is already there for the development of new gas sensors for industry and environmental technology. First products such as a sturdy, temperature-resistant oxygen sensor are on the market. The automatic dimming electrochrome rear-view mirror — already offered in the U.S.A. as a car accessory — will soon also be available in Schleswig-Holstein.

A strengthening of the Technologie-Transfer-Zentrale Schleswig-Holstein GmbH (ttz) can help to enliven innovative economic structures. As focal point of an innovation network it would be the pivot of technology transfer and rely on its representatives and innovative models at the colleges. Thus the Hochschul-GmbH at Kiel Technical College is not only creating the first jobs for diploma'd students but is also offering room for new marketable products and processes. This approach is part of the development of a culture of change as formative element of an open and receptive society with innovative technical understanding. A change in structure and mentality can already be observed in Schleswig-Holstein, with colleges and business moving closer to one another. But the obstacles to understanding are still too high, and this is where the technology information system known as TISCH can help toward more transparency and the rapid making of contacts. Yet the real key to success in technological innovation can only lie in the intensive regional networking of all forces. This means all of Schleswig-Holstein, with the circle of protagonists being defined in relation to the statement of the problem.

Roland   Roland

Zwischen Roland und Elbe
Die Stadt Wedel, im Westen vor den
Toren Hamburgs gelegen, ist bekannt
für ihr Wahrzeichen, den Roland,
und die weltberühmte Schiffsbegrüßungsanlage.
Am Rande der Stadt, markiert durch
die Elbe und entlang der Ausläufer
des Falkensteins und der Witten-
berger Heide, dehnt sich das Industriegebiet aus.
Neu in diesem Gebiet ist der roland
industrie + gewerbe park wedel, in
dessen Kern das Unternehmen ESW-
EXTEL SYSTEMS WEDEL Gesellschaft für Ausrüstung mbH seinen
Geschäftssitz hat.

Between Roland and the river
Elbe
Wedel lies to the west of Hamburg
and close to the river Elbe. It features
a statue of Roland, and its ship wel-
coming point at Schulau is known all
over the world. On the peripherie of
the town, back from the Elbe and on
the fringes of Falkenstein and the
Wittenberg Heath is the industrial
estate. New here is the roland industrie + gewerbe park wedel, with the
centre of ESW-EXTEL SYSTEMS
WEDEL Gesellschaft für Ausrüstung
mbH.

Die ESW ist hervorgegangen aus
dem weltbekannten Unternehmen
AEG-Schiffbau, Flugwesen und Sondertechnik, das sich vor fast 35 Jahren in Wedel mit seinen High-Tech-
Bereichen angesiedelt hat.

The company is successor to the highly
reputed AEG Schiffbau, Flugwesen
und Sondertechnik, which set up its
high-tech sectors in Wedel almost 35
years ago.

Hauptgebäude

Headquarters

■ ESW mit Elbe

■ ESW and the river Elbe

■ Neicontrol-E®: Ein neues elektrisches Neigesystem für Hochgeschwindigkeitszüge

■ Neicontrol-E®: An innovative electrical tilting system for faster speed of trains

Von den etwa 700 Beschäftigten sind rund ein Viertel wissenschaftlich ausgebildete Mitarbeiter in der Forschung und der Entwicklung tätig. Sie sorgen ständig für neue innovative Produkte in der Ausrüstungstechnik, Luftfahrt- und der Verteidigungstechnik, im zivilen Einsatz computergesteuerter Prozeßtechnik sowie neuerdings sogar in der Eisenbahntechnik für Hochgeschwindigkeitszüge. Die ESW zählt mit ihren Produkten weltweit zu den führenden Herstellern. Auch werden die Anforderungen der höchsten Qualitätsnormen erfüllt.

Out of a workforce of about 700 a quarter of them are scientifically trained and work in research and development. They ensure a continuous procession of new and innovative products for equipment, aviation and defence technology, in computer-controlled process technology in the civilian sector and, more recently, to increase the speed of trains in railway technology. With its products, ESW is a leading manufacturer worldwide and meets the requirements or the highest quality standards.

■ Stabilisierungssysteme für die Landesverteidigung

■ Tank stabilization systems for effective action in devence

■ Frachtladesystem für Beluga

■ Cargo loading system for the Beluga

Zur Belebung innovativer Wirtschaftsstrukturen kann eine Stärkung der Technologie-Transfer-Zentrale Schleswig-Holstein GmbH — ttz — beitragen. Als Mittelpunkt eines Innovationsnetzwerkes würde die ttz SH zum Drehpunkt des Technologietransfers in die Wirtschaft. Dabei stützt sie sich auf die Technologie-Transfer-Beauftragten und innovative Modelle an den Hochschulen; so schafft etwa die Hochschul-GmbH an der FH Kiel nicht nur erste Arbeitsplätze für diplomierte Studenten, sondern bietet auch Raum für marktnahe neue Produkte und Verfahren. Dieser Ansatz ist Teil der Entwicklung einer Kultur des Wandels als prägendes Element einer aufgeschlossenen Gesellschaft mit innovativem Technikverständnis.

Eine Struktur- und Mentalitätsveränderung ist bereits zu erkennen, Hochschule und Wirtschaft gehen in Schleswig-Holstein aufeinander zu. Die Verständigungsbarrieren sind jedoch noch zu hoch, die Transferleistungen noch nicht durchstrukturiert. Hier kann u. a. das Technologie-Informationssystem TISCH zur Transparenz und schnellen Kontaktaufnahme beitragen. Der eigentliche Schlüssel für den technologisch innovativen Erfolg kann aber nur die intensive, regionale Vernetzung aller Kräfte sein. Regionales Denken meint dabei ganz Schleswig-Holstein, wobei der Kreis von Akteuren in Abhängigkeit von der Fragestellung zu definieren ist. Es kann nicht sein, daß bei der vorhandenen Kompetenz im Lande sich die Kontakte sofort zu der vermeintlich höheren Kompetenz in Süddeutschland wenden. Dies verursacht nur hohe Kosten, ohne daß ein auf die spezifischen Bedingungen der Region und des Standortes abgestimmtes Resultat entwickelt werden kann.

Der Zwang zu einem innovativen Neuanfang äußert sich auch im Trend zu Unternehmensneugründungen. Nur werden den Gründern heute immer noch mehr Barrieren als Hilfen geboten. Wir müssen daher Bedingungen schaffen, unter denen technologisch orientierte Unternehmen gedeihen können. Ein Ansatz wäre die Umstrukturierung von Förderprogrammen, so daß sie eine Beschaffungskomponente beinhalten, um neuen Produkten den Markt zu öffnen. Vermehrt können Forschungsgelder auch mit produktionsorientierten Ergebnissen gekoppelt werden. Eine freie Forschung mit einer zufälligen Ergebnisverwertung kann es in Zukunft nicht mehr geben. Dafür haben Bund und Länder in den letzten 40 Jahren zu viele Steuergelder investiert, ohne immer einen entsprechenden, für die Wirtschaft verwertbaren Gegenwert zu erhalten. Die nutzenorientierte Zweckgebundenheit muß heute im Mittelpunkt stehen, soll das Dogma der Arbeitsteilung zwischen Wissenschaft und Wirtschaft überwunden werden. Diese Veränderung ist für die Handlungsmaxime, Beschäftigung im Lande zu schaffen, zwingend; denn nur sie schafft ein Umfeld, in dem Wirtschaftsstrukturen entstehen, die technologieorientierte Unternehmen und damit Arbeitsplätze hervorbringen und gedeihen lassen.

It cannot be that, in view of the existing competence in the state, the contacts immediately turn to the supposed higher competence in South Germany. This only means high costs, without a result being achieved that takes account of the specific conditions of the region and the location.

The need for an innovative new start is also expressed in the trend toward company start-ups, but the latter are still faced with more barriers than genuine assistance. So we must create conditions in which technically oriented firms can prosper. A possible start would be the restructuring of promotional programmes to the extent that they contain a procurement component with the aim of opening the market to new products. There could be more emphasis on linking research funds with production-oriented results. In future there can no longer be free and independent research with a just-by-chance utilization of the results. For that, in the last forty years the central and state governments have invested too much of the taxpayer's money without receiving a quid pro quo for the economy. Being tied to some particular purpose is today the order of things; the dogma of the division of labour between science and the economy has to be overcome. Such a change is essential for the practical maxim of creating employment in one's own state, for only that provides an environment in which economic structures arise and produce successful technology-based firms and rewarding jobs.

◼ Schleswig-Holsteins Unternehmen zählen zu den Vorreitern bei der Umsetzung der EG-Umwelt-Audit-Verordnung. Aber auch das Informationsbedürfnis von Behörden und öffentlichen Einrichtungen ist groß, wie die RKW Nord-Ost-Veranstaltung „Öko-Audit für Behörden" bewies.

◼ Companies in Schleswig-Holstein are among the trailblazers when it comes to putting the EU environmental audit into effect. But the demand for information is also large among the public authorities and other agencies, as shown by the "Eco Audit for Government Offices" event organized by RKW Nord-Ost.

FRANZ GELBKE

TECHNOLOGIETRANSFER VOR ORT

■ Erfolgreicher Technologietransfer ist lebenswichtig zur Stärkung des Innovationsprozesses vor allem in kleinen und mittleren Unternehmen. Er schafft die Verbindung zu Forschung und Entwicklung und ermöglicht nationale und internationale Kooperationen. Technologietransfer gestaltet den dynamischen technologischen Wandel und stärkt durch die Intensivierung des Wissenstransfers zwischen wissenschaftlichen Instituten und mittelständischen Unternehmen den Wirtschaftsstandort Schleswig-Holstein. Technologietransfer und Innovation sind damit die Basis für eine erfolgreiche Zukunft der Wirtschaft.

Technologietransfer braucht kurze Wege und kann in einem Flächenland nur „vor Ort" erfolgreich sein. Er erfordert das Anschieben und Stützen von Innovationsprozessen sowie die Schwerpunktbildung und Intensivierung von Innovation in bisher wenig erschlossenen Technikfeldern überall im Land. Im Kammerbezirk Kiel ist dies bei über 42 000 vorwiegend kleinen und mittleren Betrieben keine leichte Aufgabe. Sie kann nur in Zusammenarbeit mit den verschiedenen Einrichtungen gelöst werden. Die ttz SH Technologie-Transfer-Zentrale Schleswig-Holstein GmbH verbindet die landesweiten Aktivitäten der Technologiestiftung des Landes TSH, der Transfereinrichtungen an den Hochschulen, der Technikzentren und aller Forschungs- und Beratungseinrichtungen außerhalb der Hochschulen.

Erfolgreiche Transferprozesse beinhalten den Aufbau des Kommunikationsaustausches zwischen Know-how-Trägern und Anwendern und berücksichtigen Management-, Ausbildungs-, Organisations- und Marketingfragen, die den reinen Technologietransfer überschreiten. Die Umsetzung in wirtschaftliche Ergebnisse heißt ständiges Informieren, Beraten und Fördern vor Ort. Über die intensive Transferarbeit an den Hochschulen, den Instituten und den vier Technik- und Gewerbezentren im IHK-Bezirk Kiel hinaus leisten die regionalen Innnovationsberater der ttz SH Technologietransfer auch im hintersten Winkel des Landes. Mit ihnen stehen der Wirtschaft und Forschung Fachleute zur Verfügung, die einen uneingeschränkten Informationszugang zu Unternehmen und Forschung haben und mit allen Technologiefördereinrichtungen des Landes eng zusammenarbeiten. Da Informationsvermittlung den Schlüssel zur Innovation darstellt, können die Unternehmen in Schleswig-Holstein über Online-Recherchen schnell umfassende und aktuelle Informationen über inländische

■ Successful technology transfer is vital for the strengthening of the innovation process, especially in the case of small and medium-sized firms. It secures the link to research and development and makes national and international cooperation possible. It shapes dynamic technological change and, with the intensification of the process, benefits Schleswig-Holstein's economy. Technology transfer and innovation are thus the basis of future business success.

To be successful, technology transfer needs short distances, and in a rural area it needs to be local. It requires the push and support of innovation processes and the concentration and intensification of innovation in hitherto little exploited technical fields. In the area represented by Kiel Chamber of Industry and Commerce, with more than 42,000 mainly small and medium-sized firms, this is no easy task, and can only be achieved in cooperation with various agencies and institutions. There is, for example, the ttz SH Technologie-Transfer-Zentrale Schleswig-Holstein GmbH, which links up the activities of the state's technology foundation (TSH), the transfer facilities of the colleges and the technical centres, and of all other research and advisory bodies.

Successful transfer processes include the building up of communication exchange between know-how providers and users, and take account of management, training, organizational and marketing questions that go beyond actual transfer matters. Continuous informing, advising and encouragement on the spot is necessary to achieve tangible results. In addition to the intensive transfer work at the institutes and colleges and the four technology and craft centres in the region, the innovation consultants at ttz SH pursue their technology transfer activity even in the most remote corners of Schleswig-Holstein. These are experts with unrestricted access to information from companies and research sources, and they cooperate with all those dealing with technology promotion in the state. Since providing information is the key to innovation, companies in Schleswig-Holstein can rapidly call up details of German and European R&D projects from data banks by way of on-line search. In the exploitation of their protective rights, inventors are assisted in the national technology alliance link-up just as are all firms seeking innovations and licences.

In the transfer process, with the technology information system TISCH, Schleswig-Holstein has a marketplace for information that because of its decentral structure is available everywhere in the

TECHNOLOGY TRANSFER ON A LOCAL BASIS

■ Im Bild das Team um die Ge-
schäftsführer Dr. I. Hussla und Dr.
R. Müller bei der Planung der
Eröffnung des Neubaus des IZET
Innovationszentrums Itzehoe 1996,
getragen von der Gesellschaft für
Technologieförderung Itzehoe mbH.

■ The picture shows the team
together with the directors Drs.
I. Hussla and R. Müller planning
the opening in 1996 of the new
building of the IZET Innovation
Centre in Itzehoe, operated by the Gesellschaft für Technologieförderung
Itzehoe mbH.

und europäische FuE-Projekte aus Wirtschaftsdatenbanken abrufen. Erfindern wird bei der wirtschaftlichen Verwertung ihrer Schutzrechte im nationalen Verbund der Technologie-Allianz ebenso geholfen wie all den Firmen, die Innovationen und Lizenzen suchen.

Mit TISCH, dem Technologie-Informationssystem, erschließt Schleswig-Holstein über ein landesweites Netz einen Marktplatz der Informationen im Technologietransfer-Prozeß, der durch seine dezentrale Struktur überall vor Ort zur Verfügung steht. Verbindungen zu europäischen Programmen werden durch Schwerpunktbildungen in den Regionen und das EU-Verbindungsbüro IRC mit der ttz SH im größten deutschen Verbundnetz hergestellt. Marktzugänge werden innovativen Firmen und der wirtschaftsnahen Forschung durch Gemeinschaftsstände auf den großen internationalen Messen eröffnet.

Da Technologietransfer Risiken beinhaltet, die beim Wettlauf um den technischen Vorsprung auf dem Weltmarkt eingegangen werden müssen, sind Förderprogramme zur „Produktinnovation" und für „zukunftweisende Technologien" ein fester Bestandteil des Technologietransfer-Konzeptes in Schleswig-Holstein. Dies gilt um so mehr als die mittelständisch geprägte Wirtschaft des Landes einen zusätzlichen Anschub bei der Finanzierung von Forschungs- und Entwicklungsvorhaben benötigt. Die Technologieförderung des Landes durch die ttz SH ist auf diesem Gebiet einzigartig in Deutschland.

state. Links to European programmes are made by creating regional focal points and by the EU liaison office IRC with the ttz SH in the largest German mixed network. Innovative firms and business-related research obtain market access by way of joint stands at the large international fairs.

Since technology transfer involves risks that must be accepted in the race for technical advantage on the world market, promotional programmes for product innovation and for trend-setting technologies are an established feature of Schleswig-Holstein's technology transfer concept, this all the more so as the state's economic structure — mostly small and medium-sized firms — needs some additional thrust in the financing of R&D projects. The state's promotion of technology by way of the ttz SH is in this respect unique in Germany.

Peter Wolters-Gruppe,
Rendsburg
High-Tech für die weltweite Halblei-
terindustrie aus Rendsburg. Auf dem
Bild eine Maschine zum Planarisie-
ren/Polieren für die Mikrochip-Ferti-
gung unter Reinraumbedingungen.

Peter Wolters-Group, Rendsburg
High technology from Rendsburg for
the worldwide semiconductor indus-
try. The picture shows a machine for
the planarization/polishing of the
microchip production under clean-
room conditions.

PROFESSORIN DR. KARIN PESCHEL

WISSENSCHAFT ALS PARTNER DER WIRTSCHAFT

Die am weitesten im Norden gelegene Universität Deutschlands blickt auf eine lange Tradition zurück. Sie wurde 1665 von ihrem Namenspatron Herzog Christian-Albrecht von Schleswig-Holstein Gottorf gegründet. Mit ihrem historisch gewachsenen Fächerkanon gehört die CAU Kiel zu den klassischen deutschen Universitäten. Zu den vier Gründungsfakultäten Theologie, Rechts- und Staatswissenschaften, Medizin und Philosophie sind fünf hinzugekommen: die Wirtschafts- und Sozialwissenschaftliche, die Mathematisch-Naturwissenschaftliche, die Agrarwissenschaftliche und seit 1990 die Technische Fakultät. Zudem wurde 1994 die frühere Pädagogische Hochschule Kiel als Erziehungswissenschaftliche Fakultät in die Universität integriert, so daß sich heute rund 23 000 immatrikulierte Studierende, unter ihnen fast 1200 Ausländer aus 85 Nationen, auf über 80 Studienfächer verteilen.

Im Zuge des Strukturwandels der Wirtschaft, der in Schleswig-Holstein seit Mitte der siebziger Jahre zu erheblichen Arbeitsplatzeinbußen führte, sieht sich auch die CAU verpflichtet, Akzente auf zukunftsweisende Wissenschaftsdisziplinen, Technologien und Managementtechniken zu setzen. Zu den Anstrengungen, die heimischen Unternehmen bei der Neuorientierung auf innovative und zukunftsweisende Märkte zu unterstützen, gehörten insbesondere die Einrichtung des Forschungszentrums für Marine Geowissenschaften GEOMAR und die Gründung einer Technischen Fakultät mit den Studiengängen Materialwissenschaft, Elektrotechnik und Ingenieurinformatik sowie des Forschungs- und Technologiezentrums Westküste in Büsum.

Die Umweltforschung wurde in Kiel lange vor ihrer allgemeinen Anerkennung aufgebaut. Das belegen die vielen Institute in mehreren Fakultäten und insbesondere das Institut für Meereskunde (gegründet 1937). Die Forschungsstelle für Ökosystemforschung wird künftig durch das innovative Konzept des Ökologiezentrums Kiel mit noch schärferem Profil hervortreten. Die Zusammenarbeit mit den Unternehmen der Ökologie- und Umwelttechnik ist bereits lange geübte Praxis. Gleiches gilt für die Kooperation in der Medizintechnik, die an der CAU mehr als ein Abfallprodukt der medizinischen Forschung ist.

Germany's northernmost university can look back on a long tradition, having been founded by and named for Duke Christian-Albrecht von Schleswig-Holstein Gottorf in 1665. Today the CAU in Kiel is one of Germany's classical universities. To the four original faculties of theology, law and political science, medicine and philosophy there were added five more: economic and social science, mathematics and natural science, agricultural science and, in 1990, a technical faculty. And in 1994 the former Kiel Pedagogic College was integrated into the university as educational science faculty, so that today there are about 23,000 enrolled students in more than 80 subjects, including almost 1,200 foreign students from 85 countries.

As a result of structural change in the economy and the loss of many jobs in Schleswig-Holstein since the mid-1970s, the CAU has seen itself obliged to put more emphasis on forward-pointing scientific disciplines, technologies and management techniques. The efforts to assist local firms in focusing on innovative and future-promising markets include in particular the setting up of GEOMAR, a research centre for marine geosciences, and the founding of a technical faculty offering courses in materials science, electrical engineering and information science for engineers. Also set up was the West Coast Research and Technology Centre in Büsum.

Environmental research was initiated in Kiel long before its general acceptance today, as is shown by the many institutes in various faculties, particularly the Institute of Oceanography founded in 1937. With the innovative concept of the Ecology Centre in Kiel, the Ecosystem Research Station will in future have an enhanced profile. Cooperation with firms in the ecology and environment technology sector has long since been regular practice. The same applies to cooperation in medical technology, which is more than a waste product of medical research at the university.

The demands on business management are becoming increasingly complex, both at the individual-firm and overall economy levels, and calling for new organizational forms and techniques. Pioneering work is being done here at the university's economics department. In this respect, the decision-makers in business, politics and

THE SCIENCES AS PARTNER OF BUSINESS

Die immer komplexer werdenden Anforderungen an das Management, sowohl auf der einzelbetrieblichen als auch auf der gesamtwirtschaftlichen Ebene, erfordern neue Organisationsformen und Techniken. Hier leisten insbesondere die Wirtschaftswissenschaften an der CAU zukunftsweisende Arbeit. Die volks- und betriebswirtschaftlichen Institute sowie das Kieler Institut für Weltwirtschaft an der CAU beraten durch ihre Gutachten und Studien Entscheidungsträger in Politik, Verwaltung und Wirtschaft. Analoges gilt für die Institute der Rechtswissenschaftlichen Fakultät und das beiden Fakultäten gemeinsame Lorenz-von-Stein-Institut für Verwaltungswissenschaften.

Bereits vor 25 Jahren wurde mit dem Sonderforschungsbereich Ostseeraumforschung an der CAU der Grundstein für die heute bestehende vielseitige Forschung zahlreicher Institute über Skandinavien und Osteuropa gelegt, die dem Land Schleswig-Holstein nach der wirtschaftlichen Öffnung Osteuropas neue Perspektiven eröffnet.

Die Unternehmenslandschaft Schleswig-Holsteins ist durch viele kleine und mittlere Unternehmen geprägt. Die Forschungsergebnisse der Universität für diese Adressatengruppe aufzubereiten und damit in eine wirtschaftliche Anwendung zu transferieren, ist für die Landesuniversität eine besondere Herausforderung. Die CAU stellt sich dieser Aufgabe und wird sich in Zukunft der Verbesserung des Technologietransfers verstärkt widmen.

Die größte Leistung der CAU für die Wirtschaft des Landes aber sind die rund 2500 gut ausgebildeten Absolventen, die nach einem Studium an der CAU jedes Jahr in die Arbeitswelt drängen. Die CAU tut mit ihren sportlichen, musischen und kulturellen Angeboten (u. a. 13 zur Universität gehörende Schausammlungen und Museen) viel, um den Studierenden eine enge Bindung an die Region Kiel zu vermitteln. Als sogenannter weicher Standortfaktor für die Ansiedlung von produzierenden Unternehmen und innovativen Dienstleistern ist die CAU aus Schleswig-Holstein nicht wegzudenken.

administration are advised by the business and political economy institute and the Kieler Institut für Weltwirtschaft at the university by way of expert reports and diverse studies. The same applies to the institute of the faculty of law and the Lorenz-von-Stein Institut für Verwaltungswissenschaften (administrative science), of both faculties.

It was twenty-five years ago that a start was made with the Baltic Sea area research at the university, thus initiating the extensive research activities of today at many institutes in Scandinavia and Eastern Europe and which have opened up new perspectives for Schleswig-Holstein after the opening to the East.

A feature of Schleswig-Holstein's economy is its many small and medium-sized companies, and it is a special challenge for the university to prepare its research results in a suitable form for economic utilization by this group. The university accepts the task and will in future work toward an improvement in technology transfer.

But the greatest service the university can provide for Schleswig-Holstein's economy is the 2,500 well-trained graduates who upon leaving the university each year throng to take up a position in professional life. Apart from that, with its sports, artistic and cultural offerings (including thirteen display collections and museums), the university does much to create close links between the students and the Kiel region. As a so-called soft locational factor for the attraction of productive enterprises and innovative providers of services, the Christian-Albrechts University is indispensable for Schleswig-Holstein.

Die Technische Fakultät, 1990 als achte Fakultät der Christian-Albrechts-Universität zu Kiel gegründet, ist für die Ausbildung des Ingenieurnachwuchses in Schleswig-Holstein verantwortlich. Das Angebot an Lehre und Forschung in den Ingenieurwissenschaften erstreckt sich von der Elektrotechnik über die Ingenieurinformatik zur Materialwissenschaft. Darüber hinaus wurde mit der Integration des anerkannten Institutes für Informatik und Praktische Mathematik auch der etablierte Studiengang Diplom-Informatik in das Ausbildungsangebot sowie die im Institut vertretenen Forschungsrichtungen übernommen. Über die Ausbildung hinaus gibt es mittlerweile intensive Kooperationen der Technischen Fakultät zur regionalen Wirtschaft.

The Faculty of Engineering, established as the eighth faculty of Kiel's Christian-Albrechts University, is responsible for training new engineers in Schleswig-Holstein. The spectrum of education and research in the engineering sciences ranges from electrical engineering through engineering computer sciences to materials science. Moreover, with the integration of the widely recognized Institute for Computer Science and Applied Mathematics it has been possible to incorporate the existing master's degree in computer science into the training programme, together with the institute's research fields. Moving beyond the academic sphere, the Faculty of Engineering now also maintains intensive links with the regional business community.

Am Lehrstuhl für Sensorik und Festkörper-Ionik werden die Schwerpunkte chemische Sensoren, Hochleistungs-(Lithium-)Sekundärbatterien, Elektrochrome Systeme und Oxidische Hochtemperatur-Brennstoffzellen bearbeitet.

Work at the Chair for Sensor Techniques and Solid-State Ionics focuses on the areas of chemicals sensors, high-performance (lithium) secondary batteries, electrochrome systems and oxidic high-temperature fuel cells.

◾ In modern ausgestatteten La-
borräumen werden die Studierenden
aller Fachrichtungen an der Technischen Fakultät ausgebildet.

◾ The students of all disciplines at
the Faculty of Engineering are
trained in modernly equipped laboratories.

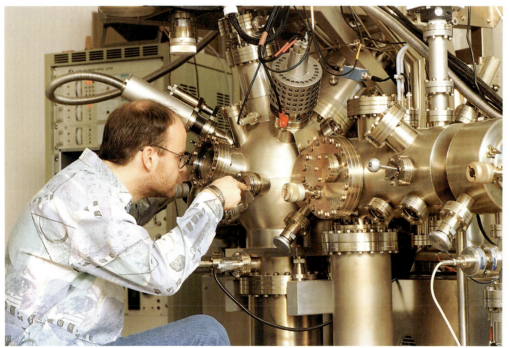

◾ Untersuchung von Grenzschich-
ten zwischen Kunststoffen und Me-
tallen mit modernen Meßmethoden
am Lehrstuhl für Materialverbunde.

◾ Investigation of interfaces between plastics and metals by means of
elaborated techniques at the Chair for
Multicomponent Materials.

PROFESSOR DR. PETER JOCHIMSEN, PROFESSORIN DR. MARTINA KLOCKE

FACHHOCHSCHULEN SIND LEISTUNGS-ORIENTIERTE PARTNER DER WIRTSCHAFT

Über ein Vierteljahrhundert nach ihrer Gründung haben die Fachhochschulen auch in Schleswig-Holstein einen festen Platz im Bildungssystem eingenommen, als „Hochschule der modernen Industriegesellschaft" und Alternative zur Universität. Kürzere Studienzeiten, praxisorientierte Ausbildung und anwendungsorientierte Forschung sind für Studierende und Wirtschaft gleichermaßen attraktiv.

Mit sechs Fachbereichen und 5200 Studierenden in Kiel und an zwei Standorten im Kreis Rendsburg-Eckernförde ist die FH Kiel die größte und einzige voll ausgebaute Fachhochschule in Schleswig-Holstein. Die Fachbereiche Bauwesen, Elektrotechnik, Maschinenwesen, Landbau, Sozialwesen und Wirtschaft bieten in elf Studiengängen einen Fächerkanon an, der sich in einem kontinuierlichen Anpassungsprozeß befindet. Interessante Studienrichtungen mit Vertiefungs- und Wahlfächern ermöglichen eine individuelle Gestaltung des Studiums. Damit wird den Forderungen der in Schleswig-Holstein vor allem klein- und mittelständischen Betriebe entsprochen. Sie müssen sich wie die Großbetriebe den Herausforderungen der zusammenwachsenden Märkte und der zunehmend komplexeren Produktbereiche stellen.

Hier leistet die Fachhochschule im Rahmen des Technologietransfers kompetente Unterstützung. Beispielhaft sei in diesem Zusammenhang die in Deutschland einmalige Anbindung einer Forschungs- und Entwicklungs GmbH an die FH genannt. Praxisorientierte Arbeitsweise zeichnet auch das Labor für Arbeitswissenschaft aus, das mit Unternehmen, öffentlicher Hand und Gewerkschaften kooperiert. Das Dienstleistungsangebot wird abgerundet durch die Institute für CIM-Technologietransfer, für Weiterbildung und für Frauenforschung sowie über eine Materialprüfanstalt in Eckernförde.

Das Zusammenfügen bisher getrennter Technologiefelder spiegelt sich durch zunehmende Interdisziplinarität der Fachbereiche wider. Die Kooperation mit anderen Hochschulen geht auch über nationale Grenzen hinaus. Austauschprogramme mit Partnerhochschulen in aller Welt bieten die Chance, Studien- und Diplomarbeiten sowie Praktika im Ausland zu absolvieren. Mit Hilfe von Stipendien sind Auslandssemester oder ein Doppeldiplom der Fachhoch-

More than a quarter century after being set up, Schleswig-Holstein's technical colleges have a well-established role in the education system, functioning as "college of the modern industrial society" and as alternative to the university. Shorter study periods, practice-oriented training and applications-based research are attractive to both students and the economy in general.

With six departments and 5,200 students in Kiel and at two locations in the Rendsburg-Eckernförde district, Kiel Technical College is the largest and only fully developed institution of its kind in Schleswig-Holstein. The departments of civil engineering, electrical engineering, machine construction, agriculture and forestry, sociology and economy offer in eleven courses a range of subjects that is in a continuous process of adaptation. Interesting course variants with in-depth and optional arrangements give a personal touch to the studies. All this meets the requirements of Schleswig-Holstein's mainly small and medium-sized firms. As in the case of the larger firms, they must meet the challenge of coalescing markets and the increasingly complex product sectors.

Within the framework of technology transfer, the technical college provides excellent support. An example unique in Germany is the linking to it of a Forschungs- und Entwicklungs GmbH. Practical orientation is also a feature of the work at the laboratory for ergonomics, which cooperates with private firms, public authorities and the trade unions. The service is rounded off by the work of the institutes for CIM technology transfer, for advanced training and for women's affairs as well as by a materials testing station in Eckernförde.

The bringing together of hitherto separate technology sectors is reflected in greater interdisciplinarity, and cooperation with other colleges also goes beyond national borders. Exchange programmes with partner colleges worldwide offer the chance of completing studies and diploma work as well as practical work abroad. With the aid of scholarships, terms abroad or a double diploma in business administration and electrical engineering from Kiel and a foreign partner college are possible.

The diverse programme is backed up by additional qualifications parallel to the "normal" studies (basic time-and-motion study train-

TECHNICAL COLLEGES ARE INDUSTRY'S HIGH-PERFORMING PARTNERS

schule Kiel und einer ausländischen Partnerhochschule in den Studiengängen Betriebswirtschaft und Elektrotechnik möglich.

Das vielfältige Angebot wird durch Zusatzqualifikationen parallel zum „normalen" Studium (REFA-Grundausbildung, Fachkunde für Sicherheitsingenieure und andere Fachkräfte der Arbeitssicherheit), durch interdisziplinäre Zusatzqualifikationen (Wirtschaftswissenschaften oder Fremdsprachen) oder durch internationale Zusatzqualifikationen wie dem Studium des Master of Business Administration (MBA) erganzt. Es handelt sich dabei um einen neuen, staatlich anerkannten internationalen Hochschulgrad der Fachhochschule Kiel, der als betriebswirtschaftliches Postgraduierten-Studium auf die Qualifikation für internationale Management-Aufgaben gerichtet ist.

Neben der Fachhochschule Kiel ist die Muthesius-Hochschule in Kiel — 1994 aus dem Fachbereich Gestaltung der FH Kiel entstanden — die zweite staatliche Fachhochschule im Bezirk der IHK zu Kiel. Sie ist mit ihren Studiengängen Architektur, Freie Kunst, Industrie- und Kommunikationsdesign der Wirtschaft vielfältig verbunden.

Die staatlich anerkannte und gemeinnützige Fachhochschule Wedel mit den Fachrichtungen Wirtschaftsinformatik, Wirtschaftsingenieurwesen, Technische Informatik, Physikalische Technik und Betrieblicher Umweltschutz ist die älteste private Hochschule in Deutschland.

Die 1992 in Pinneberg gegründete und demnächst in Elmshorn beheimatete Nordakademie ist eine staatlich anerkannte private Fachhochschule und entstand auf Initiative von 28 Unternehmen aus Schleswig-Holstein und Hamburg unter Federführung von Nordmetall. Ziel der Gründung war „eine Hochschule neuartigen Typs, die in besonderer Weise den gestiegenen Anforderungen der Wirtschaftspraxis gerecht werden kann".

Mit Sitz in Rendsburg bietet die Akademikergesellschaft für Erwachsenenfortbildung (AKAD) landesweit ihr nebenberufliches Fernstudium zur Erlangung staatlich anerkannter Diplome und Bildungsabschlüsse an.

Behördenintern ist die Verwaltungsfachhochschule in Altenholz bei Kiel ausgerichtet, die ebenfalls überregional ausstrahlt.

ing, instruction for security engineers and other work-safety specialists), by additional interdisciplinary qualifications (economics or foreign languages), or by additional international qualifications such as the MBA (Master of Business Administration). This is a new, state-recognized international degree of Kiel Technical College which as business management post-graduate course is directed toward qualification for international management careers.

In addition to Kiel Technical College, there is the Muthesius College in Kiel as the second state-run technical college within the area of Kiel Chamber of Industry and Commerce. It was formed in 1994 out of the design department of Kiel Technical College, and with courses in architecture, the liberal arts, and industrial and communicative design it has close ties with the business world.

The state-recognized and non-profit technical college in Wedel with departments for business informatics, industrial engineering, technical informatics, physical technology and operative environment protection is the oldest private college in Germany.

The North Academy is a state-recognized private technical college founded in Pinneberg in 1992, but there are plans for a move to Elmshorn. It was formed on the initiative of twenty-eight firms in Schleswig-Holstein and Hamburg, prominent among them being the Nordmetall company. The objective was a "new type of college that would meet in special fashion the increased demands of economic practice".

Based in Rendsburg is the Academics Society for Adult Advanced Training (known for short in Germany as AKAD). It offers correspondence courses throughout Schleswig-Holstein that conclude with state-recognized diplomas and certificates, while at Altenholz near Kiel there is the Administrative College which caters for public authority personnel.

Alles überragend steht im Zentrum des neuen Geländes der Fachhochschule Kiel auf dem Ostufer der Förde das Hochhaus, die künftige Heimat der Fachbereiche Sozialwesen und Wirtschaft. Auf dem Dach eine Sternwarte, links daneben das neue Domizil von Rektorat und Zentralverwaltung.

Towering above the new premises of Kiel's Fachhochschule on the East Bank of the estuary is the building which will house the Departments of Social Work and of Business Administration. On its roof there is an observatory; to its left the new administration building, where the principal's office is also to be found.

Der Fachbereich Sozialwesen umfaßt das weite Feld der Sozialarbeit und Sozialpädagogik. In dem Ergänzungsstudiengang Spielpädagogik (unser Bild) kann eine Zusatzqualifikation in Spiel- und Theaterpädagogik erworben werden.

The diversity of the field of social work is reflected in the broad spectrum of courses available at the Department of Social Work. A supplementary course entitled "Drama in Education" is a further option to postgraduates (ef. photo).

▨ *Fachbereich Landbau: Wer auf dem landwirtschaftlichen Sektor als Unternehmer, im Beratungswesen, in der Industrie, der Verwaltung oder in Verbänden tätig sein will, braucht praxisorientiertes Wissen auf solider Grundlage.*

▨ *The Department of Agriculture. Anyone wanting to pursue a career in agriculture (e.g. in farm management, in consulting, in industry or by working for any of the numerous associations) certainly needs the solid knowledge imparted during the practice-oriented degree course.*

▨ *Im Fachbereich Bauwesen werden die Studiengänge Architektur und Bauingenieurwesen angeboten. Für eine Hochschule an der Küste wichtig und selbstverständlich: an einem speziellen Becken kann die Wellenausbreitung zum Beispiel an Molen oder Hafeneinfahrten realitätsnah modelliert werden.*

▨ *Architecture and Construction Engineering are offered as courses at the Department of Civil Engineering. The Fachhochschule's proximity to the coast facilitates one special feature of the department: its test tank where wave propagation at jetties and harbour entrances can be realistically induced.*

▨ *Feinwerktechnik, Maschinenbau und Schiffbau im Fachbereich Maschinenwesen, elektrische Energietechnik, Nachrichtentechnik und Technische Informatik/Systemtechnik im Fachbereich Elektrotechnik: Hier werden den Studierenden die Kenntnisse an den modernsten Prüfständen vermittelt.*

▨ *Precision engineering, mechanical engineering and shipbuilding at the Department of Mechanical Engineering; electrical engineering, communications technology and computer science/systems technology at the Department of Electrical Engineering. The students in these departments have access to extremely modern test rigs.*

DR. WOLFGANG KRICKHAHN

WEITERBILDUNG – QUALIFIZIERUNG FÜR DEN NORDEN

Alle Regionen in Deutschland sind auf eine hohe Qualifikation der Bevölkerung angewiesen. Berufliche Weiterbildung bietet die Qualifizierungsmaßnahmen an, die zu einem nachfragegerechten und effizienten Arbeitskräfteeinsatz führen. Damit ist berufliche Weiterbildung ein wichtiges Instrument zur Sicherung der Produktivität und Wettbewerbsfähigkeit der Unternehmen und spielt als Standortfaktor in der aktuellen Diskussion um den „Standort Deutschland" eine immer bedeutendere Rolle.

Die auf dem Markt für berufliche Qualifizierung angebotenen Produkte und Dienstleistungen sind nicht homogen. Als Anbieter treten staatliche oder kommunale Einrichtungen ebenso auf wie mit öffentlichen Mitteln subventionierte Träger, öffentlich-rechtliche Selbstverwaltungskörperschaften oder private Dienstleistungsunternehmen. Insgesamt bieten 5000 Institutionen in Deutschland zur Zeit 250 000 Weiterbildungsmaßnahmen an.

In dieser Weiterbildungslandschaft spielen die IHK zu Kiel und die Kammern in Flensburg und Lübeck eine besondere Rolle. Sie führen berufliche Qualifizierungsmaßnahmen nicht in öffentlich-rechtlicher Trägerschaft als Kammer durch, sondern haben mit der WAK Schleswig-Holstein ein privates Dienstleistungsunternehmen mit einem landesweiten Weiterbildungsauftrag ausgestattet. Dieser Entscheidung liegt die Überzeugung zugrunde, daß private Bildungseinrichtungen kostendeckend arbeiten können, wenn sie ein nachfragegerechtes Programm anbieten. Obwohl im Weiterbildungsmarkt nicht vorherrschend, hat sich dieses Modell der beruflichen Weiterbildung bewährt und bundesweit Zeichen gesetzt.

Über das Weiterbildungsverhalten in einer Region entscheidet einzig die Nachfrage. Gleichzeitig stimuliert das Angebot die Inanspruchnahme von Weiterbildungsmaßnahmen. Die Anbieter reagieren mit ihren Seminaren und Lehrgängen zum einen auf Entwicklungen in den Märkten und Unternehmen, zum anderen beeinflussen sie im Vertrauen auf zukünftigen Bedarf die Entwicklungen in den Unternehmen selbst. Angebote in den Bereichen computer-aided design (CAD) und Desktop publishing (DTP), die

All the regions of Germany are dependent on a high level of qualification of the workforce. On-going vocational education provides the qualifications that lead to the efficient use of manpower in response to demand. Viewed in this light, continuing vocational education is an important instrument for safeguarding companies' productivity and competitiveness, and it is a factor that is playing an increasingly significant role in the current discussion of "Germany as a business location".

The products and services available on the market for vocational qualification are not homogeneous. The suppliers are state or municipal institutions, organizations subsidized with public funds, decentralized public corporations and privately owned service companies. Some 5,000 institutions in Germany currently offer a total of 250,000 opportunities of continuing education.

In this context the Kiel Chamber of Industry and Commerce and the chambers in Flensburg and Lübeck play a special role. Not only do they themselves offer vocational training in their capacity as public institutions; in the shape of the Schleswig-Holstein Business Academy they have entrusted a private service company with the task of providing on-going professional education throughout Schleswig-Holstein. This decision is based on the conviction that private educational institutions can cover their costs if they offer a programme that meets demand. Although it does not dominate the market for further education, this model has proved to be efficient and sets an example for the whole of Germany.

It is demand alone that determines what further education measures are offered in a region. At the same time the programme itself stimulates the use of educational opportunities. With their seminars and courses the suppliers react, on the one hand, to developments in markets and companies; on the other hand — by foreseeing a future need — they influence developments in the companies themselves. Courses in the fields of computer-aided design (CAD) and desk-top publishing (DTP) that were prepared in spite of negative forecasts and were only marketed successfully after long

ON-GOING EDUCATION QUALIFIES THE NORTH

■ SCHNITTGER ARCHITEK-
TEN, Kiel, haben 1988 den 1. Preis
im Gutachter-Wettbewerb „Gemeinde-
verwaltungsschule Bordesholm"
gewonnen. Das Ausbildungszentrum
für die Verwaltung der Kommunalen
Selbstverwaltung wurde zwischen

1991 und 1993 in zwei Bauab-
schnitten fertiggestellt und zeichnet
sich durch eine landschaftsbezogene
Architektur, funktionelle Baukörper
und eine umweltverträgliche Bau-
weise aus.

■ In 1988 SCHNITTGER
ARCHITEKTEN in Kiel won 1st
prize in the "Bordesholm Local
Government School" expert competition. The training centre for the
direction of the local authority self-

administration was completed in two
stages between 1991 and 1993 and
excels with a landscape-related architecture, functional structure and an
environmentally agreeable mode of
construction.

Das Überbetriebliche Ausbildungszentrum Elmshorn ist eine berufliche Ausbildungs- und Fortbildungseinrichtung der Industrie- und Handelsbetriebe des Wirtschaftsraumes Süd-West-Schleswig-Holstein. Es vermittelt nicht nur wichtiges Fach- und Hintergrundwissen, sondern auch eine praxisgerechte Ausbildung in Schlüsseltechnologien und kooperiert mit der Wirtschaftsakademie Schleswig-Holstein (WAK).

The company-independent training centre at Elmshorn is a training and advanced training facility for the commercial and industrial firms in the south-west of Schleswig-Holstein. It provides not only important specialist and background knowledge but also offers practical training in key technologies and cooperates with the Economics Academy (WAK) for Schleswig-Holstein.

trotz negativer Prognosen aufgelegt und erst nach längeren Vorlaufzeiten erfolgreich vermarktet wurden, belegen diese unterschiedlichen Entwicklungslinien.

Ein Blick auf die aktuelle Situation im Norden zeigt, daß der Markt für berufliche Weiterbildung vor gravierenden Herausforderungen steht. Dazu gehören steigende Anbieterzahlen, fehlende Finanzmittel der öffentlichen Hand, Nachfrageverschiebungen aufgrund von Strukturveränderungen in den Unternehmen, der Wandel der beruflichen Qualifikationen und die Internationalisierung der Märkte.

Diese Herausforderungen haben schon jetzt zu abnehmenden Teilnehmerzahlen pro Weiterbildungsunternehmen und Seminar geführt. Insbesondere neue öffentliche Anbieter, wie Volkshoch-

lead times prove the wisdom of these different lines of development.

A glance at the current situation in the north of Germany shows that the market for on-going vocational education faces difficult challenges. These include a growing number of suppliers, a lack of public funds, shifts in demand resulting from structural changes in the companies, changes in professional qualifications and the increasingly international nature of the markets.

These problems have already resulted in a falling number of participants per training company and seminar. In particular, new public suppliers such as adult education centres, advanced technical colleges, universities and other public institutions are competing for the dwindling funds. A further factor is job-related train-

■ *Die WAK hat sich als gemeinsame Einrichtung der drei Industrie- und Handelskammern zu Flensburg, Kiel und Lübeck zum bedeutenden Träger praxisorientierter beruflicher Weiterbildung im Norden der Bundesrepublik entwickelt.*
Mit den Geschäftsbereichen Bildungswerk, Institut für Führungskräfte, Staatlich anerkannte Berufsakademie und Staatlich anerkannte Fachschule für Betriebswirtschaft führt sie umfassende, an den Erfordernissen der gewerblichen Wirtschaft orientierte Maßnahmen der beruflichen Bildung durch.

■ *As a joint facility of the three chambers of industry and commerce in Flensburg, Kiel and Lübeck, the WAK has become an important provider of practice-oriented advanced vocational training in North Germany. With departments going under the designations training, institute for executives, state-recognized vocational academy and state-recognized college for business management, it provides comprehensive training oriented on the needs of trade and industry.*

schulen, Fachhochschulen, Universitäten und andere öffentlich-rechtlich organisierte Träger konkurrieren um die rückläufigen Fördermittel. Hinzu kommt die arbeitsplatzbezogene Weiterbildung. Nach einer aktuellen DIHT-Umfrage führen bereits 56 Prozent der Unternehmen selbst arbeitsplatznahe Formen der Weiterbildung durch. Die Folge sind sinkende Kostendeckungsbeiträge und immer knapper werdende Risikorücklagen in den Weiterbildungsunternehmen.

Strategisches Weiterbildungsmanagement muß in enger Verbindung zur Wirtschaft produktive Bereiche der Weiterbildung definieren, Produktinnovationen intensivieren, Akquisitionspotentiale ausschöpfen und effizientes Kostenmanagement praktizieren. Das erfordert eine umfassende Kundenorientierung und neue Qua-

ing. According to a recent survey carried out by the German Industrial and Trade Association (DIHT), 56 percent of all companies now carry out their own forms of further training related to specific jobs. The consequences are narrower contribution margins and ever-smaller contingency reserves in the training companies.

Strategic management in the educational sector must define productive areas of on-going education in close collaboration with industry, intensify product innovations, exploit acquisition potential and practise efficient cost management. This requires all-round customer orientation and a new quality policy. Certification according to the standards ISO 9000 ff sought by the training institutions oriented towards the chambers of industry and commerce will meet these demands.

74

Unter dem Motto „Arbeit und Qualifizierung statt Sozialhilfe" bietet die
Kieler Beschäftigungs- und Ausbildungsgesellschaft KIBA GmbH, Sitz
Kiel, Arbeitslosen eine Beschäftigung
oder eine Ausbildung in einem qualifizierten Beruf an. In acht Betriebsstätten finden rund 500 Beschäftigte
je nach Fähigkeit eine sozialversicherungspflichtige Beschäftigung in
Naturschutz, Landschaftspflege, Recycling, Bauwirtschaft, Handwerk
oder im Büro- und Verwaltungs-

bereich. So werden Spielgeräte und
Kindermöbel gefertigt, Second-Hand-
Möbel aufgearbeitet, Altbauten sa-
niert und Naturerlebnisräume geschaffen. Einzigartig dürfte der Bau
eines Lehmhauses sowie die Entwicklung eines Mini-Blockheizkraftwerkes
sein.
Im Qualifizierungsbereich bildet die
KIBA zum Fachwerker/in für Recycling sowie zum Ausbaufacharbeiter/in
aus, schult um zu Altenpfleger/innen
und bietet Fortbildungskurse an.

With its motto "Work and qualification instead of social assistance", Kieler Beschäftigungs- und Ausbildungsgesellschaft KIBA GmbH in
Kiel offers the unemployed a job or
training with qualification in a voca-
tion. Depending on their abilities,
some 500 persons in eight work
premises find employment with social
insurance in such occupations as
nature conservation, preservation of
the countryside, recycling, the building trade, the crafts or in the office
and administration sector. So it comes
about that they produce toys and

children's furniture, recondition
second-hand furniture, renovate and
restore old buildings and create places
where one can experience nature.
Probably unique is the construction of
an adobe-style house and the development of a miniature diesel cogeneration plant.
In the qualification sector, KIBA
trains people to become experts (skilled
workers) in recycling and in building
interior work, trains others to be experts in nursing old people and also
offers a variety of further training
courses.

▨ Gesundes Wohnen mit natürlichen Baustoffen verwirklichte die
KIBA GmbH am Lehmbau in Warder in eindrucksvoller Weise. Für das
Lehmhaus wurde eine 11,5 cm Mas-
siv-Lehmsteinwand im Innenbereich
ausgemauert. So entsteht in den Räumen eine Zirkulation der Luft, die im
Sommer kühlt und im Winter wärmt.
Das ökologische Prinzip des Bauens
wurde bis in das Detail fortgesetzt: So
sind in der Küche und im Naßbereich
der Bäder die Kacheln ausschließlich
mit natürlichem Klebstoff (Kasein-
Kleber) verlegt.

▨ KIBA GmbH has made possible
in a striking way the concept of
healthy living with natural building
materials in a loam-constructed house
in Warder, for which an 11.5 cm
solid loam-brick wall was infilled
internally. The rooms thus have air
circulation, cooling in summer and
warming in winter. The ecological
principal was continued into the details, so that in the kitchen and in the
wet area of the bathrooms the tiles are
paved exclusively with a natural
bonding (caseine adhesive).

▨ Eine der vielfältigen Aufgaben
der Kieler Beschäftigungs- und Ausbildungsgesellschaft KIBA GmbH
bildet der Baubereich. Außer Altbau-
sanierung wird dem ökologischen
Bauen mit natürlichen Baustoffen
große Bedeutung zugemessen. Interessant ist hier der Bau eines Lehmhauses in Warder unter ausschließ-
licher Verwendung von Naturbau-
stoffen (Lehm, Strohlehm, Schilf,
Kalkputz und Holz). Das Haus be-
sticht durch seine eigenwillige Architektur.

▨ One of the many aspects of the
work of KIBA GmbH has to do with
the building industry. In addition to
the rehabilitation of old buildings,
great importance is attached to ecological construction with natural
building materials. Of interest here is
the building of an adobe-style house
in Warder with exclusive use of natural materials (loam, straw-and loam,
reeds, lime plaster and timber). The
house impresses with its original
architecture.

litätspolitik. Die von den kammerorientierten Bildungsträgern in Angriff genommene Zertifizierung nach den Normen ISO 9000 ff wird diesen Ansprüchen gerecht.

Insgesamt können die Weiterbildungseinrichtungen die wettbewerbs- und ordnungspolitischen Herausforderungen durchaus bewältigen. Wesentlich dabei ist die Unterstützung der Selbstverwaltungsorganisationen der Wirtschaft, nicht zuletzt der IHK zu Kiel. So kann die berufliche Weiterbildung im Sinne lebenslangen Lernens zu einer Hauptsäule im deutschen Bildungssystem werden.

Taken as a whole, the education and training institutions are well able to meet the challenges of competition and policy. A necessity, however, is support for the independently administered organizations of industry — not least the Kiel Chamber of Industry and Commerce. In this way, continued vocational training on the lines of lifelong learning can become one of the main pillars of the German educational system.

AKAD — Akademikergesellschaft für Erwachsenenfortbildung mbH, Rendsburg
Diplomvergabe an der Hochschule für Berufstätige in Rendsburg: an dieser durch das Land Schleswig-Holstein staatlich anerkannten Fachhochschule, an der die Studenten berufsbegleitend im Verbund von Fernstudien und Präsenzphasen studieren, sind bisher über 2000 Diplome verliehen worden.

Granting a diploma at the College for Employed Persons in Rendsburg: To date, more than 2,000 diplomas have been issued to students studying alongside their job by a method that combines correspondence courses and being present. The college has been officially recognized by the state of Schleswig-Holstein.

DR. HANS HEINRICH DRIFTMANN

DIE INDUSTRIE — EXPORTORIENTIERT, DYNAMISCH, LEISTUNGSSTARK

Das verbreitete Bild vom beschaulichen Urlaubs- und Agrarland Schleswig-Holstein bedarf dringend einer Korrektur: Nur noch gut zwei Prozent trägt die Land- und Forstwirtschaft zur Bruttowertschöpfung des Landes bei, aber immerhin 31 Prozent werden vom warenproduzierenden Gewerbe, vor allem von der Industrie, erwirtschaftet. Zum bedeutendsten Faktor haben sich die vielfältigen Dienstleistungsangebote entwickelt. Jede zweite Mark Bruttowertschöpfung kommt aus diesem Bereich. Und traditionell stark ausgeprägt — mit einem Anteil von fast 18 Prozent — präsentiert sich der vierte klassische Wirtschaftsbereich, der Handel und Verkehr. Diese landesweiten Zahlen, Basisjahr 1992, sind nahezu deckungsgleich mit denen des Kammerbezirks Kiel. Sie täuschen indes über enorme regionale und strukturelle Unterschiede hinweg, bestätigen aber, daß das Land durchaus Schritt gehalten hat auf dem Weg zur Industrie- und Dienstleistungsgesellschaft.

Zu beobachten sind die gleichen strukturellen Veränderungen wie bei eigentlich allen entwickelten Industrieländern. Das Gewicht der Dienstleistungen nimmt zu, und die Bedeutung des warenproduzierenden Gewerbes verringert sich. In Schleswig-Holstein vollzieht sich dieser Wandel allerdings etwas behutsamer und speziell die Industrie behauptet sich mit bemerkenswerter Stabilität und Anpassungsfähigkeit.

Schleswig-Holstein war nie ein klassisches Industrieland. Erst relativ spät setzte die Industrialisierung ab Mitte des vergangenen Jahrhunderts ein. Sie fand ihre wichtigsten Ansätze bei den Nahrungs- und Genußmitteln (NUG) sowie den Leder- und Textilerzeugnissen. Die heimischen Erzeugnisse also, das Holz eingeschlossen, bildeten die Grundlage, und die Dampfmaschine ermöglichte ihre Be- und Verarbeitung. Dieses Bild hat sich zwischenzeitlich grundlegend gewandelt. Die Leder- und Textilindustrie ist praktisch zur Bedeutungslosigkeit geschrumpft, und die NUG-Industrie verzeichnet rückläufige Anteile am Gesamtvolumen. Statt dessen gibt es neue Schwerpunkte vor allem bei den Grundstoff- und Produktionsgütern sowie Verbrauchs- und Investitionsgütern.

Mir einem Umsatzanteil von 17,4 Prozent am gesamten Industrieumsatz ist die NUG-Industrie immer noch eine der stabilen und leistungsfähigen Säulen im Kammerbezirk. Ihre Betriebe ha-

It is high time to correct the popular image of Schleswig-Holstein as a peaceful farming region and holiday paradise. The contribution made by agriculture and forestry to the region's gross product has fallen to just over 2 percent, although the manufacture of goods — and especially industrial production — still accounts for 31 percent. It is the highly varied service sector that has developed into the most significant economic factor. One mark in two of the gross product comes from this field. And the fourth classic sector of the economy, trade and transport, which is traditionally well represented, has a share of nearly 18 percent. These 1992 figures for the whole of Schleswig-Holstein are almost identical to those for the area covered by the Kiel Chamber of Industry and Commerce. Although they tend to obscure enormous regional and structural differences, they do confirm that the Land Schleswig-Holstein has managed to keep pace with development into a society based on industry and services.

The structural changes are the same as those observed in virtually all highly-developed industrialized countries. The significance of the tertiary sector is growing while that of manufacturing is declining. But in Schleswig-Holstein the change is taking place rather more gently and industry, in particular, is holding its own with a remarkable degree of stability and readiness to adjust.

Schleswig-Holstein has never been a classic industrial region. The process of industrialization started relatively late, after the middle of the last century. Its most important beginnings were the food, beverages and tobacco industries, along with leather goods and textiles. Local products, including wood, formed the basis and the steam engine made it possible to process them. This picture has since changed fundamentally. The leather and textile industry has shrunk practically to insignificance, and the share of food, beverages and tobacco in the total volume of production is decreasing. Instead, there are new focal points in basic materials and producer goods and also in consumer and capital goods.

With a 17.4 percent share of total industrial sales, food and beverages are still one of the stable and efficient pillars of the region. The companies in this field are among those most affected by the shift from regionally oriented production to European and worldwide

INDUSTRY — EXPORT-ORIENTED, DYNAMIC, COMPETITIVE

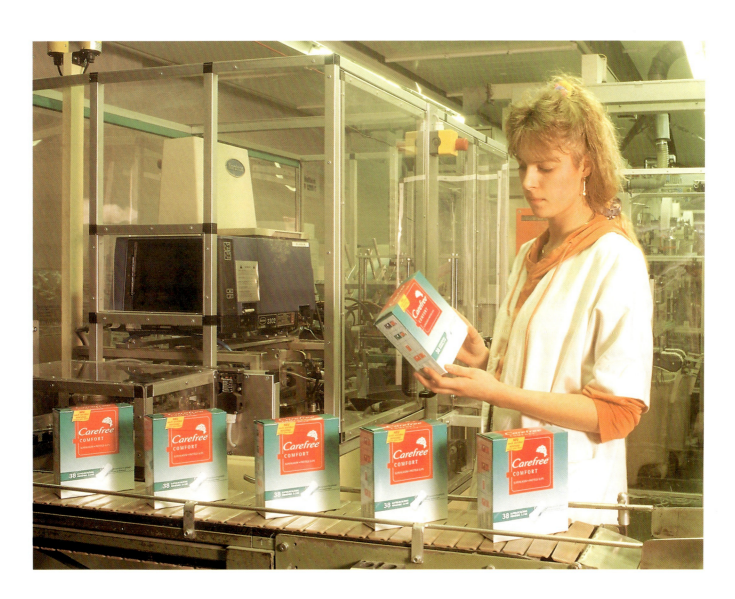

■ Johnson & Johnson — weltgrößter Hersteller von Gesundheits- und Pflegeprodukten — fertigt im Werk Kiel Produkte der Externen Frauenhygiene wie zum Beispiel Damenbinden und Slipeinlagen. „Carefree" und „Silhouettes" sind Produktnamen, die jede Frau kennt. Bei Johnson & Johnson in Kiel sind 280 Mitarbeiter beschäftigt. Hier werden rund 1,8 Milliarden Binden und Slipeinlagen höchster Qualität nach der einheitlichen weltweiten Firmenstrategie hergestellt.

■ Johnson & Johnson. The company is the world's largest manufacturer of health and care products, and at its Kiel plant produces women's external hygiene articles such as sanitary towels and panty shields. "Carefree" and "Silhouettes" are brand names that every woman knows. There are some 280 employees at Johnson & Johnson in Kiel, where they produce about 1.8 billion sanitary towels and panty shields of the highest quality in accordance with the group's uniform global strategy.

„Diesellokomotiven aus Kiel". Seit nunmehr über 60 Jahren ist dies ein Synonym für Qualität und Zuverlässigkeit auf dem Sektor Rollmaterial für Eisenbahnen. Bei fast allen Diesellokomotivtypen der DBAG waren die Kieler maßgeblich an der Entwicklung beteiligt. Mehr als die Hälfte dieser Lokomotiven wurde in Kiel gebaut. Aber auch Bahnen im europäischen Umfeld bezogen ihre Loks aus Kiel. So wurden unter anderem 120 dieselelektrische Lokomotiven an die Niederländische Staatsbahn geliefert. Nachdem der Krupp-Konzern sämtliche Aktivitäten auf dem Eisenbahnsektor eingestellt hat, gehört die Siemens Schienenfahrzeugtechnik heute zum Bereich „Verkehrstechnik" der Siemens AG und gilt dort als Kompetenzzentrum für Diesellokomotiven.

For more than 60 years, "Diesel locomotives from Kiel" has stood for quality and reliability in rail traction stock, and Kiel has had a hand in almost all diesel locomotive development work for the DB and now for the Deutsche Bahn AG. More than half of these locomotives were built in Kiel and also other European railways have obtained their locomotives there. Among other things 120 diesel-electric locomotives were built for Netherlands Railways. After Krupp ceased all activities in the railway sector, Siemens Schienenfahrzeugtechnik is today part of the transport technology division at Siemens AG and is there seen as a centre of competence for diesel locomotives.

80

Di 6 Lokomotiven in der Montagehalle

Type Di 6 locomotives in the assembly shop

■ *Diesellokomotive mit hydraulischer Leistungsübertragung Typ G 1205*

■ *Diesel locomotive Type G 1205 with hydraulic power transmission*

■ *Diesellokomotive mit elektrischer Leistungsübertragung Typ Di 6*

■ *Diesel locomotive Type Di 6 with electric power transmission*

ben mit am stärksten den Wandel von der regional orientierten Produktion hin zu europa- und weltweiten Absatzmärkten vollzogen. 1994 gab es noch 138 Betriebe mit 7490 Beschäftigten. Im Vergleich zu 1980 bedeutet dies einen Rückgang der Betriebe um 36 (– 21 Prozent) und der Beschäftigten um 3256 (– 30 Prozent). Wenn es gleichwohl gelungen ist, den Umsatz von 1980 bis 1993 um 24 Prozent auf 3,2 Milliarden DM zu erhöhen, so dokumentieren diese Zahlen zugleich die tiefgreifende Modernisierung und Neuausrichtung der Branche. Firmen mit Weltgeltung vermarkten Produkte wie Obst-, Gemüse-, Fleischkonserven, Spirituosen, Getreideerzeugnisse, Fischzubereitungen, Räucherspezialitäten oder Fertiggerichte selbst in China, Japan oder den GUS-Staaten. Stagnierende bis rückläufige Ausgaben für die Ernährung, bei gleichzeitig steigenden Qualitätsansprüchen, haben die Branche zu einem harten Anpassungswettbewerb innerhalb der EU gezwungen. Besonders spürbar war zudem der Zugang der neuen Bundesländer Anfang der neunziger Jahre. Diese Herausforderungen des Marktes haben aber auch besonders leistungsfähige Betriebe entstehen lassen, die mit Zuversicht nach vorn schauen können.

Annähernd 50 Prozent der Industrieumsätze im Kammerbezirk entfallen auf die Investitionsgüterindustrie. Sie wiederum hat ausgeprägte Schwerpunkte im Maschinen- und Schiffbau sowie in der Elektrotechnik. Alle drei Bereiche sind oft eng miteinander verknüpft. Sie haben historische Gemeinsamkeiten in den komplexen Herausforderungen des Schiffbaus. Viele Betriebe sind hier ansässig geworden, nachdem sich das Deutsche Reich für eine eigene leistungsfähige Flotte und Kiel als Reichskriegshafen entschieden hatte. So wurden Ende des vergangenen Jahrhunderts die Grundlagen gelegt für eine beispielhaft leistungsfähige, maritime Verbundwirtschaft, die heute zu den weltweit führenden zählt und kompetent ist in allen Bereichen der Meerestechnik, der maritimen Forschung und Logistik.

Selbstverständlich haben viele dieser Firmen inzwischen auch neue und andere Betätigungsfelder gefunden. Geblieben aber sind die gemeinsame Wurzel und die permanente Herausforderung eines internationalen M. .s. Denn Schiffbau, Maschinenbau und Elektrotechnik sind stark exportabhängig und schon von daher einem ständigen globalen Wettbewerbs- und Rationalisierungsdruck unterworfen. Trotz dieses schwierigen Umfeldes haben sie es geschafft, eine ausgesprochen positive Entwicklung zu nehmen: Beim Maschinen- und Schiffbau nahm die Zahl der Betriebe im Kam-

markets. In 1994 there were still 138 companies with a total of 7,490 employees. Compared to 1980 this represents a loss of 36 companies (– 21 percent) and 3,256 jobs (– 30 percent). Although sales increased by 24 percent to 3.2 thousand million DM between 1980 and 1993, the figures do show the radical modernization and re-orientation that has taken place in the industry. Companies of international standing market products such as canned fruit, vegetables and meats, spirits, cereals, fish specialities, smoked products and ready meals even in China, Japan or the CIS countries. Stationary to declining expenditure on food in conjunction with increasing quality requirements has forced the industry to adjust and compete fiercely within the EU. The advent of the "new" German states was also very noticeable in the early 1990s. But these challenges presented by the market have also resulted in highly efficient companies that are able to face the future with confidence.

Nearly 50 percent of industrial sales in the area are achieved in the capital goods sector. This again has definite focal points in mechanical engineering, shipbuilding and electronics. All three areas are often closely interlinked. They have historic common ground resulting from the complex challenges of shipbuilding. Many companies settled in the area after the German Reich decided to build an efficient fleet of its own, with Kiel as its naval port. So it came about that at the end of the last century the foundations were laid for an extremely efficient integrated maritime industry that is now one of the finest in the world, competent in all fields of marine technology, marine research and logistics.

It goes without saying that many of these companies have now discovered new and different fields of activity. But their common roots and the constant challenge of an international market have remained. For shipbuilding and mechanical and electrical engineering are highly dependent on exports and therefore exposed to constant global competition and the need for rationalization. In spite of this difficult background their development has been most favourable: in mechanical engineering and shipbuilding the number of companies in the area increased by 27 percent to 179 between 1980 and 1994. On the other hand the number of persons employed fell by nearly 10,000. In 1980 it was 25,002, in 1994 only 15,682. In 1993 the value of the industry's sales was 3.3 thousand million DM, 29 percent more than in 1980. In electrical engineering the number of companies more than doubled (from 80 in 1980 to 166 in 1994). The greatest increase was 35 (+ 125 percent) in the Pinne-

■ Die KVP Pharma- und Veterinärprodukte GmbH produziert Tierarzneimittel und Tierpflegeprodukte. Die Tochtergesellschaft der Bayer AG liegt am Nord-Ostsee-Kanal.

■ KVP Pharma- und Veterinärprodukte GmbH produces veterinary medicines and animal care products. The subsidiary of Bayer AG is located on the Kiel Canal.

■ Die Implantate und Instrumente der Howmedica GmbH nehmen weltweit eine führende Rolle in Orthopädie und Unfallchirurgie ein. Im Sommer 1996 werden die ehemals vier Kieler Betriebsstätten im auf 16 000 Quadratmeter erweiterten Schönkirchener Werk (Foto kurz vor der Inbetriebnahme) zusammengefaßt.

■ Howmedica GmbH's implants and instruments are worldwide leading in orthopaedics and emergency surgery. In the summer of 1996 the four former Kiel premises will be consolidated in the Schönkirchen works, then expanded to 16,000 square metres.

■ Effiziente Forschung und Entwicklung sind Voraussetzung für Produktsicherheit und Innovation.

■ Efficiency in research and development are preconditions for product safety and innovation.

■ Mehrere hundert Krankenhäuser in Deutschland und Österreich werden von Schönkirchen aus betreut.

■ Several hundred hospitals in Germany and Austria are serviced from Schönkirchen.

Die Fertigung der Implantate ist seit 1990 nach DIN ISO 9000 zertifiziert und entspricht den hohen Anforderungen internationaler Medizinproduktegesetze. Ein hoher Automatisierungsgrad kennzeichnet die Bearbeitung der anspruchsvollen Stahl- und Titanwerkstoffe.

The manufacture of implants has been certified since 1990 in accordance with DIN ISO 9000 and complies with the high demands of international legislation on medical products. A high degree of automation is typical for the processing of steel and titanium materials.

merbezirk von 1980 bis 1994 um 27 Prozent auf nunmehr 179 zu. Beschäftigt sind aber fast 10 000 Personen weniger. 1980 waren es 25 002, 1994 hingegen nur noch 15 682. 1993 erzielte die Branche einen Umsatz von 3,3 Milliarden DM, ein Plus von 29 Prozent gegenüber 1980. Die elektrotechnische Industrie konnte die Zahl ihrer Betriebe mehr als verdoppeln (von 80 in 1980 auf 166 in 1994). Die größten Zuwächse gab es mit 35 (+ 125 Prozent) im Kreis Pinneberg. Rückläufig ist allerdings die Zahl der Beschäftigten. Sie sank von 13 131 (1980) auf 9083 (1994) um 31 Prozent. Bemerkenswert ist indes der Umsatzzuwachs von 773 Millionen DM in 1980 auf 1624 Millionen DM in 1993 (+ 110 Prozent).

Kiel bildet in beiden Bereichen einen regionalen Schwerpunkt. Sowohl beim Maschinen- und Schiffbau als auch bei der Elektrotechnik entfallen rund 60 Prozent aller Umsätze des Kammerbezirks auf die Landeshauptstadt. Bei den neu erfaßten Betrieben aber nimmt der Kreis Pinneberg die unangefochtene Spitzenstellung ein. Dank der Ausstrahlung und engen Verflechtung mit der Hansestadt Hamburg hat sich hier eine ausgesprochen interessante, leistungsstarke Industriestruktur herausgebildet. Charakteristisch sind voll durchrationalisierte mittelständische Betriebe mit hochspezialisierten Angeboten, wobei ausgesprochene Schwerpunkte in der Chemischen Industrie mit Farben und Arzneimitteln sowie in der Holzverarbeitung zu finden sind. Diese beiden Industriezweige konnten im Kreis Pinneberg von 1980 bis 1993 Umsatzsteigerungen von 298 bzw. 204 Prozent erzielen. Die Chemische Industrie erzielte 1993 einen Umsatz von 1,2 Milliarden DM, die Holzverarbeitung von immerhin 82 Millionen DM.

Die Industrie ist zugleich Hauptexporteur im Kammerbezirk. So dürfen die Gesamtumsätze der Industrie (nur Betriebe ab 20 Beschäftigte 1993: 18,2 Milliarden DM) ohne weiteres in Beziehung gebracht werden zu den gesamten Auslandsumsätzen der gewerblichen Wirtschaft des IHK-Bezirks. Diese betrugen 1993 immerhin 4,25 Milliarden DM. Auch hier belegt eine durchschnittliche jährliche Wachstumsrate von 4,3 Prozent während der letzten zehn Jahre eine durchaus gefestigte Position im internationalen Wettbewerb.

berg district. But again the number of persons employed is declining. It fell by 31 percent, from 13,131 (1980) to 9,083 (1994). All the more remarkable is the increase in sales from 773 million DM in 1980 to 1,624 million in 1993 (+ 110 percent).

Kiel is a regional focal point in both sectors. In both mechanical engineering/shipbuilding and electrical engineering around 60 percent of turnover is achieved in the regional capital. But in respect of newly registered companies the unchallenged leader is Pinneberg. The influence of Hamburg and close ties with its economy have enabled a most interesting and efficient industrial structure to emerge. A characteristic feature is fully rationalized small to medium-sized companies offering highly specialized products, focal points being in the chemical industry with paints and medicines and in wood working. In the Pinneberg district these two industries increased their sales by 298 and 204 percent respectively between 1980 and 1993. In 1993, sales amounted 1.2 thousand million DM in the chemical industry and 82 million DM in wood working.

Industry is also the region's main exporter. It is therefore quite legitimate to compare overall industrial sales (only companies with more than 20 employees: 18.2 thousand million DM in 1993) with the foreign sales of the entire business sector in the area covered by the Chamber of Industry and Commerce. In 1993 these amounted to 4.25 thousand million DM. Here again, an average annual growth rate of 4.3 percent over the last 10 years is evidence of a strong position in the face of international competition.

■ GEKA Jürgen Kiesel, Kiel
Der im Oktober 1995 neu in Betrieb
genommene Zinkautomat bei der
Arbeit. In diesem können bis zu
3200 × 700 × 1600 Millimeter große
Teile gelb oder blau verzinkt werden.
Maximale Tragkraft der zu veredeln-
den Teile: 360 Kilogramm/Stück.

■ Seen here at work is the new automatic zinc-plating plant that went
into operation in October 1995. Parts
of up to 3200 × 700 × 1600 millimetres can be zinc-plated in yellow or
blue. Maximum carrying capacity of
the parts to be processed is 360 kilo-
grams/piece.

DR. DIETER MURMANN

ZUKUNFTSBRANCHE MASCHINENBAU — INTELLIGENTE LÖSUNGEN FÜR KOMPLEXE PROBLEME

Der vorwiegend mittelständisch strukturierte Maschinen- und Anlagenbau ist mit knapp einer Million Beschäftigten der größte Industriezweig Deutschlands. 18 000 verschiedene Produkte zeigen seine Vielseitigkeit. In Schleswig-Holstein erwirtschaftet die Branche mit 26 000 Beschäftigten einen Jahresumsatz von rund 5,6 Milliarden DM. Die hohe Exportquote von 50 bis 60 Prozent erfordert eine zunehmende Präsenz auf ausländischen Märkten. Den Folgen der Rezession begegnen die Unternehmen mit „schlanken" Produktionsverfahren, Kostensenkungen und einer kompromißlosen Kundenorientierung. Hier zeigt sich der Vorteil der überwiegend mittelständischen Betriebe mit weniger als 150 Mitarbeitern: Sie reagieren schnell und bieten maßgeschneiderte Lösungen für komplexe Probleme. Behindert wird der Wettlauf um weltweite Aufträge vom internationalen Preisniveau. Aufgrund der Stärke der DM gegenüber anderen Währungen können Verluste aus der Rezession kaum aufgefangen werden. Der damit verbundene Druck auf die Erträge erschwert die Produktentwicklung und die Erschließung neuer Märkte. Zu hohe Arbeits- und Sozialkosten, Steuerbelastungen sowie kurze Arbeits- und Maschinenlaufzeiten verlangen zusätzliche Anstrengungen, um sich am Weltmarkt zu behaupten.

In Schleswig-Holstein will eine konzertierte Aktion die Standortattraktivität für ansässige und neue Unternehmen steigern. Dazu gehören die vom Land und von den Industrie- und Handelskammern Flensburg, Kiel und Lübeck getragene „Wirtschaftsförderung Schleswig-Holstein GmbH" sowie regionale Wirtschaftsförderungsgesellschaften. Unterstützend wirken der Ausbau der Fachhochschulen, der Aufbau der Berufsakademien und die Maßnahmen zur Optimierung des Technologietransfers zwischen Forschungsinstituten und Unternehmen. Besonders erfolgreich ist das unternehmensnahe Umsetzungskonzept der Technologie-Transferzentrale Schleswig-Holstein. Das gute Angebot an qualifizierten Facharbeitern, Ingenieuren und Auszubildenden ermöglicht dem

The plant and machine construction sector in Germany is mostly the domain of small and medium-sized firms, and with almost a million workers it is also the country's largest industry. Some 18,000 different products show its diversity.

In Schleswig-Holstein the industry has 26,000 employees and an annual turnover of about 5.6 billion DM. The high export rate of 50 to 60 percent calls for an increasing presence in foreign markets. The consequences of the recession are being countered with lean production methods, cost savings and fullest orientation on the customer. This shows the advantages of the smaller firms with fewer than 150 employees. They react quickly to a changing situation and offer tailor-made solutions to complex problems.

The international price level puts a brake on the worldwide struggle for orders, and because of the mark's strength compared with other currencies losses from the recession can hardly be made good. The resultant pressure on earnings is a hindrance for product development and the opening up of new markets. Excessive labour and social costs and taxation, short working hours and machine running times mean that an extra effort has to be made to survive on world markets.

In Schleswig-Holstein they are making a concerted effort to enhance the state's attractiveness for both existing and new firms. This takes the form of a Wirtschaftsförderung Schleswig-Holstein GmbH in which the state government and the chambers of commerce in Flensburg, Kiel and Lübeck are represented as well as regional trade promotion bodies. Also of assistance is the expansion of technical colleges and craft academies, likewise measures for improving technology transfer between research institutes and firms. Specially successful in the latter respect is the Schleswig-Holstein Technology Transfer Centre.

The good availability of qualified workers, engineers and apprentices allows the state's plant and machinery firms to quickly turn research findings into innovative and competitive products. Plant

MACHINE BUILDING WITH A FUTURE — INTELLIGENT SOLUTIONS FOR COMPLEX PROBLEMS

■ Marinekompressoren, zum Beispiel für den Einsatz auf U-Booten, gehören seit jeher zu den Spezialitäten der Kieler Kompressorenfirma J. P. Sauer & Sohn Maschinenbau GmbH & Co.

■ Navy compressors, such as installed in submarines, have long been a specialty of the compressor manufacturer J. P. Sauer & Sohn Maschinenbau GmbH & Co. in Kiel.

■ Blick auf die Kieler Förde und
das Firmengelände der MaK System
Gesellschaft mbH. Auf rund
160 000 Quadratmetern befinden
sich hier u. a. Entwicklungs- und
Versuchsanlagen, Produktion und
Instandsetzung, Einrichtungen zur
Qualitätssicherung, Vertrieb und
Verwaltung.

■ A view of Kiel Bay and the
premises of MaK System Gesellschaft
mbH, covering some 160,000 square
metres. Here are located research and
development facilities, production
and repair departments, a quality
assurance department as well as sales
offices and the central administration.

Zu den Produkten aus dem Bereich Industrietechnik gehören u. a. Elektronenstrahltexturieranlagen. Sie dienen der Oberflächenbearbeitung von Dressierwalzen und werden von führenden Stahlerzeugern bei der Produktion von hochwertigem Stahlblech eingesetzt.

The products of the Commercial Technology Division include electron-beam texturing systems. These are used for the surface treatment of steel mill rolls and are employed by leading steel manufacturers for the production of high-quality sheet steel.

MaK fertigt Fahrzeuge und komplexe Waffensysteme, die im Rahmen humanitärer und friedenserhaltender Einsätze benötigt werden. Im Bild: UN-WIESEL im Einsatz in Somalia.

MaK produces vehicles and complex weapons systems required for operations other than war and peacekeeping deployment. The picture shows a UN-WIESEL in service in Somalia.

UN-Version des Minenräumpanzers KEILER

UN version of the Mine Clearing Vehicle KEILER

Maschinen- und Anlagenbau die schnelle Umsetzung von Forschungsergebnissen in innovative und wettbewerbsfähige Produkte.

Für eine erfolgreiche Zukunft des Wirtschaftsstandortes ist der Maschinenbau unverzichtbar. So dienen in Schleswig-Holstein hergestellte Maschinen und Anlagen dem Umweltschutz in den Bereichen Abfall, Stoffrecycling und Gewässerschutz. Auch Energiegewinnung und Entsorgung werden von Maschinen begleitet: beim Abbau fossiler Brennstoffe, bei der Nutzung der Wasserkraft, bei modernen Windkraftanlagen und bei Anlagen zur Kraft-Wärme-Kopplung. Immer wieder erfordern komplexe Probleme integrierte Lösungen. Das Zusammenspiel von Forschung und Produktion ist dafür die Grundlage. Man denke nur an Mechanik und Mikroelektronik oder an den Einsatz von Optik, Sensorik, Aktorik und Informationstechnik. Der Maschinen- und Anlagenbau beschleunigt auch Zukunftstechnologien, zum Beispiel die Verkehrstechnik mit Komponenten für den Schienen-, Straßenfahrzeug- und Schiffbau sowie die Luft- und Raumfahrt, die u. a. moderne Kunststoffmaschinen benötigt.

Der Maschinenbau ist eine High-Tech-Branche. High-Tech bedeutet intensive Forschung und Entwicklung in einer zunehmend arbeitsteiligen Welt. Nationale Produktionsstandorte werden auf Dauer allein kaum wettbewerbsfähig sein. Dies erhöht den Zwang zu Investitionen im Ausland und zu verstärkter internationaler Kooperation. Dies gilt für Synergieeffekte im Vertrieb ebenso wie für eine kostenbewußte globale Einkaufspolitik oder für Joint-ventures. Denn nicht nur die „klassischen" Konkurrenten in Europa, USA und Japan, sondern auch in Korea, China, Singapur, Taiwan, Malaysia und Indonesien haben den Maschinen- und Anlagenbau als strategische Schlüsselindustrie entdeckt. Für die schleswig-holsteinischen Maschinenbauer stehen zusätzliche Konkurrenten „vor der Haustür": Tschechien und Ungarn sind traditionell gute Maschinenbauer, die mit deutlich geringerer Kostenbelastung auf die vielversprechenden Märkte drängen.

Noch hat der deutsche Maschinenbau den Vorzug der Verzahnung mit wirtschaftsbezogenen Dienstleistungen. Der Mobilität des internationalen Kapitals folgt jedoch die Mobilität des technischen Know-hows. Doch die Wettbewerbsfähigkeit des Maschinenbaus für den Erhalt von Wohlstand und sozialer Sicherheit in Deutschland ist unverzichtbar. Wirtschaft und Politik sollten deshalb ein Bündnis für mehr Wettbewerbsfähigkeit eingehen. ▪

and machinery from Schleswig-Holstein serve environmental protection in the waste management, material recycling and waterways sectors. Also machines for energy production as in the mining of fossil fuels, the use of water power, for wind power generation and for combined heat and power systems. Complex problems call for integrated solutions everywhere, and the basis for this is the interaction between research and practice. One need only mention microelectronics or the use of optics, sensorics, actuatorics and information technology. The plant and machinery sector also speeds up such fields as transport technology with components for rail and road vehicles and shipbuilding as well as aviation and aerospace, which require among other thing plastics machinery.

Machine construction is a high-tech sector, and that means intensive research and development. Production locations in one country only will not be competitive in the long run, and that means foreign investment and greater international cooperation. This applies to synergy effects in marketing as well as for a cost-conscious global purchasing policy and to joint ventures. For it is not only the "classical" competitors in Europe, the U.S.A. and Japan, but also those in Korea, China, Singapore, Taiwan, Malaysia and Indonesia that have realized the plant and machinery sector is a key industry. And for Schleswig-Holstein's machine builders there are more rivals right on the doorstep. The Czechs and Hungarians are traditionally good machine makers and they are pressing forward with a substantially lower cost level on promising markets.

The German industry still has the advantage of being interlocked or geared up with business-related services. The mobility of international capital follows the mobility of technical know-how, yet the competitiveness of machine construction as a guarantee of prosperity and social security in Germany is essential. So business and politics should join in an Alliance for More Competitiveness. ▪

■ Blick in die Fertigung bei der
Pumpenfabrik Siemen & Hinsch
mbH (SIHI) in Itzehoe

■ Siemen & Hinsch mbH (SIHI)
pamp manufacturing facility in
Itzehoe

▨ Die NEUMAG – Neumünstersche Maschinen- und Anlagenbau GmbH ist einer der weltweit führenden Anbieter von Anlagen und Maschinen für die Herstellung von synthetischen Fasern und Filamenten. Nahezu ausschließlich im Exportgeschäft tätig, zeichnet sich das innovative Unternehmen mit seinen hochqualifizierten Mitarbeitern durch besondere Flexibilität und Orientierung am Kundennutzen sowie durch sein umfassendes Know-how in Verfahrenstechnik, Konstruktion und Fertigungstechnologie aus.

▨ NEUMAG – Neumünstersche Maschinen- und Anlagenbau GmbH is one of the world's leading suppliers of machines and plants for manufacturing synthetic fibres and filaments. Almost exclusively active in the export field, the innovative company with its highly-qualified personnel stands out due its great flexibility and customer-orientation together with its comprehensive know-how in process engineering, design and manufacturing technology.

▦ *Eine moderne Montageinsel im Sauer-Sundstrand Werk, Neumünster. Das Team montiert hier Pumpen der BR 90, die ihren weltweiten Einsatz überwiegend in Landmaschinen und Baufahrzeugen finden. Zusammen mit weiteren Sauer-Sundstrand Produkten bilden sie ein komplettes hydrostatisches Antriebssystem — das Herz vieler Arbeitsfahrzeuge.*

▦ *A modern assembly cell at Sauer-Sundstrand's Neumünster plant. This team here assembles series BR 90 pumps for worldwide use mainly in road building vehicles and harvesting machines. They are integrated into complete hydrostatic transmission systems offered by Sauer-Sundstrand — the core of many off-highway vehicles.*

Anlagenbau bei Hoedtke & Boës Kiel GmbH & Co. KG. Montage von Förderbändern mit integrierter Wägeeinrichtung für einen Industriebetrieb der Lebensmittelbranche.

Plant construction at Hoedtke & Boës Kiel GmbH & Co. KG. Assembly of conveyor belts with integrated weighing facility for an industrial works in the food industry.

KARL-HEINRICH BUHSE

ENERGIEWIRTSCHAFT ZWISCHEN NORD- UND OSTSEE

Die Energieversorgungsunternehmen in Schleswig-Holstein bieten der Wirtschaft des Landes seit vielen Jahren vergleichsweise günstige Energiepreise. Sie liefern in dem Bewußtsein, daß Strom-, Gas- und Wärmekosten in Industrie, Handel und Gewerbe nicht unwesentliche Faktoren unternehmerischer Aktivitäten sind. Schließlich geht es darum, die Wirtschaft darin zu unterstützen, den Wettbewerb über die Landesgrenzen hinweg zu bestehen und die Ansiedlung neuer Betriebe im Lande zu fördern.

Die Preisgestaltung spiegelt in hohem Maße die Verantwortung gegenüber den Bürgern in Schleswig-Holstein wider. Schließlich sind die Bürger aus der Sicht der Energiewirtschaft nicht nur Haushaltskunden, sondern überwiegend auch Arbeitnehmer, deren Arbeitsplätze es dauerhaft zu sichern gilt.

Keinesfalls verschwiegen werden sollte in diesem Zusammenhang auch das Gewicht, das Industrie, Handel und Gewerbe energiewirtschaftlich haben. So geht mit der Sicherung von Arbeitsplätzen zugleich die Verteidigung eines Absatzes an Sondervertragskunden einher, der im Strombereich mit der Hälfte aller gelieferten Kilowattstunden überaus beachtlich ist.

Beim Strompreisvergleich des unabhängigen Verbandes der Energieabnehmer in Hannover (VEA) hat sich das große regionale Energieversorgungsunternehmen in Schleswig-Holstein zum Beispiel in den vergangenen Jahren kontinuierlich verbessert. Es nimmt unter den regelmäßig befragten 50 repräsentativen Energieversorgungsunternehmen in der Bundesrepublik inzwischen den 14. Rang ein. Dabei erscheint es bemerkenswert, daß der Abstand zum günstigsten Stromanbieter nur noch 1,64 Pfennig je Kilowattstunde, die Preisdifferenz zum teuersten Anbieter jedoch schon 4,81 Pfennig je Kilowattstunde beträgt. Unter Berücksichtigung der geographisch gegebenen und strukturbedingten vergleichsweise höheren Stromverteilungskosten nimmt die Energiewirtschaft für sich in Anspruch, damit eine gute Leistung zu bieten. Mit dem Fortfall des „Kohlepfennigs" und des „Selbstbehalts" durch PreussenElektra ist seit dem 1. Januar 1996 eine weitere Preissenkung in Kraft. Nach überschlägigen Berechnungen wird voraussichtlich eine durchschnittliche Entlastung von 15 Prozent eintreten. Die weitere Preisentwicklung hängt von den Weichen-

For many years the power supply utilities in Schleswig-Holstein have provided trade and industry with energy at relatively favourable prices. They do this in the awareness that the costs of electricity, gas and heat are not inconsiderable factors in business, for the aim is to help withstand competition from elsewhere and to encourage start-up firms to come to the state.

Pricing policies reflect to a great extent the utilities' responsibility toward the people of Schleswig-Holstein, for as they see it the latter are not only household customers but are also to a large extent employees whose jobs must not be endangered.

Nor should we disregard the influence exercised by industry, trade and the crafts on the power industry. With the securing of jobs there also goes the defence of sales to special-contract customers who in the electricity sector account for half of all the kilowatt-hours delivered.

In the electricity price comparisons of the independent Association of Energy Purchasers in Hannover (VEA), the large regional energy supply undertaking in Schleswig-Holstein has continually improved its performance in recent years. Among the regularly questioned fifty representative utilities in Germany it now occupies 14th place, and it is remarkable that the distance from the most favourable electricity supplier is just 1.64 pfennig per kilowatt-hour while the price difference to the most costly supplier is 4.81 pfennig. Taking into consideration the higher electricity distribution costs caused by geographical and structural factors, the power supply industry in Schleswig-Holstein can reasonably claim to offer a good service.

With the discontinuation of the so-called "coal penny" and the "self-retention" by the PreussenElektra utility, there has been a further drop in price since January 1, 1996, and rough estimates show that the average reduction will be about 15 percent. Further price developments will depend on national energy policies which in view of coming European competition must be such that the special political burdens leave German electricity production and distribution competitive.

But the struggle for customers will not be solely a matter of price. The service too will be of importance, and this will have to be ori-

THE POWER SUPPLY INDUSTRY BETWEEN NORTH SEA AND BALTIC

stellungen nationaler Energiepolitik ab, die mit Blick auf den kommenden europäischen Stromwettbewerb die politisch bedingten Sonderlasten im Strompreis künftig so gestalten muß, daß deutsche Stromerzeugung und -verteilung konkurrenzfähig bleiben.

Der Kampf um den Kunden wird allerdings nicht allein über den Preis geführt werden. Von Bedeutung dürfte auch die Dienstleistung sein, die noch stärker als bisher auf den individuellen Kundenwunsch zugeschnitten werden muß. Hier gibt es in Schleswig-Holstein bereits nennenswerte Beiträge, wie es die Auskopplung industrieller Abwärme in Sörup oder die vor einem Jahr aufgenommene Kältelieferung in Oldenburg/Holstein beweisen. Angeboten wird inzwischen auch ein Wärme-Direktservice, der Dienstleistungen von der Energielieferung bis zur Abrechnung bietet. Dies schließt insbesondere auch die gemeinsame Erarbeitung und Realisierung von Energiekonzepten mit gewerblichen und industriellen Kunden ein.

Industrie, Handel und Gewerbe sind seit jeher aus Kostengründen daran gewöhnt, sparsam mit Energie umzugehen. Dennoch gibt es auch hier noch Potentiale, die bislang nicht voll ausgeschöpft sind. Die von der schleswig-holsteinischen Energiewirtschaft mitgetragene Energiestiftung beabsichtigt die Gründung eines Arbeitskreises, der gemeinsam mit Vertretern der Wirtschaft auf die Suche nach weiteren Energiesparmöglichkeiten gehen soll.

ented on individual customer's wishes. There are already signs of this in Schleswig-Holstein, as shown by the coupling out of industrial waste-heat in Sörup or the delivery of refrigeration commenced a year ago in Oldenburg (Holstein). Now also being offered is a direct heat service that covers everything from energy supply to billing. This includes in particular the joint working out and realization of energy concepts with commercial and industrial customers.

Industry, trade and the crafts have always been on the energy-saving wavelength, but there still exist possibilities that have not been fully exploited. An energy foundation supported by the Schleswig-Holstein power supply industry therefore intends to set up a working group that will explore further possibilities of energy saving together with representatives of all the industries concerned.

■ In ihrem neuen, technisch hervorragend ausgestatteten Energieberatungszentrum beraten die Stadtwerke Elmshorn ihre Kunden über alle Möglichkeiten der Energieeinsparung in Haushalt und Gewerbe und über die Gewinnung regenerativer Energie — ein besonderes Anliegen der Stadtwerke Elmshorn.

■ Stadtwerke Elmshorn, the local public utility, advises customers at its new and excellently equipped energy advisory centre on how to economize on energy use in the household and in trade and business, and on the possibilities of regenerative energy — a special concern at the Stadtwerke Elmshorn.

DR. JÜRGEN GOLLENBECK

MODERNER SCHIFFBAU — HIGH-TECH AN DER KÜSTE

■ Der Schiffbau in Deutschland hat sein Gesicht in den vergangenen Jahren grundlegend gewandelt. Er ist auf dem Sprung in das 21. Jahrhundert. Was noch vor einem Jahrzehnt als „sunset industry" galt, ist heute eine Schlüssel-Industrie. Moderner Schiffbau ist Anlagenbau und Systemtechnik. In dieser „System-Industrie" ist das Schiff der Kristallisationspunkt für die unterschiedlichsten Technologien. Sie in das System „Schiff" zu integrieren, ist die wesentliche Kompetenz der Werften. Und es ist die Voraussetzung dafür, in weitere Hochtechnologie-Bereiche vorzudringen. Auch im Bezirk der Industrie- und Handelskammer zu Kiel haben sich die Werften an den Standorten Kiel, Rendsburg, Schacht-Audorf und Wewelsfleth diesen technologischen Herausforderungen gestellt. Den „High-Tech"-Charakter der Schiffbauindustrie unterstreicht, daß aus ihr wesentliche technologische Impulse hervorgegangen sind. In der Produktionstechnik sind es zum Beispiel die Anwendung der Lasertechnologie bei der Meßtechnik als Voraussetzung für die Genaufertigung. Darüber hinaus wird die Lasertechnik in Zukunft Bedeutung beim Schweißen und Schneiden von Profilen und Blechen haben.

WERFT DER ZUKUNFT

Das setzt hochmoderne Werften voraus. Beispiel HDW: Die Kieler Schiffbauer, die vor zehn Jahren mit dem Konzept „Schiff der Zukunft" weltweit Maßstäbe gesetzt haben, verwirklichen heute die „Werft der Zukunft". Ziel ist, die Produktivität um 40 Prozent zu steigern und die Kosten um 20 Prozent zu senken. So sind bei HDW neue Hallen und Anlagen entstanden, die zum Teil einzigartig in der Welt sind.
In der Fertigung hat HDW einen wesentlichen technischen Durchbruch erzielt: Zum ersten Mal ist es beim Bau von Containerschiffen gelungen, rund 1200 Quadratmeter große Bodensektionen ohne die üblichen Zugaben mit einer Genauigkeit von nur ± 4 Millimetern an allen Enden zu produzieren. Diese Leistung ist zumindest im europäischen Schiffbau einmalig, und sie ist das Ergebnis eines Programms zur Genaufertigung. Dieses Programm stützt sich auf neue CAD-gestützte Berechnungen, neuartige Produktions-

■ Shipbuilding in Germany has radically changed in recent years and is now taking the leap into the 21st century. What was described a decade ago as a "sunset industry" is now a key industry. Modern shipbuilding is plant construction and system technology, and in this "system industry" the ship is the crystallization point for the most diverse technologies, and to integrate them into the ship system is the task of the shipbuilder. It is the condition for a push into further high-technology sectors. In the area of Kiel Chamber of Industry and Commerce, this technological challenge is also being met by the shipyards in Kiel, Rendsburg, Schacht-Audorf and Wewelsfleth.
The high-tech character of the shipbuilding industry emphasizes that important technological stimuli have proceeded from it. In production technology it is for example the use of the laser in measuring as a requirement for precision manufacture, while in the future laser technology will be of importance in the welding and cutting of sections and sheet.

THE SHIPYARD OF THE FUTURE

This presumes a highly modern shipyard. An example is HDW in Kiel. Ten years ago they set worldwide standards with the "ship of the future" concept, and today they are realizing the "yard of the future". The aim is to increase productivity by 40 percent and reduce costs by 20 percent. At HDW they have built new halls and installations some of which are unique in the world.
HDW achieved an important technical breakthrough in manufacture: In the building of containerships it proved possible for the first time to produce 1,200-square-metre bottom sections without the usual allowances to an accuracy of plus and minus 4 millimetres at all ends. At least in European shipbuilding this is unmatched and is the result of a programme for precision manufacture. This is based on new CAD-supported calculations, new production methods and precision machinery (such as flame-cutting machines with plus and minus 0.4 millimetres tolerance and a parallel cutting machine with plus and minus 0.1 millimetre tolerance), as well as a new optical and computer-assisted measuring system.

MODERN SHIPBUILDING — HIGH-TECH IN SCHLESWIG-HOLSTEIN

Baudock bei der Howaldtswerke-Deutsche Werft AG in Kiel. Hier entstehen anspruchsvolle und innovative High-Tech-Schiffe aller Typen und Größen. HDW gehört zu den führenden Containerschiffswerften der Welt.

A building dock at Howaldtswerke-Deutsche Werft AG in Kiel. Here are produced sophisticated and innovative high-technology ships of all types and sizes. HDW is one of the world's leading containership builders.

■ Nur sieben Monate nach der Kiellegung schwimmt die „APL JA-PAN" und wird an die Ausrüstungs-pier verholt. Mit einer Tragfähigkeit von rund 5400 Containern oder 64 000 tdw waren sie und ihre zwei Schwesterschiffe 1994 weltweit die größten Containerschiffe.

■ The "APL JAPAN" is afloat only seven months after the laying of the keel and is being brought to the fit-ting-out quay. With a carrying ca-pacity of about 5,400 containers, or 64,000 dwt, she and her two sister ships were the world's largest con-tainerships in 1994.

■ Unterseeboot der Klasse 209 für die koreanische Marine. Dank überlegener Technologie ist HDW beim Bau konventionell angetriebener U-Boote in der westlichen Welt führend.

■ A Class 209 submarine for the Korean Navy. Thanks to its superior technology, HDW is the leader in the Western world in the building of con-ventional-powered submarines.

methoden und präzise arbeitende Maschinen (zum Beispiel Brennmaschinen mit ±0,4 Millimeter Toleranz, Parallelschneidemaschine mit ±0,1 Millimeter Toleranz) ebenso wie auf ein neues Optik- und EDV-gestütztes Meßsystem.

TECHNOLOGISCHE QUANTENSPRÜNGE

Weiter setzt HDW auf ein umfangreiches Produkt- und Produktionsmodell im EDV-System, aus dem heraus Konstruktion, Arbeitsvorbereitung und -planung, Fertigungsmaschinen, termingerechter Einkauf und Lieferung gesteuert werden. CAD/CAM ist unverzichtbarer Bestandteil im kontinuierlichen Entwicklungsprozeß der modernen Werft. In einzelnen Bereichen hat HDW den technologischen Quantensprung zu CIM (computer integrated manufacturing) erreicht.

Dies ist zum Beispiel die Voraussetzung für den Betrieb von fünf hochmodernen Produktionslinien, Plasma-Brennmaschinen und -Profilrobotern für die Einzelteilfertigung, programmgesteuerten Transporteinrichtungen, die Steuerung von Roboteranlagen wie Profilbrennrobotern und Schweißrobotern für die Untergruppen- und Paneelfertigung sowie eine weitestgehende mechanisierte Montagelinie für ebene Großsektionen und rechnergeführte Schweißroboter in einer neuen Halle, die zum Bau von großen Schiffssektionen bestimmt ist.

Fertiggestellt sind neue Strahl- und Beschichtungshallen mit aufwendigen Filteranlagen, die das Bundesumweltministerium als Pilotprojekt für den deutschen Schiffbau gefördert hat. Sie verbinden den Umweltschutz mit besserer Arbeitsqualität und zugleich höherer Wirtschaftlichkeit. Die neue zentrale Ausrüstungswerkstatt steigert die Produktivität in den personalintensiven Bereichen der Maschinenraumausrüstung und Deckshauseinrichtung deutlich.

INNOVATION ALS ZUKUNFTSSICHERUNG

Ganz wesentlich ist neben dem Aufbau der modernen Fertigung die ständige Innovation der HDW-Schiffstypen. Mit dem Bau der ersten deutschen lukendeckellosen Containerschiffe haben die Kieler zum Beispiel die modernsten und wirtschaftlichsten Containerschiffe der Welt abgeliefert. Ein weiterer Erfolg ist der Bau von Containerschiffen für die American President Lines, die bei Ablieferung 1995 die größten der Welt waren.

TECHNICAL QUANTUM LEAPS

HDW also puts its faith in an extensive product and production model in the data processing system, by means of which design, production planning, production machines, on-schedule purchasing and delivery are controlled. CAD/CAM is indispensable in the continuous development process of the modern shipyard. In some sectors HDW has achieved the technological quantum leap to CIM (computer integrated manufacturing).

This is for example a precondition for the operation of five highly modern production lines, plasma flame-cutting machines and profiling robots for component manufacture, programme-controlled transport installations, the control of robots such as profile burners and welders for sub-group and panel manufacture as well as an almost entirely mechanized assembly line for large flat sections and computer-controlled welding robots in a new hall for the building of large ship's sections.

Already completed are new shot-blasting and coating halls with sophisticated filtering equipment. This initiative was supported by the Federal Ministry of the Environment as pilot project for German shipbuilding generally. It combines environment protection with a better quality of work and greater economy. The new central fitting-out workshop improves productivity in such labour-intensive departments as fitting-out of the engine room and the deckhouse.

INNOVATION SAFEGUARDS THE FUTURE

In addition to the modernization of manufacture, a further important aspect is the continuing development of ship types at HDW. With the building of the first German containerships without hatch covers the yard recently supplied the world's most modern and economical container carriers. A further success was the building of the containerships for the American President Lines which when delivered in 1995 were the world's largest.

The trend to ever larger containerships continues. HDW is equipped for this and can offer ships capable of carrying up to 6,800 containers. The yard has also submitted a study commissioned by the Federal Ministry of Research and dealing with container transport systems of the future. This proceeds from containerships with a capacity of 8,000 TEUs. Such ships promise shipowners

■ Blick auf die traditionsreiche Peterswerft Wewelsfleth GmbH & Co, die sich heute auf den Spezial-Schiffbau konzentriert. Hier werden neue Schiffe gebaut sowie Reparaturen und Umbauten ausgeführt.

■ Steeped in tradition, Peterswerft Wewelsfleth GmbH & Co today concentrates on the building of special-purpose ships. Its activities cover new-buildings as well as repairs, lengthening and conversion work.

Der Trend zum großen Containerschiff hält an. HDW ist darauf gerüstet und bietet Containerschiffe an, die bis zu 6800 Container tragen können. Darüber hinaus hat HDW im Auftrag des Bundesforschungsministeriums eine Studie über Container-Transportsysteme der Zukunft vorgelegt, die von Containerschiffen mit einer Tragfähigkeit von 8000 TEU ausgeht. Diese Schiffe versprechen dem Reeder einen handfesten Kostenvorteil gegenüber den heutigen 4000-TEU-Schiffen von über 10 Prozent per TEU (TEU = 20 Fuß-Standard-Container).

Innovative Wege beschreitet HDW auch in der Antriebstechnologie. Für die neue U-Bootklasse 212 der deutschen Bundesmarine hat sie erfolgreich einen außenluft-unabhängigen Antrieb auf der Basis einer Wasserstoff-Brennstoffzelle entwickelt. Zugleich produziert HDW Hydridspeicher zur Lagerung des Wasserstoffs. Diesen Einstieg in die umweltfreundliche Wasserstoff-Technologie wird die Werft auf den zivilen Schiffbau ausweiten.

Ziel aller Innovation ist für HDW, die Wirtschaftlichkeit der Schiffe und die Sicherheit der Schiffahrt zu verbessern. Dem dient nicht zuletzt auch das EDV-gestützte Schiffsoperations- und Management-System SHOPSY, das in Teilbereichen menschliche Erfahrung nachbilden kann. Innovation ist zugleich ein wesentlicher Wettbewerbsvorteil. Aus diesem Grund wendet HDW jedes Jahr erhebliche Mittel für Forschung und Entwicklung auf. Weitere Mittel fließen in baubegleitende und damit auftragsbezogene Neuentwicklungen. Denn die Devise heißt: Jedes Jahr eine Neuheit.

a cost advantage of more than 10 percent per TEU (a TEU is a 20-foot standard container equivalent), compared with present-day 4,000-TEU ships.

HDW is also innovative in propulsion technology. For the German Navy's new Class 212 submarines they have successfully developed a drive independent of outside air and operating on the basis of a hydrogen fuel cell. HDW is also producing hydride accumulators for the storage of the hydrogen. The yard intends to expand this entry into the environment-friendly hydrogen technology to take in merchant shipbuilding.

The aim of all innovative activity at HDW is to improve ship profitability and shipping safety. This is served not least by the computer-assisted ship operation and management system SHOPSY that in some areas can simulate human experience. Innovation is also an important competitive advantage, which is why HDW devotes substantial amounts every year to research and development. Further funds go to building-related and hence order-specific new developments, for the motto is: Every year something new.

AlliedSignal ELAC Nautik GmbH, Kiel, entwickelt, fertigt und vertreibt Geräte und Anlagen, die auf der Grundlage von Wasserschalltechnik arbeiten und Tiefenmessung und Ortung im Wasser ermöglichen. Im Bild: das Flächenvermessungssystem BOTTOMCHART an Bord eines dänischen Vermessungsschiffes.

AlliedSignal ELAC Nautik GmbH, Kiel, develops, produces and markets equipment and systems that operate on the basis of underwater sound to permit depth measurement and detection in water. The picture shows the BOTTOMCHART area surveying system on board a Danish survey vessel.

DR. JÖRN BIEL

UMWELTSCHUTZ — EIN VIELSEITIGER WIRTSCHAFTSZWEIG MIT ZUKUNFT

Beim Umweltschutz von einem Wirtschaftszweig zu sprechen, muß unkorrekt bleiben, denn der Umweltschutz ist branchenübergreifend. Er erstreckt sich u. a. vom Anlagenbau über den Maschinenbau, die Elektrotechnik, die Mikrosystemtechnik und die Optik bis hin zum Dienstleistungs- und Beratungsbereich. Umweltschutz ist somit wirtschaftssystematisch nur schwer zu greifen.

Staatliches Ordnungsrecht hat die Nachfrage nach Umweltschutzprodukten und -verfahren in den vergangenen Jahrzehnten zweifach beeinflußt. Einerseits verursachte die konsequente Überwachung gesetzlicher Auflagen Kosten, die Unternehmen zur Produktionsverlagerung verleiten konnten. Andererseits hat die öffentliche Hand die Nachfrage nach Umweltschutzgütern beträchtlich gesteigert. Bund, Länder und Kommunen investieren massiv in Umweltschutzmaßnahmen, um etwa Kläranlagen, Abfallentsorgungsanlagen und Verbesserungen im öffentlichen Personennahverkehr zu schaffen. Beide Formen der Stimulation wirkten volkswirtschaftlich gesehen verdrängend. Zum einen verlagerten Unternehmen, die erhöhte Umweltauflagen einhalten mußten, Investitionsmittel hin zum Umweltschutz, zum anderen führten erhöhte Steuern und Gebühren zum Rückgang der Konsummöglichkeiten der Bevölkerung. Daraus folgt, daß die euphorischen Arbeitsplatzzahlen im Umweltschutz, die vom Umweltbundesamt für 1990 mit 680 000 in Deutschland beziffert werden, zu relativieren sind — leider in nicht bekannter Höhe.

Dennoch wird die wirtschaftliche Bedeutung des Umweltschutzes wachsen. Sie wird sich allerdings nicht allein auf Ordnungsrecht und Investitionen der öffentlichen Hand gründen. Inzwischen spielt der Umweltschutz eine derart starke gesellschaftspolitische Rolle, daß er aus öffentlichen Diskussionen und — was wichtiger ist — aus den Verhaltensweisen der Verbraucher nicht mehr wegzudenken ist. Dies schlägt sich in Produkten und Produktionsverfahren nieder. Der Faktor Umwelt ist volks- und betriebswirtschaftlich interessant geworden.

Neue Instrumentarien in der Umweltschutzpolitik werden dazu

To talk of environmental protection as a line of business is probably a misnomer, for it is a wide field taking in many things. It covers activities ranging from plant construction through mechanical and electrical engineering, microsystems technology and optics to diverse services including consultancy.

In recent decades, two distinct influences have come to bear on the demand for environment protection products and processes. One is that strict supervision of compliance with statutory directives have involved firms in costs that could have encouraged them to move their production activities elsewhere. The other is that the public purse has much enlivened demand for such products, for the central and state governments and local authorities have invested heavily in environmental protection, as is evidenced by sewage purification plants, waste disposal, combating pollution and improvements in public transport. Both forms of stimulation have a displacing effect seen from the economic standpoint. On the one hand, firms that must comply with environmental directives shift investments from elsewhere to environment protection, while greater taxation and dues reduce the public's freely disposable income. This means that the euphoric job figures in environment protection, given as 680,000 in Germany by the Federal Office of the Environment, must be relativized, unfortunately to an extent unknown.

The economic importance of environment protection will grow, but not due to regulative functions or the public purse, for it now plays such a strong socio-political role that its disappearance from public discussion and — more important — consumer awareness is quite unthinkable. And this is reflected in products and production methods. The environment factor has become interesting economically and businesswise.

New instruments in environment policy will contribute to step-by-step acceptance of the objectives. The EC environment audit is such a way, and strengthens the firms' and workers' own sense of responsibility. Thinking for oneself, doing by oneself, succeeding by

ENVIRONMENTAL PROTECTION — A DIVERSE SECTOR WITH A FUTURE

beitragen, daß umweltpolitische Ziele Schritt für Schritt in die Praxis umgesetzt werden. Das EG-Umwelt-Audit ist ein solcher Weg, der zugleich die Eigenverantwortung der Unternehmen und ihrer Mitarbeiter im Umweltschutz stärkt. Eigenes Nachdenken, eigenes Umsetzen und eigene Erfolge sind eine weitaus bessere Motivation für den Umweltschutz als staatlich verordnete, zum Teil nicht nachvollziehbare Grenzwerte.

Auch im Bezirk der Industrie- und Handelskammer zu Kiel gibt es zahlreiche Unternehmen, die sich mit der Umsetzung des Umwelt-Audits befassen und sich seit Jahren in allen Bereichen des Umweltschutzes engagieren. Beratungsfirmen und Dienstleister, Maschinen- und Anlagenbauer, Hersteller von Sensoren, Sanierer von Abwasseranlagen, Recyclingunternehmen für unterschiedlichste Stoffe und viele andere bieten ihre Produkte und Dienste an. In einer Datenbank der Industrie- und Handelskammern, die Angebote aus dem gesamten norddeutschen Raum enthält, können Leistungsprofile von mehr als 1000 Unternehmen abgefragt werden. In verschiedenen Arbeitskreisen erörtern Unternehmen gleicher Branchen ihre speziellen Umweltprobleme und suchen nach Lösungen. In diesen Diskussionen spielt die Integration des Umweltschutzgedankens in die Produktgestaltung und die Produktionsverfahren eine wachsende Rolle. Die daraus folgenden zusätzlichen Vorgaben für die Konstruktion und das Denken in Kreisläufen verändert innerbetriebliche Abläufe und Vertriebskonzepte. Eine derartige Umstrukturierung eines Unternehmens erfordert einen längerfristigen Anpassungsprozeß, der aber — gekoppelt mit mehr Eigenverantwortung — mittel- bis langfristig entscheidend zum Erfolg beitragen wird. Gleichzeitig verdeutlicht diese Entwicklung, daß es immer schwieriger werden wird, den Umweltschutz wirtschaftlich in nüchternen Meßgrößen wie zum Beispiel Arbeitsplatzzahlen zu erfassen. Vielmehr ist Umweltschutz insgesamt als Produktionsfaktor zu sehen. So versteht ihn auch die Wirtschaft in Schleswig-Holstein, die sich diesen Anforderungen stellt und sich bereits für die Zukunft rüstet.

oneself are the much better motivation for environmental protection than state-ordained limit values that may not convince.

Also within the purview of Kiel Chamber of Industry and Commerce there are many firms that deal with giving expression to the audit, and have been active for years in all areas of environmental protection. Consulting firms and providers of services, machine and plant manufacturers, makers of detector apparatus, specialists in the rehabilitation of sewage and waste-water plants, recyclers of the most diverse materials, and many others, offer their products and services. The offerings of more than a thousand firms throughout North Germany can be called up from a data bank operated by the chambers of commerce and industry. In various working groups, firms from a particular sector discuss their special environmental problems and strive for solutions thereto. Integration of the environmental idea into product design and production processes plays an ever greater role in these discussions. What emerges often changes works sequences and marketing concepts. Such restructuring in a company requires a longer process of adjustment, but — where it is coupled with a feeling of being oneself responsible — it leads to success in the medium to long term. At the same time this development makes clear that it will be increasingly difficult to see environmental protection in sober economic terms such as the number of jobs it creates. Environmental protection rather has to be seen as a production factor. That is how Schleswig-Holstein's economy regards it and there they are already equipping themselves in that sense for the future.

HEINZ HEERS

SCHLESWIG-HOLSTEINISCHE BAUWIRTSCHAFT IN DER BEWÄHRUNG

Baubetriebe müssen regional beweglich sein, sie können nicht auf Arbeit „vor der Haustür" warten. Die Betriebe Schleswig-Holsteins bieten folglich ihre Leistungen über die Landesgrenzen hinaus an. Deshalb kann sich eine Beschreibung der Bauwirtschaft nicht auf eine isolierte Regionalbetrachtung beschränken.

Rückzug der Bundeswehr und unzureichende Kompensationsmaßnahmen, Investitionsschwäche des Bundes, Stagnation der Bauinvestitionen des Landes, unsichere Einnahmeentwicklungen bei den Kommunen, Zurückhaltung privater Bauherren bei Wohn- und Geschäftsbauten: Diese Signale sagen einen Abschwung in der Bauwirtschaft vorher, der für die Unternehmen in Schleswig-Holstein nicht überraschend kommt.

Nach der amtlichen Statistik für das Bauhauptgewerbe beschäftigen in Schleswig-Holstein etwa 3900 Betriebe rund 48 000 Mitarbeiter. Die Zahl der Unternehmen mit 100 und mehr Beschäftigten lag 1994 bei nur 57. Typisch ist der Betrieb mit 10 bis 20 Beschäftigten, in dem der Inhaber noch mitarbeitet. Er ist seinen Mitarbeitern eng verbunden und kennt seinen individuellen Markt genau. Regional ist er äußerst beweglich. So wickelten viele Betriebe zwischen 1990 und 1995 große Teile ihres Auftragsvolumens außerhalb Schleswig-Holsteins ab. Dabei handelte es sich vor allem um Projekte in den neuen Bundesländern. Inzwischen stehen diese Kapazitäten wieder dem hiesigen Markt zur Verfügung. Ein Effekt, der bei rückläufiger Auftragslage Anlaß zur Besorgnis gibt.

Der typische schleswig-holsteinische Bauunternehmer ist zunehmend Spezialist. Die Forderung von Beratern zur „Beschränkung auf die Kernkompetenz" wurde bereits umgesetzt, als das Schlagwort noch unbekannt war. Die Unternehmen sind aber auch universelle Problemlöser. Sie übernehmen je nach Unternehmensgröße sowohl die komplette Erstellung von Einfamilienhäusern, größeren Mietwohnungskomplexen oder Industrieanlagen als auch die Erschließung von Bau- oder Gewerbegebieten kommunaler Auftraggeber.

Wichtigstes Leistungskriterium des Bauunternehmens sind seine Mitarbeiter. Etwa 56 Prozent aller Beschäftigten sind Facharbeiter oder mittlere Führungskräfte mit einer Facharbeiterausbildung,

Fortsetzung Seite 116

Building contractors must be regionally mobile, being unable to wait on the doorstep for work. So in Schleswig-Holstein they also have to offer their services nationally, hence a description of the industry here cannot be confined to a regional view.

Factors such as reduced expenditure by Germany's armed forces and insufficient compensatory measures, less investment by the central and state governments, uncertainty in respect of local government revenues, private investors holding back on their residential and commercial building plans — it all signals a falling off in building activity that has not come unexpectedly for Schleswig-Holstein's firms.

According to the official statistics, there are about 3,900 building firms in Schleswig-Holstein employing some 48,000 people. The number of firms with a hundred or more employees was just 57 in 1994. The typical firm has ten to twenty employees and the owner also works on the job. He has close links with his workforce, knows his own market exactly, and regionally he is very flexible. So it was that between 1990 and 1995 many firms found a large part of their business outside Schleswig-Holstein, mostly in the new states that were formerly East Germany. This productive capacity is now available locally again, but with recessional clouds threatening it gives cause for alarm.

The typical building contractor in Schleswig-Holstein is increasingly a specialist, and the call to "concentrate on the core competence" was already being followed there at a time when the slogan was unknown. Yet they, the contractors, are also universal solvers of problems. Depending on their size, they handle the complete erection of self-contained dwellings, larger apartment houses or industrial plants and the development of industrial parks or estates for the account of local authorities.

The building contractor's main capital is his workforce. About 56 percent of all employees are skilled workers or middle-level executives with specialist training, while about every seventh is a commercial or technical employee. Particular importance is attached to specialist training. Especially the smaller firms have greatly increased the number of their apprentices, so that there is an appren-

Continued on page 116

SCHLESWIG-HOLSTEIN'S BUILDING INDUSTRY IS PUT TO THE TEST

■ Die Kieler Max Giese Bau GmbH ist seit über 80 Jahren in Schleswig-Holstein ein Begriff. Viele repräsentative Bauwerke belegen die Kompetenz dieser größten regionalen Baufirma. Das Bild zeigt die Konzertscheune Gut Salzau/Probstei, die durch das Schleswig-Holstein Musik Festival bekannt wurde.

■ The Kiel construction firm of Max Giese Bau GmbH has been a household name for more than 80 years in Schleswig-Holstein. Many representative buildings are witness to the versatility of this largest regional builder. The picture shows the so-called concert barn at the Salzau Estate in the Probstei, which became known as a feature during the Schleswig-Holstein Music Festival.

■ LEG Schleswig-Holstein Landesentwicklungsgesellschaft mbH, Kiel

Der Hauptgeschäftsführer der LEG,
Herr Münchow (Mitte), der Ge-
schäftsbereichsleiter für die integrierte
Regionalentwicklung, Herr Göttsche
(links), und der Fachbereichsleiter,
Herr Benecken (rechts), entscheiden
über Konversionsmaßnahmen.

■ LEG Schleswig-Holstein Landesentwicklungsgesellschaft mbH, Kiel

LEG's general manager, Mr. Münchow (centre), divisional manager for
integrated regional development,
Mr. Göttsche (left), and department
head, Mr. Benecken (right), decide
on conversion measures.

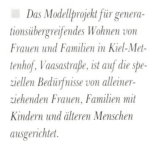

■ Das Modellprojekt für generationsübergreifendes Wohnen von Frauen und Familien in Kiel-Mettenhof, Vaasastraße, ist auf die speziellen Bedürfnisse von alleinerziehenden Frauen, Familien mit Kindern und älteren Menschen ausgerichtet.

■ The model project for generation-bridging living of women and families at Vaasastrasse in Kiel-Mettenhof is aimed at the special needs of single mothers, families with children and elderly people.

114

Die Landgesellschaft, eine Tochter der LEG, führt insbesondere für
die Gemeinden des ländlichen
Raumes Projekte der Flächenentwick-
lung durch.

A subsidiary of LEG, the Rural
Company, carries out area development projects particularly for communities in the rural districts.

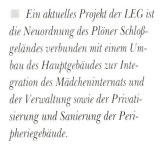

▨ Ein aktuelles Projekt der LEG ist die Neuordnung des Plöner Schloß-geländes verbunden mit einem Um-bau des Hauptgebäudes zur Inte-gration des Mädcheninternats und der Verwaltung sowie der Privati-sierung und Sanierung der Peri-pheriegebäude.

▨ A current LEG project is the rearrangement of the Plön palace grounds together with reconstruction of the main building for the integra-tion of the girls' boarding school and the administration as well as the privatization and renovation of the periphery building.

etwa jeder siebte ist kaufmännischer oder technischer Angestellter. Die Bauunternehmer setzen weiterhin auf die Facharbeiterausbildung. Gerade kleinere Betriebe haben die Zahl ihrer Auszubildenden stark erhöht, so daß heute ein Auszubildender auf zehn Facharbeiter kommt; eine Quote, die für die Zukunftsorientierung der Branche spricht.

Die enge Verbindung zwischen Unternehmer und Arbeitnehmer führt dazu, daß ausländische Subunternehmer aus den MOE-Staaten oder selbständige Unternehmer aus den Niedriglohnländern der EU in Schleswig-Holstein wenig Chancen haben. Dadurch riskiert der Bauunternehmer den Konflikt mit privaten Investoren, die sich von Billigarbeitskräften Kostensenkungen versprechen. Die Bauwirtschaft unterstützt alle Bestrebungen zur Angleichung der Produktionskosten in der EU. Ohne das Arbeitnehmer-Entsendegesetz müßten auch die regionalen Betriebe den Wunsch der Investoren nach Unternehmen aus Niedriglohnländern berücksichtigen.

Die Einflüsse von Wind und Wetter erfordern in Schleswig-Holstein eine hohe Bauqualität. Viele Betriebe gehen deshalb jetzt dazu über, die Qualität ihrer Organisation überprüfen und sich zertifizieren zu lassen.

Die schleswig-holsteinischen Bauunternehmen haben sich schon immer den Wünschen ihrer Auftraggeber angepaßt. Ein neuer bundesweiter Rahmentarif ermöglicht jetzt eine größere zeitliche Flexibilität. Er legt die tarifliche Arbeitszeit im Sommer auf 40 Wochenstunden fest und erlaubt es, im Rahmen des Arbeitszeitgesetzes ohne Überstundenzuschlag zu arbeiten, wenn dafür ein flexibler Freizeitausgleich gewährt wird. Die Betriebe eröffnen dem Mitarbeiter im Gegenzug durch langfristige Arbeitszeitpläne eine bessere Planung der Freizeit.

Der Markt wird in den nächsten Jahren eine Anpassung der Kapazitäten an die veränderte Nachfrage erzwingen. Die Bauwirtschaft in Schleswig-Holstein wird dank ihrer Leistungsfähigkeit und Flexibilität diese Zeit der Bewährung bestehen, wenn die übrigen Rahmenbedingungen sich nicht weiter verschlechtern.

tice for every ten skilled workers, a ratio that speaks for the industry's forward-looking attitude.

The close links between firm and employee has the effect that subcontractors from Central and Eastern Europe and independent firms from low-wage countries in the EU have little opportunity in Schleswig-Holstein. That way the building contractor risks conflict with private investors hoping for cost savings with cheap labour. The building industry nevertheless supports every attempt to even out production costs in the EU. Without the recently-passed employee dispatch act, also the regional builders would have to take account of the investor's wish for firms from low-wage countries.

The influence of wind and weather in Schleswig-Holstein calls for a high quality standard in building practice, and many builders are therefore going over to having the quality of their organization officially checked and certified.

Schleswig-Holstein's building contractors have always adapted to the wishes of their clientele, and a new nationally-applicable skeleton wage agreement now gives greater flexibility in respect of working hours. This sets the weekly working hours in summer at 40 and, within the framework of the working hours act, permits working without the overtime bonus if a flexible leisure allowance is granted. In return, by way of long-term working-hours planning, the employers make it possible for workers to better plan their leisure.

In the next few years the market will oblige builders to trim capacity to changing demand conditions. Thanks to its resourcefulness and flexibility, the building industry in Schleswig-Holstein will stand the test if the other conditions do not further deteriorate.

Seit mehr als 125 Jahren produziert die ALSEN-BREITENBURG
Zement- und Kalkwerke GmbH am
Standort Lägerdorf Zement und
Kalk. Das Werk mit über 500 Mitarbeitern in Verwaltung und Produktion gehört damit in dieser eher landwirtschaftlich geprägten Gegend zu
den wenigen Industriebetrieben und
ist ein wichtiger Wirtschaftsfaktor in
der Region. Ein Meilenstein in der
Reihe innovativer Maßnahmen am
Standort Lägerdorf ist der neue
Drehofen 11, der im Dezember 1995
in Betrieb genommen wurde. Für das
Gesamtkonzept „Ofen 11" erhielt
Alsen-Breitenburg den Preis „Um-
weltfreundlicher Betrieb" der Studien-
und Fördergesellschaft der Schleswig-
Holsteinischen Wirtschaft e.V.

ALSEN-BREITENBURG
Zement- und Kalkwerke GmbH has
been producing cement and lime at
Lägerdorf for more than 125 years.
With more than 500 commercial and
production workers, it is one of the
few industrial companies in this
mainly agricultural region and is an
important factor in the region's economy. A milestone in the series of innovations at Lägerdorf was the putting into operation of the new rotary
kiln 11 in December 1995. For the
general "kiln 11" concept Alsen-
Breitenburg received the award
"Environment-friendly Plant" from
the Studien- und Fördergesellschaft
der Schleswig-Holsteinischen Wirtschaft e.V.

■ BIG BAU-UNTERNEHMENS-
GRUPPE, Kronshagen/Kiel

Das von der BIG errichtete Wohn-
und Geschäftshaus mitten im historischen Zentrum von Ahrensburg stellt
eine gelungene Verbindung zwischen
Denkmalschutz-Ansprüchen und
modernen Anforderungen dar.

■ BIG BAU-UNTERNEHMENS-
GRUPPE, Kronshagen/Kiel

The residential and commercial
building constructed by BIG in
Ahrensburg's historical town centre
successfully combines preservation
with modern requirements.

118

■ Mitten im Kieler Zentrum be-
weist die BIG mit einer 300 Wohnungen umfassenden Wohnanlage,
daß sie nicht nur städtebaulich herausragende Neubauten erstellen, sondern diese auch zuverlässig und
werterhaltend langfristig verwalten
und betreuen kann.

■ With a 300-dwelling complex in
Kiel's city centre, BIG shows that it
can not only build excellent urban
housing but can also manage and
care for it in a way that long ensures
the property's value.

■ Das Sanierungsvorhaben „Kiel-Hörn" ist die zur Zeit größte und bedeutendste Maßnahme der Stadterneuerung in Schleswig-Holstein. Hier wird in zentraler Lage mit städtebaulich anspruchsvollen Rahmenbedingungen ein attraktiver Standort am Wasser für neue Dienstleistungen und innerstädtisches Wohnen entwickelt.

■ At the present time, the rehabilitation project "Kiel-Hörn" is the largest and most important urban restoration measure in Schleswig-Holstein. In a central location with exacting urban conditions, an attractive site near the water is being developed for new services and inner-city living.

■ Ein Wohn- und Pflegestift im Zentrum einer Mittelstadt in Nordrhein-Westfalen mit 119 Pflegebetten und 29 Stiftwohnungen, Beispiel für ein neues Aufgabengebiet der BIG auf dem sozialen Sektor in vielen Bundesländern, zum Festpreis für private Investoren, mit Betreibern aus dem Kreis der Wohlfahrts-Verbände.

■ A residence and nursing home in a medium-sized town in Northrhine-Westphalia with 119 nursing-care beds and 29 charitable dwellings. An example of new challenges for BIG in the social sector in many parts of Germany, at a fixed price for private investors and operated by those in the welfare associations.

120

■ Die Transportbeton Schleswig-Holstein GmbH & Co. KG, Kiel, gehört zum Verbund der international tätigen Readymix-Gruppe. Sie fühlt sich der Qualitätssicherung ebenso verpflichtet wie der Weiterentwicklung der Baustofftechnik und -technologie. Für das Bauvorhaben Hochbrücke Holtenau wurden rund 12 000 Kubikmeter Beton geliefert und eingebaut.

■ Transportbeton Schleswig-Holstein GmbH & Co. KG, Kiel, is part of the internationally active Readymix Group. The company's work is based on a great commitment to quality assurance and to the further development of building materials technology. Some 12,000 cubic metres of concrete were supplied to and placed for the high-level bridge project at Holtenau on the Kiel Canal.

■ YTONG Nordwest GmbH,
Wedel
Bauvorhaben Neumünster-Ruthen-
berg. Bauträger WOBAU Neumünster. Von April 1994 bis Juni 1995
entstanden hier 171 Wohneinheiten
aus YTONG. Sozialer Wohnungsbau, der auch hohen gestalterischen
Ansprüchen gerecht werden kann.

■ YTONG Nordwest GmbH,
Wedel
Building project: Neumünster-
Ruthenberg. Builder: WOBAU
Neumünster. Between April 1994
and June 1995, 171 homes were
constructed here using YTONG
blocks. Social housing which can also
meet high design requirements.

■ *Ein Fahrmischer von Thomas-Beton vor der neuen Müllverbrennungsanlage in Kiel-Süd. Von Mai 1994 bis April 1996 wurden hier rund 8500 Kubikmeter Transportbeton angeliefert.*

■ *A mixer from Thomas-Beton in front of the new refuse incinerator at Kiel-South. About 8,500 cubic metres of ready-mixed concrete were delivered here between May 1994 and April 1996.*

■ Die Heinrich Karstens GmbH &
Co. KG, Bauunternehmung, Kiel-
Eckernförde, gehört zu den leistungs-
fähigsten mittelständischen Baufir-
men in Schleswig-Holstein. Im
„Wohnpark Lohmühlenweg" in
Preetz erstellt sie schlüsselfertige
Eigentums- und Mietwohnungen.

■ Heinrich Karstens GmbH & Co.
KG, building contractors in Kiel-
Eckernförde, is one of the most powerful medium-sized building companies
in Schleswig-Holstein. At Lohmühlenweg residential estate in Preetz the
company is building turn-key owner-
occupied and rented housing.

PETER DÖLLING

VIELSEITIGE NAHRUNGS- UND GENUSSMITTELINDUSTRIE

■ Schleswig-Holstein — das Land zwischen den Meeren — wird von vielen Bundesbürgern hauptsächlich als Agrar- und Urlaubsland angesehen. Tatsächlich ist es richtig, daß die Landwirtschaft hier im hohen Norden noch immer zu den bedeutenden innerhalb der Europäischen Union zählt. Sie hat einen höheren Stellenwert als in anderen Bundesländern und ist Grundlage einer vielseitigen Nahrungsmittelindustrie.

Nach der Investitionsgüterindustrie ist die Nahrungs- und Genußmittelindustrie — mit einem Umsatz von über neun Milliarden DM im Jahr — der wichtigste wirtschaftliche Aktivposten in Schleswig-Holstein. Ob Fleisch- oder Wurstwaren, ob Gemüse oder Spirituosen — beim „Tischlein deck dich" stehen qualitativ hochwertige Produkte aus Schleswig-Holstein stets auf der Speisekarte; und das nicht nur in deutschen Landen. Schon jedes sechste aus Schleswig-Holstein exportierte Produkt erfreut ausländische Verbraucher. Viele Unternehmen der Nahrungs- und Genußmittelindustrie versuchen, ihren Exportanteil weiter auszubauen. Diese Bemühungen werden von der Landwirtschaftskammer unterstützt.

Das Gütezeichen „Hergestellt und geprüft in Schleswig-Holstein" ist zu einem Qualitätsmerkmal geworden, das nicht nur bundesweit Maßstäbe setzt. Beim Handel wie bei den Verbrauchern steht das Gütesiegel hoch im Kurs. Es unterstützt Marketingaktivitäten im In- und Ausland. Rund 2000 Produkte der schleswig-holsteinischen Nahrungs- und Genußmittelindustrie tragen das Gütezeichen und entsprechen damit höheren als den gesetzlich vorgeschriebenen Qualitätsrichtlinien. Viermal im Jahr untersuchen neutrale Prüfer der Landwirtschaftskammer die Produktqualität. Die Proben werden unangemeldet beim Erzeuger und Handel gezogen. Damit ist eine Manipulation ausgeschlossen.

Verbraucher und Handel verlangen zusehends Produkte, die ihren Wünschen entsprechen. Einige schleswig-holsteinische Betriebe sind bereits nach der DIN ISO 9001-Norm zertifiziert. Die Erfüllung dieser Norm und die weitergehende Einführung des TQM (Total Quality Management)-Systems sind der richtige Schritt, um den Verbraucherwünschen nach sicheren Produkten gerecht zu werden.

■ There are many Germans who regard Schleswig-Holstein, the "land between two seas", primarily as an agricultural region and a place to spend their holidays. It is true that the agriculture of this Land in the far north of the republic is still one of the most significant in the European Union. It has a higher standing than in other German states and forms the basis of a varied food and beverages industry.

After the capital goods industry, food and beverages are the most significant asset item in Schleswig-Holstein's economy, with annual sales of more than nine thousand million DM. Meat and sausage, vegetables and spirits: wherever good food is to be had there are always products from Schleswig-Holstein on the menu — and not only in Germany. One product in six exported from Schleswig-Holstein finds its way onto a table in another country. Many companies in the food and beverages industry are trying to increase their proportion of exports. These efforts are supported by the Chamber of Agriculture.

The seal "Produced and Tested in Schleswig-Holstein" has become a symbol of quality that sets standards, not only throughout Germany. The seal is highly regarded in the trade and by consumers. It helps marketing activities in Germany and abroad. Some 2,000 products from Schleswig-Holstein's food and beverages industry bear the seal and conform to quality standards higher than those prescribed by law. Four times a year, neutral inspectors from the Chamber of Agriculture test the products for quality. The samples are taken without prior warning on the producer's premises and from the trade. This excludes the possibility of manipulation.

Consumers and the trade are increasingly demanding products that conform to their requirements. Some companies in Schleswig-Holstein have already achieved certification according to the standard DIN ISO 9001. Conformity with this standard and the introduction of TQM (total quality management) systems as the next step are the right way to meet consumers' requirements in respect of safe products.

Nevertheless, a cold wind is blowing through the food and beverages industry. In addition to cyclic influences the increasing pres-

A VARIED FOOD AND BEVERAGES INDUSTRY

■ Confiserie Wiebold, Elmshorn

■ Confiserie Wiebold, Elmshorn

Auf Handarbeit kann auch am laufenden Band nicht verzichtet werden.
Von hier aus werden die leckeren
Trüffel und Pralinen in alle Welt
versandt.

Even at the conveyor belt they cannot
dispense with the skills of hand work.
From here the delicious truffle and
chocolate specialties are dispatched all
over the world.

■ *Bestes aus Hafer — bestes aus Schleswig-Holstein*

Verwurzelt mit Schleswig-Holstein, bekannt und geschätzt über die Grenzen hinaus — die hochwertigen Qualitätsprodukte aus dem Hause Peter Kölln, Köllnflockenwerke in Elmshorn. Was im Jahre 1820 als kleiner Familienbetrieb mit einer Mühle in Elmshorn begann, wuchs über Generationen hinweg zur größten und modernsten Haferverarbeitungsanlage Europas. Noch heute ist das Unternehmen Peter Kölln in Elmshorn ansässig. Und noch immer im Familienbesitz — und zwar bereits in der sechsten Generation.

Schon die Elmshorner Grönlandfahrer, die im 19. Jahrhundert in das nördliche Eismeer segelten, hatten als Proviant Kölln-Erzeugnisse an Bord. Die Kölln-Haferkost, damals zu Haferzwieback und Hafergrütze ver-

arbeitet, gab ihnen die Gesundheit und Kraft, unvorstellbare Strapazen durchzustehen. Heute deckt das Unternehmen Peter Kölln mit seinem aktuellen Sortiment als einziger Premium-Anbieter alle Segmente des Cerealienmarktes mit Hafer-Erzeugnissen ab — von der Säuglingsnahrung bis zum Haferkleie-Segment. Mit ebenso zielstrebiger wie sorgfältiger Arbeit wird dabei noch immer konsequent an der Idee des Gründers festgehalten: Aus unserem wertvollsten Getreide, dem Hafer, wohlschmeckende und nahrhafte Produkte für die menschliche Ernährung herzustellen. Und das gilt nicht nur für die Produkte der ersten Kölln-Stunde, sondern auch für die immer wieder neuen Produkt- und Geschmacks-Variationen, die Kölln beim Verbraucher so beliebt machen. Wer kennt Sie nicht, die Feinschmecker- und Knuspermüslis, die Echten Kernigen, die Knusprigen Haferfleks, die Schmelzflocken für Säuglinge oder die Blütenzarten Köllnflocken in der typisch blauen Packung, die als Flaggschiff des Unternehmens in nahezu jedem Haushalt vorhanden sind. Nach wie vor stehen Köllnflocken hier als Inbegriff für Haferflocken. 60 000 Tonnen sorgfältig ausgewählter Hafer werden jährlich in Elmshorn verarbeitet. Mit all dem Wissen und der Erfahrung, über die die Köllnflockenwerke in Elmshorn seit 1820 verfügen.

Kölln-Geschichte

1820: Peter Kölln gründet mit einer pferdebetriebenen Grützmühle die Firma in Elmshorn
1868: Erster Eintrag ins Handelsregister
1926: Ein Großbrand vernichtet die gesamte Hafermühle
1937: „Blütenzarte Köllnflocken" als Schutzmarke eingetragen

1958: Kölln ohne Grenzen: Exporte in weltweit 20 Nationen
1979: Startschuß für Deutschlands beliebtestes Müsli: Kölln Schoko Müsli
1987: Kölln-Werke bekommen eines der modernsten Hochregal-Lager
1994: Gründung der Tochterfirma Kölln North America Inc. in New Jersey
1995: 175 Jahre Köllnflockenwerke in Elmshorn

■ *The best of oats — the best from Schleswig-Holstein*

With roots deep in Schleswig-Holstein, known and popular beyond Germany's borders: That are the high-grade quality products from Peter Kölln, Köllnflockenwerke in Elmshorn. What began in 1820 as a small family concern with a mill in Elmshorn expanded over the generations

to become Europe's largest and most modern oat processing plant. The Peter Kölln company is still in Elmshorn and is still family-owned — now in the sixth generation. Already in the 19th century, the seafarers from Elmshorn on their voyages to Greenland and into the Arctic saw to it that Kölln's products were on

board among their provisions. Kölln's oatmeal, in those days processed to oat rusks and groats, gave them the health and vitality to withstand the unimaginable perils they encountered. With its up-to-date range and as sole premium supplier, the firm of Peter Kölln covers every segment of the cereal market with oat products — from baby food to the oat bran sector — and tenaciously adhering to the idea of the founder: To produce tasty and nourishing products for human consumption from our most valuable cereal, oats. And that applies not only to the very first, the original Kölln products, but also to the ever new product and taste varieties that make Kölln a first choice among customers. Everybody knows these "Feinschmecker" and "Knusper" mueslis, the "Echte Kernige", the "Knusprige Haferfleks", the "Schmelzflocken" for infants or the "Blütenzarte Köllnflocken" in the typical blue pack, which as company flagship is to be found in almost every household, where Köllnflocken continues to be the word for oat flakes. 60,000 tonnes of carefully selected oats are processed annually in Elmshorn, with all the experience and expertise gained in the Köllnflockenwerke in Elmshorn since 1820.

127

Kölln's History

1820: Peter Kölln founds the company with a horse-powered groat mill in Elmshorn
1868: First entry in the commercial register
1926: A large fire destroys the whole mill
1937: "Blütenzarte Köllnflocken" registered as trademark

1958: Kölln without borders: exports to 20 countries worldwide
1979: Launch of Germany's most popular muesli: Kölln Schoko Müsli
1987: Kölln-Werke gets one of the most modern high-level racking warehouse
1994: Setting up of the subsidiary Kölln North America Inc. in New Jersey
1995: Köllnflockenwerke celebrates 175th anniversary

Gleichwohl weht auch der Nahrungs- und Genußmittelbranche zunehmend ein scharfer Wind entgegen. Probleme bereiten neben konjunkturellen Einflüssen auch der gestiegene Kostendruck und der verstärkte Wettbewerb aus dem In- und Ausland. Ferner ist eine weitergehende Konzentration zu beobachten, der sich die überwiegend mittelständische Nahrungs- und Genußmittelindustrie Schleswig-Holsteins stellen muß.

Die veränderten Marktgegebenheiten und das veränderte Verbraucherverhalten erfordern intelligente Produkte, die den Vorstellungen der Verbraucher entsprechen. Bei der Produktentwicklung ist zu berücksichtigen, daß die Haushalte immer kleiner werden und das Verbraucherverhalten immer schwieriger zu analysieren ist. Der Convenience-Bereich wird zukünftig an Bedeutung gewinnen. Auch mit Nischenprodukten lassen sich Wettbewerbsvorteile herausarbeiten.

Seit Mitte 1994 bildet die Nahrungs- und Genußmittelindustrie das konjunkturelle Schlußlicht im verarbeitenden Gewerbe des Bezirkes der Industrie- und Handelskammer zu Kiel. Sie kann nur durch Innovation eine bessere Position erreichen. Auch Rationalisierungsmaßnahmen werden nicht zu umgehen sein. Der wachsende Wettbewerb zwingt die Unternehmen, ihre Organisationsstrukturen zu überdenken und Kosten einzusparen.

Auch wenn die Zahl der Betriebe um 20 Prozent und die der Beschäftigten um 30 Prozent gegenüber 1980 zurückgegangen ist, so ist die Branche nach wie vor ein bedeutender Wirtschaftszweig, der noch immer 7500 Mitarbeiter zwischen Eckernförde und Glückstadt, zwischen Preetz und Hanerau-Hademarschen beschäftigt. Mehr als drei Milliarden DM wurden 1993 erwirtschaftet, ein Umsatz, der 24 Prozent über dem des Jahres 1980 liegt. Besondere Bedeutung für die Branche hat der Kreis Pinneberg. Fast jeder zweite im Bereich Nahrungs- und Genußmittel Arbeitende ist hier zu Hause. Darüber hinaus verzeichnete Pinneberg den größten Umsatzzuwachs. Gegenüber 1980 stieg er nominal um gut 20 Prozent. Trotz aller Probleme, die Nahrungs- und Genußmittelindustrie aus dem Norden wird dann weiterhin „in aller Munde" bleiben, wenn das Vertrauen der Verbraucher durch höchste Qualität, Verantwortung und erstklassigen Service weiter gefestigt wird.

sure of costs and growing competition from inside and outside Germany are presenting problems. There is also a continuing trend towards concentration that has to be faced by the region's mainly small and medium-sized companies.

Changes in the markets and changes in consumer behaviour demand intelligent products that provide what the customer wants. When developing products it has to be taken into account that households are becoming smaller and smaller and consumer behaviour more and more difficult to analyze. The convenience sector will gain significance. Competitive advantages can also be achieved with niche products.

Since the middle of 1994 the food and beverages industry has been at the bottom of the financial table for the processing industries in the area covered by the Kiel Chamber of Industry and Commerce. Only innovations can improve its position. Rationalization measures will be unavoidable. Growing competition is forcing the companies to re-consider their organizational structures and save on costs.

Although the number of companies has fallen by 20 percent and the number of persons employed by 30 percent since 1980, the industry is still an important sector with 7,500 employees between Eckernförde and Glückstadt, between Preetz and Hanerau-Hademarschen. Turnover in 1993 was over three thousand million DM, 24 percent more than in 1980. One of the industry's most important centres is Pinneberg. Nearly one person in two employed in the food and beverages sector lives there, and Pinneberg also achieved the greatest increase in sales — a nominal increase of at least 20 percent over the 1980 figure.

In spite of all the problems, food and drink from Germany's northernmost state will remain on everyone's shopping list if the industry continues to strengthen consumer's trust through top quality, responsibility and first-class service.

■ Hansa-Mineralbrunnen GmbH, Rellingen, Werk Trappenkamp: Abfüllung der Marke hella Mineralbrunnen in Mehrweg-Pfandflaschen auf einer Hochleistungsanlage, die allen Qualitätsansprüchen nach DIN EN ISO 9001 entspricht.

■ Hansa-Mineralbrunnen GmbH, Rellingen, Trappenkamp plant: filling of the hella Mineralbrunnen brand in reusable deposit bottles on high-performance plant which satisfies all DIN EN ISO 9001 quality standards.

DR. FRITZ SÜVERKRÜP

DIENSTLEISTUNGEN — WACHSTUMSMOTOR DER ZUKUNFT

Der tertiäre Sektor, wie der Dienstleistungssektor häufig genannt wird, zeichnet sich durch ein außerordentlich heterogenes Erscheinungsbild aus, das seine Erfassung und Bewertung teilweise erschwert. Er umfaßt von den Kreditinstituten und Versicherungen über das Gesundheitswesen und die Makler- und Beraterzweige bis hin zu Kurier- und Servicediensten zahlreiche Sparten mit jeweils starken strukturellen Eigenheiten.

Da die großen Teilsektoren des Dienstleistungsbereiches wie etwa das Kredit- oder das Versicherungswesen und das Gast- und Fremdenverkehrsgewerbe Gegenstand eigenständiger Beiträge sind, möchte ich an dieser Stelle nur auf die sonstigen Dienstleistungen und hier, ohne die häuslichen Dienste unterzubewerten, auf die wirtschaftsbezogenen Dienste eingehen, da sich mit ihnen ein größeres innovatives und technologisches Potential und damit größere Auswirkungen auf den Strukturwandel und die Wettbewerbsfähigkeit des Wirtschaftsstandortes Schleswig-Holstein verbinden.

Der Bereich der wirtschaftsbezogenen sonstigen Dienstleistungen gilt zu Recht als innovativ, kreativ und dynamisch. Ein Blick in die Statistiken der letzten Jahre zeigt, daß sich der Beschäftigtenstand bundesweit seit 1976 auf rund 2,6 Millionen mehr als verdoppelt hat und nun fast 10 Prozent der Gesamtbeschäftigtenzahl der Volkswirtschaft umfaßt.

Die schleswig-holsteinische Wirtschaft hat frühzeitig diese Tendenz zur Tertiärisierung unserer Volkswirtschaft erkannt und erfolgreich die Weichen gestellt, um als moderner und leistungsfähiger Standort an dieser Entwicklung zu partizipieren. Neben der Optimierung der Aus- und Weiterbildungsstrukturen wurde daher konsequent auf eine Stärkung der technologischen Kapazität und Kompetenz im Lande und eine gezielte Verbesserung der Existenzgründungsbedingungen hingearbeitet.

Die enorme Expansion gerade der wirtschaftsbezogenen Dienstleistungen, die einen Großteil der Existenzgründungen auf sich vereinigen, gibt dieser Strategie recht. Neben Ausgründungen bzw. Auslagerungen insbesondere von Industrieunternehmen im Rah-

Fortsetzung Seite 136

The tertiary sector, as the service industry is often called, is highly heterogeneous and that makes it often difficult to evaluate. It covers banks and the insurance industry, health, brokerage and consulting, courier services and many sectors with a strongly individual structure. Since banking and insurance and tourism are dealt with separately in this monograph, they will not be considered here. Attention will be concentrated on industry-related services since with their larger innovative and technological potential they have the greater effect on structural change and competitiveness in Schleswig-Holstein.

These other services are rightly seen as innovative, creative and dynamic. A glance at the statistics for the past several years shows that for the country as a whole the numbers employed in services have more than doubled since 1976 to about 2.6 million and now amount to almost 10 percent of total employment nationally.

Schleswig-Holstein's economy recognized this trend to tertiarization at an early date and set the points accordingly so as to ensure getting a good share of the action. In addition to the optimization of the training and further training structures, attention was directed to strengthening technological capacity and competence in the state and to improving the conditions for young companies starting up in business in Schleswig-Holstein.

The great expansion in business-related services, which account for a major share of the company start-ups, shows this strategy to be a correct one. In addition to disincorporations and withdrawals especially in the case of industrial firms following a policy of outsourcing as a cost-saving strategy, these are genuine innovative start-ups where market niches are being carved out and entirely new services offered. Noticeable also is that the latter is proceeding from a rapidly growing need for consulting, technology help and handholding particularly in telecommunications, computer technology and finance. Much of this success in start-ups can be attributed to Schleswig-Holstein's eight technology centres. Typical for the area of Kiel Chamber of Industry and Commerce is the ISiT/IZET complex in Itzehoe with its combination of research at the Fraunhofer

Continued on page 136

SERVICES — A MOTOR OF GROWTH FOR THE FUTURE

■ ESN, EnergieSystemeNord GmbH, Kiel, hat die Planung, Ausschreibung und Oberbauleitung für das neue Blockheizkraftwerk (5 x 1,1 MWel) neben den Faultürmen in Kiel-Bülk durchgeführt. Seit Anfang 1994 produziert es aus Klärgas und Erdgas (für Spitzenlast) emissionsarm und zuverlässig Strom und Wärme für den Eigenbedarf des Klärwerks der Landeshauptstadt Kiel.

■ ESN, EnergieSystemeNord GmbH, Kiel, has performed the planning, submission and supervision for the new block heating power station (5 x 1.1 MWel) next to the sewer gas tanks at Kiel-Bülk. Since beginning of 1994 the station serves for the low emission and reliable production of electricity and heat from sewer and natural gas (at peak load), to meet the energy demand of the purification plant of the state capital Kiel.

Die Kieler Drachensee gGmbH
— Arbeit und Wohnen für Behinderte
— widmet sich mit der Werkstatt
Drachensee der beruflichen Rehabilitation von behinderten Menschen.
Die leistungsstarke gemeinnützige
GmbH ist damit Partner von Industrie, Handel und Handwerk. Darüber hinaus leben rund 200 Behinderte in den Wohnanlagen der Drachensee gGmbH.

Drachensee gGmbH in Kiel provides work and dwellings for the disabled and at the Drachensee workshop
it aims to achieve their vocational rehabilitation. The non-profit company
works in partnership with industry,
commerce and the crafts. In addition
thereto, some 200 disabled people live
in the housing estates run by Drachensee gGmbH.

■ *Erfahrung und Geschick des AKIS-Teams lösen dem Kunden viele Produktprobleme!*
. . . und was können wir für Sie tun?

■ *Fast solutions for customer product problems are always of top priority for the AKIS-team!*
. . . and how can we help you?

*Fernwärme und Elektrizität
durch Restmüllverbrennung*

Die Stadtwerke Kiel AG betreiben im Süden der Landeshauptstadt eine Restmüll-Entsorgungsanlage der Spitzentechnologie mit hochwirksamer Rauchgasreinigung und energetischer Nutzung.

Die durch den Planfeststellungsbescheid vom Februar 1994 vorgeschriebenen Emissionsgrenzwerte sind wesentlich niedriger als bei Prozessen des Wirtschaftsalltags und übertreffen in mehreren Punkten die strengen Forderungen der 17. Bundesimmissionsschutzverordnung. Entstanden ist das Müllheizkraftwerk durch die neubaugleiche Umrüstung des hier vorher vorhandenen Müllheizwerkes. Eigentümerin dieser in Schleswig-Holstein modernsten Anlage zur umweltfreundlichen Restmüllverbrennung bei gleichzeitiger Wertstoffgewinnung ist die Landeshauptstadt Kiel, die Betriebsführung und die im Herbst 1996 abgeschlossene Umrüstung liegen bei der Stadtwerke Kiel AG.

Das Ausmaß der Umrüstung erforderte nach den rechtlichen Vorschrif-

ten (§ 7 Abfallwirtschaftsgesetz) ein abfallrechtliches Planungsverfahren mit Umweltverträglichkeitsprüfung (UVP) unter Einschaltung der Öffentlichkeit. Im Juni 1993 wurden vier Sammeleinwendungen und 34 Einzeleinwendungen behandelt. Gegen den Planfeststellungsbescheid gab es beim Schleswig-Holsteinischen Oberverwaltungsgericht keine Klagen.

Bei einem Investment von rund 230 Millionen DM hat die Umrüstung folgende Ziele:
— Minimierung von Schadstoff- und Lärmemissionen
— Umwandlung der im Abfall enthaltenen Problemstoffe (Schadstoffsenke)
— Produktion verwertbarer Stoffe
— Erzeugung von problemlos abzulagernden Reststoffen
— Nutzung der freiwerdenden Energie zur Erzeugung von Strom und Fernwärme

Die Umrüstung beinhaltet im wesentlichen die Erneuerung von zwei Feuerungs- und Kesselanlagen, die

Neuerrichtung von Rauchgasreinigungseinrichtungen, die Installation einer Turbinenanlage zur Stromerzeugung sowie die Installation von Rückstandsaufbereitungsanlagen zur Erzeugung verwertbarer Produkte und ablagerungsfähiger Reststoffe. Hinzu kommen Um- und Neubauten zur Unterbringung der Anlagenteile, die Errichtung einer zweizügigen Kaminanlage sowie der Abbruch des bestehenden Schornsteins und die Installation einer zentralen Leitwarte zur Steuerung, Regelung und Kontrolle der Betriebsabläufe. Das neue Müllheizkraftwerk ist Bestandteil der Abfallentsorgungsplanung des Landes und des Abfallwirtschaftskonzeptes der Landeshauptstadt. Es entsorgt verbleibende Restabfallmengen. Bei ihrer Verbrennung werden im Müll enthaltene Schadstoffe weitgehend vernichtet bzw. in Rauchgasreinigungsanlagen zurückgehalten und anschließend auf Sondermülldeponien gelagert. Die Kieler Anlage ist auf eine zu verbrennende Restmüllmenge von 120 000 Tonnen ausge-

legt. Das Müllheizkraftwerk ist zugleich ein wesentlicher Bestandteil des Energiekonzeptes der Stadtwerke Kiel AG. Durch Einbeziehung in das Fernwärmenetz trägt es zur Vermeidung von Emissionen aus mit fossilen Brennstoffen befeuerten Heizwerken bei. Das MHKW kann in zwei Verfahrenslinien stündlich 17,5 Tonnen Restabfall verbrennen. Die darin enthaltene Energie wird über Abhitzekessel auf einen Wasser-Dampf-Kreislauf übertragen und über einen Dampf-Turbosatz teilweise verstromt und teilweise in das Fernwärmeversorgungsnetz der Stadtwerke Kiel AG eingespeist.

Die Abfälle werden mineralisiert und erheblich reduziert. Extern aufbereitet läßt sich Müllverbrennungsschlacke u. a. im Straßenbau verwenden. Die aus dem Rauchgas ausgewaschene und intern aufbereitete, technisch reine Salzsäure wird im Unternehmensverbund Versorgung und Verkehr Kiel GmbH eingesetzt oder wie der anfallende Gips vermarktet. Der sehr geringe Anteil nicht verwertbarer

Rückstände aus der Rauchgasreinigung wird auf eine Sondermülldeponie gebracht.

Und so arbeitet das neue Müllheizkraftwerk: Müllfahrzeuge bringen den Restabfall zu den acht Entladeschleusen für Hausmüll und der einen Sperrmüllschleuse. Über Transportschieber gelangt der Restabfall in den Müllbunker, der mit einem Volumen von 4000 Kubikmetern die täglich angelieferte Müllmenge speichert. Sperrmüll gelangt

zunächst in einen Zwischenbunker, wird durch eine hydraulische Rotorschere zerkleinert und in den Müllbunker befördert. Zwei Müllkräne heben den Restabfall in die Trichter zu den Verbrennungsrosten.
Dabei durchläuft der Abfall die Zonen Trocknung, Entgasung, Vergasung, Verbrennung und Ausbrand. Die Verbrennungsluft kommt überwiegend aus dem Müllbunker, wo durch Unterdruck eine Geruchs- und Staubbelästigung der Umgebung vermieden wird. Die Verbrennungsgase

geben ihre Wärmeenergie an das Wasser-Dampf-System ab. Der dabei entstehende Frischdampf wird einem Turbosatz zugeführt, der einen Teil der enthaltenen Energie verstromt. Der Turbinenabdampf wird in das Fernwärme-Dampfnetz eingespeist. Außerdem kann über Wärmetauscher thermische Energie an das Fernwärmeheizwassernetz übertragen werden. Jede der Verfahrenslinien erhält eine eigene Rauchgasreinigungsanlage. Hier sorgt eine komplizierte Technik für eine Minimierung der

Schadstoff-Emissionen. Im Rahmen einer Umweltverträglichkeitsuntersuchung (UVU) wurden die Auswirkungen der neuen Anlage auf Mensch und Tier, Luft und Boden eingehend untersucht. Danach ergeben sich für die Luftbelastung Werte, die deutlich unterhalb der gesetzlich zulässigen Grenzen liegen. Eine Bodenbelastung durch den Betrieb der Anlage wurde als nicht meßbar eingestuft. Mit Auswirkungen auf das Klima durch Abwärme und Emissionen ist nur geringfügig zu rechnen.

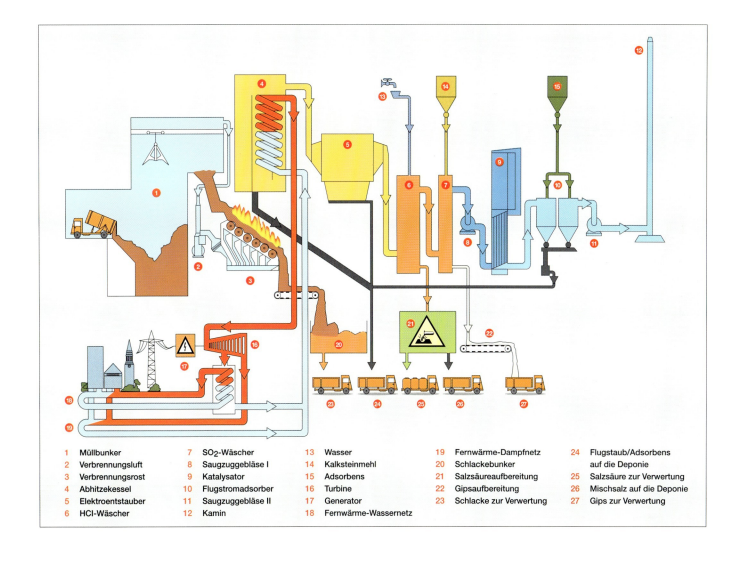

1	Müllbunker	7	SO₂-Wäscher	13	Wasser	19	Fernwärme-Dampfnetz	24	Flugstaub/Adsorbens auf die Deponie
2	Verbrennungsluft	8	Saugzuggebläse I	14	Kalksteinmehl	20	Schlackebunker	25	Salzsäure zur Verwertung
3	Verbrennungsrost	9	Katalysator	15	Adsorbens	21	Salzsäureaufbereitung	26	Mischsalz auf die Deponie
4	Abhitzekessel	10	Flugstromadsorber	16	Turbine	22	Gipsaufbereitung	27	Gips zur Verwertung
5	Elektroentstauber	11	Saugzuggebläse II	17	Generator	23	Schlacke zur Verwertung		
6	HCl-Wäscher	12	Kamin	18	Fernwärme-Wassernetz				

men einer „Out-sourcing-Politik" handelt es sich vor allem um echte innovative Existenzgründungen, bei denen Marktnischen bzw. -lücken erkannt und gänzlich neue Dienste angeboten werden. Auffällig ist, daß sich letztere häufig aus einem drastisch gestiegenen Beratungs- und Betreuungsbedarf vor allem im Telekommunikations-, Computer- und Finanzbereich heraus entwickeln. Maßgeblichen Anteil am Erfolg dieser Neugründungen haben die acht Technologiezentren des Landes. Exemplarisch für den Bezirk der IHK zu Kiel ist dabei der ISiT/IZET-Komplex in Itzehoe mit seiner Kombination aus Forschung im Fraunhofer-Institut für Siliziumtechnologie und ihrer wirtschaftsnahen Umsetzung im IZET Innovationszentrum Itzehoe. Auch das Kieler Innovations- und Technologiezentrum — KITZ — oder das Technik- und Ökologiezentrum — TÖZ — in Eckernförde, die beide eng mit der Technischen Fakultät der Christian-Albrechts-Universität bzw. der Fachhochschule Kiel kooperieren, sind Beispiele für den Erfolg dieser Strategie. Alle diese Technologie- und Gründerzentren erreichten von Beginn an eine hohe Auslastung durch neue innovative und kreative Unternehmen, mit einem eindeutigen Schwerpunkt im Bereich der industrienahen Dienstleistungen. Letztere sind häufig im technischen bzw. technologischen Bereich angesiedelt und werden im Rahmen von Paket- oder Systemlösungen gemeinsam mit neuen, hochwertigen Industriegütern angeboten.

Die Verknüpfung innovativer und hochwertiger Produkte mit kreativen und umfassenden Dienstleistungsangeboten ist die Zukunftschance für den Standort Schleswig-Holstein. Am Weltmarkt kann man nur noch mit intelligenten und umfassenden Systemlösungen bestehen, die indes nur an einem Standort mit einer modernen und wettbewerbsfähigen industriellen Basis, mit hochqualifizierten Arbeitnehmern und einer leistungsfähigen Infrastruktur möglich sind. Dieses Profil entspricht exakt den Handlungsfeldern Schleswig-Holsteins in den vergangenen Jahren. Im Umbruch von der Industrie- zur Dienstleistungsgesellschaft ist die Wirtschaft des Landes auf einem guten Weg. Sie wird diesem Bereich auch in Zukunft die Aufmerksamkeit schenken, die er als zunehmend gewichtiger werdender Wachstumsmotor der Gesellschaft verdient.

Institute for Silicon Technology and its practical application at the IZET Innovation Centre Itzehoe. Other examples of this successful strategy are the Kiel Innovation and Technology Centre (KITZ) and the Technology and Ecology Centre (TÖZ) at Eckernförde, both of which cooperate closely with the technical faculty at the Christian-Albrechts University in Kiel and with Kiel Technical College.

From the beginning all these facilities have been much in demand by new innovative and creative firms, with a pronounced leaning toward industry-related services. The latter frequently include the offer of packet and system solutions in conjunction with new and high-quality industrial goods.

The linking of innovative and high-quality products with creative and comprehensive services is the chance of the future for Schleswig-Holstein. One has a say on the world market only with intelligent and comprehensive solutions to problems at a location with a modern and competitive industrial basis plus highly-skilled workers and a good infrastructure. This profile corresponds exactly to the conditions offered by Schleswig-Holstein. The state's economy is on the right path in this change from the industrial to the service society. It will continue to give it the close attention it deserves as perhaps the most important motor of future growth.

■ Das 1947 in Kiel gegründete Reinigungsunternehmen SPIEGEL-BLANK beschäftigt heute 3500 Mitarbeiter in zehn Niederlassungen in Norddeutschland. Spezialgebiete wie Fassadentechnik, Bausanierung und Malerei oder der Teppich-Express mit Reinigung und Verkauf gehören ebenfalls zum umfangreichen Dienstleistungsangebot.

■ SPIEGELBLANK is a cleaning specialist founded in Kiel in 1947. The firm today has 3,500 employees in ten branches in North Germany. Its activities also cover façade technologies with building restoration work and painting. The extensive range of services also includes the Teppich-Express (carpet express) with cleaning and sale of carpets and decoration materials.

■ Zentrum für maritime Technologie und Seefischmarkt ZTS Grundstücksverwaltung GmbH, Kiel
Der Kieler Seefischmarkt, an der Mündung der Schwentine in die Kieler Förde. Ein zentraler Forschungs- und Gewerbestandort mit vielen Vorteilen.

■ Kiel's Seafishmarket, where the river Schwentine enters Kiel Bay. As a central location for research facilities and trade and industry it has many advantages.

■ Die Firmengruppe Hugo-Hamann — Bürotechnik und Einrichtung — hat ihren Hauptsitz im Zentrum von Kiel. Ausstellungsräume, Büros und Werkstätten sind hier zusammen mit der Offset-Druckerei und den Lagerflächen unter einem Dach zusammengefaßt. Das führende Büroeinrichtungszentrum vertreibt Büro- und Zeichenbedarf, Büroeinrichtung, EDV-Informationssysteme sowie Kopier- und Zeichentechnik.

■ The Hugo Hamann Group — office technology and equipment suppliers — has its headquarters in the centre of the city of Kiel. Showrooms, offices, workshops and the storage area together with the offset printing plant are located here under one roof. This leading office equipment centre markets office and drawing supplies, data processing and information systems, copying and drawing technology.

◼ Die Wankendorfer Baugenossenschaft eG zählt mit über 10 000 Mitgliedern zu den großen Wohnungsunternehmen in Schleswig-Holstein und steht im Raum zwischen Kiel, Hamburg und Lübeck für eine umfassende Wohnraumversorgung seiner Mitglieder. Ein besonderer Schwerpunkt ist die Bestandserneuerung. Das Erscheinungsbild der älteren Wohnanlagen und das Wohnungsinnere werden zeitgemäßen Standards angepaßt. Schließ- und Gegensprechanlagen sorgen für mehr Sicherheit und neue Gartenbaukonzeptionen sowie die Anlage von weiteren Pkw-Stellplätzen steigern die Attraktivität der Häuser und Außenanlagen.

So wurde die „Anschützsiedlung" in Schönkirchen (siehe Bild) seit über 40 Jahren durch eine Rotsteinfassade geprägt. Im Zuge der 1992 begonnenen Modernisierung wird dieses traditionelle Bild durch die ebenso traditionelle Putzfassade inklusive Wärmedämmung ersetzt.
Bisher wurden mehr als 550 Wohnungen in verschiedenen Wohnanlagen erneuert. Die dabei gemachten Erfahrungen haben jedoch auch zu der Entscheidung geführt, aus Kostengründen und aus Gründen der allgemeinen Wohnumfeldverbesserung teilweise die alten Gebäude nicht zu modernisieren, sondern durch neue Bauten zu ersetzen.

◼ With more than 10,000 members, Wankendorfer Baugenossenschaft eG is one of the largest housing building-society in Schleswig-Holstein and ensures a highly adequate provision of accommodation for its members in the area between Kiel, Hamburg and Lübeck. One of the cooperative special concerns is building maintenance and renewal, with the appearance of the older housing schemes and the house interiors being brought up to a modern standard. Locking and intercom systems ensure greater security, while new garden layouts and the provision of further car-parking spaces enhance the attractiveness of the houses and their immediate surroundings.

Thus the Anschütz estate in Schönkirchen (photo) had a red-brick façade for more than forty years, but with the modernization started in 1992 this traditional finish was replaced by an equally traditional plaster façade that also includes thermal insulation. More than 550 flats in various estates have so far been renewed, and the experience has been that, for reasons of cost and general improvement of the surroundings, in some cases the old dwellings should not be modernized but replaced with new buildings.

◼ Blick in den Ausstellungsraum der Reese GmbH & Co., Kiel. Hier können sich die Kunden über das „Büro der Zukunft" in den Bereichen Büroeinrichtung, Computer, Kopie und Bürobedarf informieren.

◼ A scene in the showroom at Reese GmbH & Co., Kiel, where customers can browse through the display and bring themselves up to date in respect of office equipment, computer, copying and office supplies in the "office of the future".

▪ *Die Filialdirektion Kiel der Deutschen Post AG betreibt mit Unterstützung der Filialniederlassungen Rendsburg, Neustadt in Holstein, Hamburg, Güstrow und Greifswald 957 Postfilialen und 217 Postagenturen in Schleswig-Holstein, Hamburg und Mecklenburg-Vorpommern.*

▪ *With the support of the branches in Rendsburg, Neustadt in Holstein, Hamburg, Güstrow and Greifswald, the Kiel branch directorate of Deutsche Post AG operates 957 post branches and 217 post agencies in Schleswig-Holstein, Hamburg and Mecklenburg-Wester Pomerania.*

JOHANNES CALLSEN

TELEKOMMUNIKATION ALS MODERNER STANDORTFAKTOR

Schlagworte wie Datenautobahn, Teleworking, Telebanking oder Online-Dienste stehen für eine neue Generation der Telekommunikation, die gerade für ein Flächenland wie Schleswig-Holstein besondere Bedeutung hat. Durch die Vernetzung moderner Telekommunikationstechniken können Standortnachteile in einer marktfernen Region aufgewogen werden — Telekommunikation selbst wird zum Standortfaktor. Der breitgefächerte Einsatz der Informations- und Kommunikationstechniken gibt den Unternehmen so die Möglichkeit, ihre Wettbewerbsfähigkeit im In- und Ausland zu starken. Der schnelle, weltweit mögliche Austausch von Informationen führt zu einem Abbau räumlicher und zeitlicher Beschränkungen, die Produktion von Gütern und Dienstleistungen wird standortunabhängiger. Gerade kleine und mittlere Unternehmen können von den neuen Diensten wie E-Mail, Datentransfer oder Videokonferenzen profitieren. Wirtschaft, Wissenschaft und Forschung können in einem globalen Verbund zusammenarbeiten und so Innovationen und Technologietransfer intensivieren. Die moderne Telekommunikation eignet sich aber auch für die Weiterentwicklung der Zusammenarbeit im gesamten Ostseeraum.

Seit 1993 ist in ganz Schleswig-Holstein die Nutzung des ISDN-Netzes der Deutschen Telekom AG möglich. Seit 1987 wurden Glasfaser-Overlay-Netze ausgebaut. Ihr Ziel ist es, in Telekommunikationsschwerpunkten die Glasfaser in die direkte Nähe von Kunden mit hohem Kommunikationsbedarf zu bringen. Regionale und überregionale Fernlinien werden seit 1983 ausschließlich in Glasfasertechnologie ausgebaut, so daß nahezu in jedem Ort des Landes der Einstieg in diese Technologie möglich ist.

Neben der Deutschen Telekom AG als bislang dominierendem Anbieter von Telekommunikationsleistungen gibt es auch andere Netzdienstleister in Schleswig-Holstein. Die Technologie-Transfer-Zentrale Schleswig-Holstein GmbH betreibt das „Technologie Informationssystem Schleswig-Holstein TISCH" und ermöglicht die Vernetzung der schleswig-holsteinischen Hochschulen auf der Basis des world-wide-web. TISCH ist ein nicht kommerzielles Hochschulinformationssystem, das den Technologietransfer unterstützen soll, und steht weltweit 40 Millionen Nutzern zur Verfügung. Vorgesehen ist darüber hinaus eine parallele Vernetzung von

Buzz words such as information highway, teleworking, telebanking and on-line services stand for a new generation in telecommunications which for a rural region like Schleswig-Holstein is of particular importance. With the networking of modern telecommunication techniques locational drawbacks in a region away from the markets can be balanced out, so that telecommunications itself becomes a locational factor. The diversity of information and communication techniques make it possible for businesses to strengthen their competitive position in Germany and elsewhere. The rapid, worldwide exchange of information means a dismantling of the obstacles created by space and time. The production of goods and services becomes increasingly independent of location, and it is especially the small and medium-sized firms that can profit from E-mail, data transfer and video-conferencing. Business, science and research can work together in a global link-up and thus intensify innovation and technology transfer. Modern telecommunications is also suitable for the extension of cooperation in the whole Baltic Sea region.

It has been possible to use Deutsche Telekom AG's ISDN network in all Schleswig-Holstein since 1993, and glass-fibre overlay networks have been expanded since 1987, the aim being to bring glass-fibres close to customers with large communication requirements. Since 1983 long-distance lines have been laid entirely in glass-fibre technology so that almost every hamlet in the state can benefit.

In addition to Deutsche Telekom as the main provider to date, there are others in Schleswig-Holstein. For example, Technologie-Transfer Zentrale Schleswig-Holstein GmbH operates the Technologie Informationssystem Schleswig-Holstein (TISCH) and makes possible the networking of the state's higher learning institutes on the basis of the worldwide web. TISCH is a non-commercial university and college information system that is meant to support technology transfer and is available to 40 million users worldwide. Also intended is a parallel networking of technology and commercial centres as well as technology-oriented industrial facilities on the basis of a commercial network. There are also local network providers and service firms in the mobile radio sector.

Worldwide communication and access to the large data banks is

TELECOMMUNICATIONS AS MODERN LOCATIONAL FACTOR

Technologie- und Gewerbezentren sowie technologisch orientierten Einrichtungen der Wirtschaft auf der Basis eines kommerziellen Netzes. Daneben treten lokale Netzprovider und Dienstleistungsfirmen im Bereich der Mobilfunknetze auf.

Über das Internet sind auch von Schleswig-Holstein aus eine weltweite Kommunikation und der Zugang zu großen Datenbanken möglich. Die IHK zu Kiel ist seit Anfang 1996 über das Netz der Internationalen Handelskammer IBCC-Net im Internet erreichbar. Auch der Zusammenschluß der 41 Ostseehandelskammern Baltic Sea Chambers of Commerce Association (BCCA) ist im Internet vertreten. Außerdem ermöglichen kommerzielle Online-Services wie T-Online, CompuServe oder das SHnet schnellen Datenaustausch. Über Mailbox-Systeme können weltweit Briefe, Grafiken und Binärdateien versendet werden, die bereits nach kurzer Zeit beim Empfänger eingehen.

Knapp 4000 innovative Unternehmen in Schleswig-Holstein — davon zahlreiche im Bezirk der Industrie- und Handelskammer zu Kiel — sind im Bereich der Informations- und Kommunikationstechniken tätig. Hierzu gehören Hersteller von Mobiltelefonen in Kiel genauso wie eine private Telefongesellschaft und Service-Provider im Bereich des Mobilfunks in Elmshorn, ein Unternehmen des Telefonbanking mit rund 100 Mitarbeitern in Quickborn oder ein Hersteller von Telefonkarten und Chip Cards in Flintbek bei Kiel. Das erste von bundesweit fünf Strategischen Computerzentren der Deutschen Telekom AG wurde im November 1995 in Kiel eröffnet.

Insgesamt sind die Chancen zur Schaffung zukunftsorientierter Arbeitsplätze in diesem Technologiebereich gut, zumal sich die Bedeutung des Dienstleistungssektors in der schleswig-holsteinischen Wirtschaft durch den sich weltweit vollziehenden Übergang zur Informationsgesellschaft noch erhöhen wird.

also possible from Schleswig-Holstein by way of the Internet. Since early 1966 the Kiel Chamber of Industry and Commerce can be reached on the Internet by way of the network of the international chambers of commerce (IBCC). Also the 41 members of the Baltic Sea Chambers of Commerce Association (BCCA) are represented, and rapid data exchange is also possible with commercial on-line services such as T-Online, CompuServe and SHnet. Letters, graphics and binary files can be sent worldwide within a very short time by way of mailbox systems.

Almost 4,000 innovative firms in Schleswig-Holstein are active in the information and communications sector. They include makers of mobile phones in Kiel, a private phone company and service provider in the mobile radio sector in Elmshorn, a company in telephone banking with about 100 employees in Quickborn and a maker of telephone and chip cards in Flintbek near Kiel. The first of five strategic computer centres in Germany operated by Deutsche Telekom was started up in Kiel in November 1995.

The prospects for creating future-oriented jobs in this sector are good, especially since the importance of the service sector in the Schleswig-Holstein economy will grow with the international transition to the information society.

▦ *Kiel, Kronshagener Weg, die beste Adresse für Telekommunikation in Schleswig-Holstein: Deutsche Telekom AG, Niederlassung Kiel, der Partner für weltweite Verbindungen.*

▦ *Kronshagener Weg in Kiel, the prime address for telecommunications in Schleswig-Holstein: Deutsche Telekom AG, Kiel branch, your partner for worldwide link-ups.*

■ Die Datenzentrale Schleswig-Holstein, einer der größten Dienstleister Norddeutschlands im Bereich der Informations- und Kommunikationstechnik, bietet den öffentlichen Verwaltungen bundesweit Problemlösungen aus einer Hand an.

■ Schleswig-Holstein's data centre, one of North Germany's largest providers of services in information and communication technology, offers local government and public agencies throughout Germany a solution to their problems from a single source.

■ Die Hagenuk Telecom GmbH, Kiel, hat sich zu einem erfolgreichen High-Tech-Unternehmen im Bereich modernster Kommunikationstechnik entwickelt. Die Telefone aus der Kieler Ideenschmiede entsprechen dem neuesten Stand von Technik und Design.

■ Hagenuk Telecom GmbH, is today a successful high-tech company dealing in the most modern communications technology. The telephones from the Kiel "ideas forge" are the state of the art in technology and design.

■ Harmonisch vereint: Das Foyer der Industrie- und Handelskammer zu Kiel in langjähriger treuer Zusammenarbeit mit Bosch Telecom GmbH und dem Ziel, innovative, moderne Technik seinen Mitgliedern praktisch zu demonstrieren.

■ United in harmony: the foyer of the Kiel Chamber of Industry and Commerce is the result of many years of close collaboration with Bosch Telecom GmbH and is intended as a practical demonstration of innovative, modern technology to its members.

GERNOT SCHUMANN

MEDIENSTANDORT SCHLESWIG-HOLSTEIN

Neue Technologien sowie der Wunsch der Menschen nach mehr Information, Unterhaltung und Kommunikation haben nicht nur bei traditionellen Sektoren der Medienwirtschaft wie den Printmedien für Aufwind gesorgt, sondern vor allem bei den audiovisuellen Medien neue und verschiedenartige Aktivitäten mit hohem Wachstumspotential entstehen lassen. Vor allem die Einführung des privaten Rundfunks vor gut zehn Jahren ließ die Medienwirtschaft boomen. Ihre Bedeutung in Schleswig-Holstein entspricht heute dem Bundesdurchschnitt und ihr Anteil am Gesamtumsatz liegt mit 3,2 Prozent sogar darüber. Mit rund 20 000 Arbeitsplätzen stellt sie heute 2,4 Prozent aller sozialversicherungspflichtig Beschäftigten in Schleswig-Holstein.

Die Printmedien sind der bedeutendste Sektor der Medienwirtschaft in Schleswig-Holstein, das Standort von zwei der größten Tiefdruckereien Europas sowie der zweitgrößten deutschen Buchdruckerei ist. Mit über 13 000 Beschäftigten sind im Druckbereich mehr Arbeitnehmer tätig als in vergleichbaren Betrieben in Hamburg. Zweitwichtigste Sparte des Sektors sind die Zeitungsverlage mit über 2000 Beschäftigten.

Die Werbewirtschaft hat nach kontinuierlicher Umsatzsteigerung inzwischen den Bundesdurchschnitt erreicht und ist mit ebenfalls über 2000 Beschäftigten ein wichtiger Faktor. Sie erbringen ihre kreativen Leistungen vorwiegend in kleinen Unternehmen. Allerdings vertreibt auch die größte deutsche Produktionsfirma für TV-, Film- und Funkwerbung ihre Spots bundes- und europaweit von Schleswig-Holstein aus. Daneben etablierte sich im Land ein innovatives, auf die Produktion und Vermittlung von Radiowerbung spezialisiertes Unternehmen, das heute mit Sendern überall in Deutschland zusammenarbeitet.

Im audiovisuellen Bereich gehen die wirtschaftlichen Impulse in erster Linie von den Hörfunk- und Fernsehsendern aus. Neben NDR und ZDF, die vor Ort mit einem Landesfunkhaus bzw. einem

New technologies and people's wish for more information, entertainment and communication have given a boost not only to traditional sectors such as the print media, but also in the audiovisual with new activities having high growth potential. A powerful push was given with the introduction of private radio a good ten years ago. Its importance in Schleswig-Holstein is about average for Germany as a whole, and its share of total turnover is even above that with 3.2 percent. With about 20,000 jobs it accounts today for 2.4 percent of all employees liable to social security contribution in Schleswig-Holstein.

Print is the most important media sector in Schleswig-Holstein, it having two of the largest photogravure plants in Europe as well as Germany's second largest letterpress printer. With more than 13,000 employees there are more people employed in the print sector than in Hamburg. The second most important division in the sector is newspaper publishing with more than 2,000 employees.

Following a steady increase in turnover, the advertising industry has now reached the German average and also with more than 2,000 employees is likewise an important factor. They produce their creative work mostly in small firms. But also the largest German producer for TV, film and radio advertising creates its spots for Germany and Europe in Schleswig-Holstein. Also established there is an innovative firm specializing in the production and arranging of radio advertising and today cooperating with stations everywhere in Germany.

In the audiovisual sector the impetus proceeds mainly from the radio and television stations. In addition to the NDR and ZDF, both locally present with a state broadcasting house and studio and transmitting three TV and five radio programmes, there have for years been private radio and TV organizers whose concept in their market segment has been trend-setting for Germany as a whole. Mention may be made of RADIO SCHLESWIG-HOLSTEIN

SCHLESWIG-HOLSTEIN IS AN INTERESTING MEDIA LOCATION

Landesstudio präsent sind und drei Fernseh- und fünf Hörfunk-programme ausstrahlen, sind seit Jahren private Radio- und TV-Veranstalter auf Sendung, deren Konzeption in ihrem Marktsegment bundesweit richtungweisend ist. Zu nennen ist RADIO SCHLESWIG-HOLSTEIN (RSH), der erste landesweite private Hörfunksender in Deutschland. Bei den Einkaufsradios liegt in Deutschland RADIO P.O.S. aus Kiel an der Spitze. Hinzu kommen im Hörfunk DELTA RADIO, NORA und demnächst eine vierte UKW-Hörfunkkette. Auch die großen privaten Fernsehveranstalter operieren in Schleswig-Holstein, wodurch, wie im Hörfunkbereich, neue studio- und sendetechnische Fazilitäten entstanden sind. RTL und SAT 1 produzieren dort werktäglich je ein Landesprogramm sowie Beiträge für das Deutschlandprogramm. PRO SIEBEN unterhält für die Berichterstattung aus dem Norden bei Kiel ein Korrespondentenbüro und kooperiert mit einem einheimischen Produktionsunternehmen. Es ist damit zu rechnen, daß demnächst noch ein weiterer bundesweiter Fernsehveranstalter in Schleswig-Holstein tätig sein wird.

Die Hörfunk- und TV-Aktivitäten führten über die Jahre zum Entstehen leistungsfähiger mittelständischer TV- und Audio-Produktionsstrukturen, die zu attraktiven Bedingungen hochwertige Arbeit auch an Auftraggeber außerhalb des Landes abliefern. Dies gilt auch für die peripher dazu tätigen Unternehmen, für Werbung, Marketing, Entwicklung und Technik.

Eine von NDR und ULR gemeinsam errichtete Förderungsgesellschaft, die MSH in Lübeck, unterstützt die Herstellung audiovisueller Werke im Lande mit nennenswerten Beträgen. Mit finanzieller Förderung durch die schleswig-holsteinische Landesmedienanstalt ULR wurde die technische Infrastruktur zur terrestrischen Rundfunkversorgung des Landes auf- und ausgebaut. Sie ist ein solides Fundament für die Einführung des digitalen Rundfunks, der neue medienwirtschaftliche Entwicklungschancen für das Land eröffnet. Chancen ergeben sich auch aus dem Zusammenwachsen der Länder rund um die Ostsee (TELEVISION BALTICA) und den vorhandenen EU-Förderungsmöglichkeiten für medienwirtschaftliche Aktivitäten in diesem Raum. Mit niedrigen Gewerbemieten und Grundstückspreisen, produzierenden, dienstleistenden und kreativen audiovisuellen Unternehmen in unmittelbarer Nähe zum Ballungsraum und zur Medienmetropole Hamburg kann sich Schleswig-Holstein als attraktiver Medienstandort hören und sehen lassen.

(RSH), the first state-wide private radio station in Germany. In the case of advertising radio, RADIO P.O.S. in Kiel is the leader in Germany. In addition thereto are DELTA RADIO, NORA and very soon a fourth VHF radio chain. The large private TV providers also operate in Schleswig-Holstein whereby, as in the radio sector, new studio and broadcasting facilities have resulted. There on weekdays RTL and SAT 1 each produce a state-own programme as well as contributions for Deutschland radio. For reporting from the North, PRO SIEBEN has a correspondent office near Kiel and cooperates with a local production company. It is expected that a further Germany-wide TV producer will shortly start activities in Schleswig-Holstein.

Over the years, the radio and TV activities have resulted in TV and audio production structures which deliver high-quality work at attractive conditions also to clients outside Schleswig-Holstein. That also applies to the peripherally active firms, for advertising, marketing, development and technology.

A promotional company set up jointly by NDR and ULR, the MSH in Lübeck, supports the production of audiovisual works in Schleswig-Holstein with substantial funds. With financial assistance by way of the state media institute ULR, the technical infrastructure for terrestrial radio services in the state has been built up and improved. It is a firm foundation for the introduction of digital radio, which will open up new development chances for the media in Schleswig-Holstein. Opportunities also arise from a growing together of the countries around the Baltic Sea (TELEVISION BALTICA) and the existing EU promotional possibilities for media activities in this area. With low rentals and real-estate prices, productive, service-providing and creative audiovisual firms close to the media metropolis of Hamburg, Schleswig-Holstein can be regarded as an increasingly attractive media location.

■ Die Produktion der „Kieler Nachrichten" läuft, der Drucker prüft die Qualität der ersten Exemplare.

■ Production in progress at the "Kieler Nachrichten", with the printer checking the quality of the first copies.

152

Die A. Beig Druckerei und Verlag GmbH & Co verlegt das Pinneberger, Quickborner, Schenefelder und Wedel-Schulauer Tageblatt, die tip-Wochenblätter sowie örtliche Telefonbücher. Neben den eigenen Objekten werden u. a. auch die taz, die Elmshorner und die Uetersener Nachrichten in dem traditionsreichen Druck- und Verlagshaus gedruckt.

A. Beig Druckerei und Verlag GmbH & Co publishes local newspapers as the Pinneberger, Quickborner, Schenefelder and Wedel-Schulauer Tageblatt, weekly papers and also telephone books. In addition to own publications the traditional company also prints a variety of commercial items as for example the taz.

■ Zentraler Produktionsstandort von Linotype-Hell AG in der Bundesrepublik Deutschland ist Kiel. Hier werden in erster Linie hochwertige Scanner, Belichter, Farbworkstations und Computer-to-Plate-Systeme hergestellt.

■ Linotype-Hell AG's central production location in Germany is Kiel, where primarily high-quality scanners, exposers, colour-work stations and computer-to-plate systems are produced.

DR. JÜRGEN MIETHKE

BANKEN UND SPARKASSEN –
PARTNER DER WIRTSCHAFT

Bis zum Ende des 18. Jahrhunderts gab es in Schleswig-Holstein keine Kreditinstitute. Geldgeschäfte und Zinszahlungen wurden beim Kieler Umschlag oder über Hamburger Banken abgewickelt. Die Wirtschaft in dem weitgehend ländlich strukturierten Raum verlangte noch nicht nach Banken und Sparkassen als Partner.

Das älteste Institut im Land — die Sparkasse Kiel — feiert 1996 sein zweihundertjähriges Jubiläum. Ende 1994 umfaßte die Bankenlandschaft 125 Institute mit 1523 Zweigstellen. Davon entfielen auf die Kreditbanken 4 Hauptsitze und 268 Zweigstellen, auf die Sparkassen 31 Institute und 572 Zweigstellen sowie auf die Genossenschaftsbanken 86 Institute und 529 Zweigstellen.

Banken und Sparkassen legten zusammen 118,6 Milliarden DM aus, wovon 14 Prozent auf die Kreditbanken, 59 Prozent auf den Sparkassen- und 10 Prozent auf den Genossenschaftssektor entfielen. Vom Kreditvolumen wurden 51,5 Milliarden DM bzw. 43 Prozent Unternehmen und Selbständigen zur Verfügung gestellt. Diese Ausleihungen sind einer von vielen Belegen für die Partnerschaft von Banken und Sparkassen sowie der Wirtschaft in Schleswig-Holstein.

Das Land zwischen den Meeren hat traditionell eine Brückenfunktion zwischen Westeuropa und Skandinavien. Seit Beseitigung des „Eisernen Vorhanges" ist es zugleich das Tor zu einem vergrößerten Ostseeraum mit neuen dynamischen Märkten, auf denen die mittelständische Wirtschaft Schleswig-Holsteins ihre Chancen nutzen will. Dabei wird vielfach die kompetente Begleitung der heimischen Kreditwirtschaft erwartet. Neue Stützpunkte von Kopenhagen bis ins Baltikum markieren einen speziell schleswig-holsteinischen Aspekt im generellen Wandel in der Bankenlandschaft. Veränderungen im Kundenverhalten, erhöhte Anforderungen an die Kreditwirtschaft, neue Wettbewerbsstrukturen und ein verschärfter Kostendruck sind die wesentlichen Faktoren, die diesen Wandel vorantreiben. Weltweit sind die Kapitalmärkte heute schon durch elektronische Medien verbunden. Kreditinstitute aus Schles-

Fortsetzung Seite 160

Until the end of the 18th century Schleswig-Holstein had no credit institutions of its own. Financial transactions and interest payments were carried out at the annual "Kiel Umschlag" fair or through banks in Hamburg. The economy of the largely rural region had no need for banks as partners.

The oldest institution in Schleswig-Holstein, the Kiel Savings Bank, will be celebrating its 200th anniversary in 1996. At the end of 1994 the banking scene consisted of 125 institutions with a total of 1,523 branches. The credit banks boasted four head offices and 268 branches, the savings banks 31 institutions with 572 branches and the credit cooperatives 86 institutions with 529 branches.

A total of 118.6 thousand million DM was loaned by all the banking institutions together — 14 percent by the lending banks, 59 percent by the savings banks and 10 percent by the credit cooperatives; 43 percent of the volume of credit — 51.5 thousand million DM — was lent to companies and self-employed persons. These loans are one of the many examples of partnership between banks and economy in Schleswig-Holstein.

The "land between two seas" traditionally functions as a bridge between western Europe and Scandinavia. Now that the Iron Curtain is a thing of the past it has also become the gateway to a wider Baltic Sea region with dynamic new markets in which Schleswig-Holstein's mainly small and medium-sized companies see and use their opportunities. In doing so they often expect the competent assistance of their local banks. New bases from Copenhagen to the Baltic States are Schleswig-Holstein's characteristic mark of the general change in the banking industry. Shifts in customer behaviour, increased demands on the banking industry, competition from different sources and the growing pressure of costs are the main drivers of this change. Today the world's capital markets are interlinked by electronic media. Banks in Schleswig-Holstein are aiming for the Triple A of the rating agencies in order to secure better international refinancing rates.

It is only three decades since the "explosion" in the network of

Continued on page 160

BANKS AS PARTNERS
IN THE ECONOMY

■ In diesem schönen Gebäude der Deutschen Bank AG, Filiale Kiel, verbinden sich Tradition und Fortschritt. Das Team von Fachleuten sichert mit Servicequalität und Fachkompetenz eine hohe Kundenzufriedenheit.

■ Tradition and progress are combined in this attractive building occupied by the Kiel branch of Deutsche Bank AG. With a high standard of service and banking competence, the team of experts there ensures fullest customer satisfaction.

Hauptsitz der Landesbank
Schleswig-Holstein im Kieler
Stadtzentrum

The headquarters of Landesbank
Schleswig-Holstein in Kiel's city
centre

■ Die Förderung der heimischen
Wirtschaft ist eine der wichtigsten
Aufgaben der zur Landesbank
gehörenden Investitionsbank Schleswig-Holstein, dem zentralen Förder
institut des Landes.
Mit Sitz in Kiel und Beratungszen-
tren in Flensburg, Itzehoe, Lübeck
und Norderstedt informiert die Investitionsbank kompetent über Förder-
möglichkeiten des Landes, des Bundes
und der EU.

■ Promoting the local economy is
one of the main concerns of the Investitionsbank Schleswig-Holstein. It
belongs to Landesbank and is the
state's central institute for adminis-
tering promotion programmes.
With headquarters in Kiel and advisory offices in Flensburg, Itzehoe,
Lübeck and Norderstedt, the Investitionsbank Schleswig-Holstein gives
sound information on promotion programmes offered by the state, the central government and the EU.

Ihre Firmenkundenbetreuer im IHK-Bereich Kiel — kompetent und kreativ. Sie vermitteln Ihrem Unternehmen die weltweiten Verbindungen der Dresdner Bank AG im Ostseeraum bis nach Fernost, im traditionellen Geschäft bis zum Investmentbanking.

Competence and creativity are the attributes of the corporate-customer advisers within the boundaries of the Chamber of Industry and Commerce in Kiel. They make available to your firm the worldwide connections of Dresdner Bank AG ranging from the Baltic region to the Far East, from corporate finance to investmentbanking.

■ Die Commerzbank Kiel — ge-
schäftspolitisch auf die Struktur der
Region Schleswig-Holstein ausgerichtet — bietet mit ihren 26 angeschlossenen Filialen alle Dienstleistungen
einer international tätigen Universal-
bank an.

■ With its 26 branches, Commerzbank Kiel, following a business policy
oriented on the economic structure of
Schleswig-Holstein, offers every service expected of a globally-active universal bank.

wig-Holstein bemühen sich um das Triple-A von Rating-Agenturen, um sich international günstiger refinanzieren zu können.

Es ist erst drei Jahrzehnte her, daß eine „Explosion" der Geschäftsstellennetze erfolgte. Aber Kundennähe um jeden Preis ist nicht mehr bezahlbar, und es gibt neue Kommunikationsmittel, die die persönlichen Kundenkontakte nicht ersetzen, aber ergänzen können.

Im Kreditgeschäft erzielen Banken und Sparkassen zwar noch ansehnliche Zuwachsraten. Zugleich übernehmen sie aber deutlich steigende Risiken. Das zeigt sich in Zeiten schwacher Konjunktur, insbesondere bei den regional verwurzelten Instituten, die auch dann für die schleswig-holsteinische Wirtschaft zur Verfügung stehen. Höhere Risiken sind auch im Privatkundengeschäft zu beobachten. Hinzu kommt das Auseinanderdriften von tendenziell kürzerfristigen Geldanlagen der Kunden bei längeren Zinsbindungsfristen im Kreditgeschäft. Daraus ergibt sich eine neue Dimension des Zinsänderungsrisikos.

Interessante Teile des Kreditgeschäfts sind in den letzten zwei Jahrzehnten weggebrochen. Dazu zählt im Privatkundengeschäft die Konsumfinanzierung, die früher auskömmliche Margen bot. Dieses Geschäft übernehmen heute vielfach der Handel und die Spezialinstitute der Hersteller langlebiger Wirtschaftsgüter (Auto-, Versandhausbanken u. ä.). Der Übergang zu neuen technischen Vertriebsmedien (Telefon, PC) brachte dem Handel wichtige Vorteile, während Banken und Sparkassen die hohen Kosten ihrer stationären Netze nicht mehr auf die einzelnen Geschäfte überwälzen konnten. Deshalb ist die Kreditwirtschaft auf Produktivitätssteigerungen und Kostensenkungen angewiesen.

Die Abwehrstrategie gegen das Eindringen der Wettbewerber in die eigenen Kundenkreise ist das Allfinanzangebot, das von allen Gruppen des Kreditgewerbes praktiziert wird. Wer seinen Kunden alle Leistungen des Kreditgewerbes sowie Versicherungsleistungen in guter Qualität zu günstigen Preisen anbieten kann, der sichert sein Kundenpotential, steigert sein Absatz- und Vermittlungsergebnis und hat die besten Zukunftsperspektiven als Partner der Wirtschaft.

branches. But the price of closeness to the customer can scarcely be afforded nowadays, and there are new forms of communication that do not replace personal contact but at least serve to complement it.

The banks are still achieving good growth rates in the lending business, but the risks they have to take are increasing noticeably as well. This becomes evident in times of recession, especially in the case of the regionally based institutions that are ready to help Schleswig-Holstein's industry even then. The risks are also increasing in the personal banking sector. A further problem is the widening of the gap between investments on the part of customers, that tend to be shorter-term, and longer fixed-interest periods in the lending business. This results in a new dimension of the interest rate risk.

Interesting sectors of the lending business have fallen away in the last two decades. They include consumer loans in the personal banking sector that used to offer reasonably good margins. This business has largely been taken over by the trade and the special credit facilities of manufacturers of long-lived commodities (automobile industry, mail order firms etc.). The advent of new technical distribution media (telephone, PC) has brought the trade important benefits, whereas the banks have not been able to pass on the high cost of their stationary networks to their individual transactions. This makes increased productivity and cost cutting essential in the banking industry.

The banks' defence against penetration of their own circle of customers by competitors is the all-inclusive system of financial services practised by every group in the banking industry. Institutions that can offer their customers a full range of banking services and insurance as well, in good quality and at reasonable prices, are in a position to hold their clients and increase their revenue from sales and brokerage. They also have the best prospects of remaining partners of economy in the future.

■ In der Kieler Niederlassung der Vereins- und Westbank, Holstenbrücke, findet regelmäßig monatlich die Veranstaltungsreihe „Jugend kulturell" statt. Junge Talente erhalten hier die Chance, ihre Darbietungen in den 1990 umgebauten und modernisierten Räumen einer breiten Öffentlichkeit zu präsentieren. In über 80 Veranstaltungen erlebten bisher mehr als 7000 Besucher, wie bei „Jugend kulturell" die Bank zur Bühne und die Kasse zur Kulisse wurde.

■ A series of events entitled "Youth Cultural" is held regularly at monthly intervals in the Kiel branch of Vereins- und Westbank at Holstenbrücke. Young talent have the opportunity here of presenting themselves to a wide public in the premises rebuilt and modernized in 1990. In more than 80 events so far upward of 7,000 visitors have witnessed during "Youth Cultural" how the bank became the stage and the teller's counter the scenery.

■ Zum 200jährigen Jubiläum der
Sparkasse Kiel präsentiert sich die
neue Kundenhalle am Lorentzendamm markant und transparent
hinter historischer Fassade.

■ Marking the 200th anniversary
of Kiel Savings Bank, the new customer hall at Lorentzendamm is of
striking appearance and transparent
behind the historical façade.

▨ Die Landes-Bausparkasse ist die einzige Bausparkasse mit Sitz in Schleswig-Holstein und gleichzeitig Marktführer. Mehr als 300 000 Kunden mit 10,5 Milliarden DM Bausparsumme werden hier betreut.

▨ The building society LBS is the only one with seat in Schleswig-Holstein. It is also a market leader, attending to more than 300,000 customers and having an aggregate sum of 10.5 billion DM of saving contracts.

Mitten im Zentrum von Kiel hat
die Schleswig-Holsteinische Landschaft Hypothekenbank Aktiengesellschaft ihren Firmensitz. Seit über
hundert Jahren ist sie als Hypothekenbank auf dem Gebiet der Finanzierung zu Hause. Mit dieser Erfahrung kann sie ihre Kunden umfassend beraten, unabhängig davon, ob
es sich um Immobilienkredite, landwirtschaftliche Finanzierungen oder
Kommunalkredite handelt.

Located in the centre of Kiel is
the Schleswig-Holsteinische Landschaft Hypothekenbank Aktiengesellschaft, which for more than a hundred years has been a mortgage land
bank in the financing sector. With
this experience it can give its customers comprehensive advice irrespec-
tive of whether it concerns real-estate
credit, agricultural financing or advances to local authorities.

Die Hauptstelle der Kieler Volksbank eG. Das markante Gebäude am Europaplatz wurde 1983 mit dem Preis des Bundes Deutscher Architekten ausgezeichnet. Hier und in den rund um die Kieler Förde gelegenen Geschäftsstellen des genossenschaftlichen Kreditinstitutes werden Bankkunden in allen Geldangelegenheiten kompetent beraten.

The head office of Kieler Volksbank eG. This striking building on Europaplatz was awarded the German Architects' Prize in 1983. Here and in the branches of the cooperative credit institute around the Kieler Förde, bank customers can receive advice in all financial matters.

KLAUS R. USCHKOREIT

VERSICHERUNGEN – DIENSTLEISTUNGEN FÜR UNTERNEHMEN

Die wesentlichen Leistungsmerkmale eines Versicherungsunternehmens sind fundierte Beratungen zum Risikomanagement, zügige individuell angepaßte Deckung zum günstigen Preis sowie Unterstützung bei der Risikovorsorge und im Schadenfall schnelle, unbürokratische Betreuung und Vergütung. Diese Aussage spiegelt ein Problem wider, das zeitlos viele Menschen beschäftigt. Sicherheit wird im privaten oder beruflichen Leben und in allen Bereichen unserer modernen Industrie- und Dienstleistungsgesellschaft hinterfragt. Dabei ist das bloße Überwälzen eines Sicherheitsrisikos auf einen Versicherer heutzutage nicht mehr zeitgemäß.

Die Zeiten, vor etwas mehr als 450 Jahren, als die ersten Brandkassen im Land zwischen Nord- und Ostsee entstanden, in denen sich Menschen gemeinsam vor den Folgen von Feuer, Sturm und anderer Unbill schützen wollten, sind längst vorbei. Nur noch für Historiker ist es interessant, daß die Wiege der Versicherungswirtschaft im IHK-Bezirk Kiel, genauer in der Nähe von Itzehoe hinter den Elbdeichen liegt. Die damals versprochenen „Hand- und Spanndienste" beim Wiederaufbau nach Bränden waren gegenseitig vereinbarte geldwerte Not-Hilfen. Die früheren Schutzgemeinschaften haben sich heute zu modernen Versicherungsunternehmen entwickelt, deren Dienstleistungsvielfalt für den privaten Verbraucher, aber auch für Unternehmen kaum noch zu überschauen ist.

Standardprodukte haben durchaus noch heute ihren Sinn, insbesondere für das Mengengeschäft. Aber auch hier ist der Anspruch nicht nur der Menschen im Norden auf guten Service, individuelle Betreuung und Beratung gestiegen. In Zeiten der Rentendiskussion und des knappen Geldes wird privat viel in die eigene Altersvorsorge investiert, weniger in die Erhaltung und Sicherung von Hab und Gut. Anders in der Wirtschaft: Ein Unternehmen muß sich immer wieder die Frage stellen, welche Gefahren mit Anlagen, Verfahren und Produkten verbunden sind und wie sie reduziert oder vermieden werden können. Die Versicherer mit ihren Erfahrungen in der Schadenverhütung und beim Bewerten von Risiken stehen hier den privaten und gewerblichen Versicherungsnehmern als Partner zur Seite. Das Bewußtsein über den Wert und die Notwendigkeit einer solchen Sicherheitspartnerschaft wird insbe-

The essential performance features of an insurance company are sound advice on risk management, swift individually adapted cover at a favourable price as well as assistance in the field of risk prevention and, in the event of loss, rapid, unbureaucratic service and indemnification. This statement reflects a problem which concerns a great many individuals at all times. Security is asked for in private or professional life and in all domains of our modern industrial and service society. The mere shift of a security risk to an insurer is nowadays no longer in tune with the times.

The times — a little more than 450 years ago — are long past when the first fire insurance funds were established in the area between the North and Baltic sea from which people sought mutual protection against the consequences of fire, storm and other inclemencies. Only from the historian's point of view will it be interesting to know that the cradle of the insurance industry is located in the district of the Chamber of Industry and Commerce of Kiel, more precisely in the environs of Itzehoe behind the embankment of the river Elbe. The "arriage and carriage" pledged at that time during reconstruction following damage by fire was mutually agreed emergency relief of monetary value. The earlier protection communities have nowadays developed into modern insurance enterprises whose variety of services for the benefit of the private consumer, but also that of enterprises is almost unlimited.

Standard products do by all means still make sense today, in particular with regard to business in terms of volume. In this respect likewise, however, the standards of people not only in the North entitling them to good service, individual attention and counselling have risen. In times of old-age pensions under discussion and of money shortage, a great deal of money is being invested privately in individual old-age provisions, less in the maintenance and protection of goods and chattels. In economy, this is different: an enterprise is permanent obliged to research into dangers connected with plants, procedures and products and how they may be minimized or avoided. The insurers with their experiences in the field of loss prevention and risk assessment here offer their partnership to private and industrial insurance holders. The awareness of the value and necessity of such a protective partnership is especially obvious

INSURANCES – SERVICES FOR ENTERPRISES

sondere in Schleswig-Holstein mit seiner weißen Industrie und den damit verbundenen ökologischen Risiken deutlich. Die Branche, die sich hier aus den Gilden, der Itzehoer Versicherung und vielen anderen bundesweit agierenden Wettbewerbern und dem Marktführer Provinzial Versicherungen zusammensetzt, ist mit Land und Leuten eng verbunden. Die Besonderheiten des Landes zwischen den Meeren zeigen sich auf der Schadenseite. Stürme, Fluten, Frost und Kälte bestimmen die Entwicklung eines ganzen Versicherungszweiges.

Die Forderung der Wirtschaft sowie der Menschen nach gutem Service, guter Beratung und ausreichendem Versicherungsschutz besteht natürlich auch im Norden. Dazu bedarf es gut ausgebildeter Versicherungsfachleute. Nicht nur in den letzten Jahren wurde viel in die Aus- und Fortbildung investiert. Gerade weil Versicherungen eine erklärungsbedürftige Dienstleistung sind, müssen alle Unternehmen vor allem im Vertrieb qualifizierte Mitarbeiter haben. Auch die EDV-Technik der Dienstleistungsunternehmen hat mit den modernsten Anforderungen Schritt gehalten. Nur so kann das komplizierte Fachwissen schnell, einfach und verständlich vermittelt werden. Moderne Kommunikationsstrukturen lassen die norddeutschen Versicherer flexibel auf sich ändernde Marktgegebenheiten — wie die Öffnung des europäischen Binnenmarktes — reagieren.

So wird es künftig verstärkt erforderlich sein, bei Fragen der Unternehmen zum Thema Sicherheit mit Sachkompetenz beratend zur Seite zu stehen. Die Versicherungsunternehmen müssen in der Lage sein, schon zum Zeitpunkt der Risikoeinschätzung als kompetenter Partner anerkannt zu sein. Das setzt neben der Kenntnis aller risikorelevanten Gesetze eine geschulte Mannschaft mit einer erfahrenen Risikoeinschätzung voraus. Damit werden die Versicherungen als Dienstleister das Vertrauen der Unternehmen langfristig gewinnen und erhalten. Letztendlich wird sich bei einem gemeinsamen Interesse an der Optimierung ihrer Risikopartnerschaft auch für jeden Partner eine positive Rendite ergeben. So bieten Versicherungen nicht nur Dienstleistungen für Unternehmen, sondern sind auch ihre unverzichtbaren Partner.

in the state of Schleswig-Holstein with its white industry and the ecological risks related to it. The trade consisting in this state of the guilds, the insurance of Itzehoe and many other competitors doing business throughout the Federal Republic of Germany as well as market leader Provinzial Versicherungen, is closely connected to the land and the people. The characteristic features of the country between the seas are revealed on the damage side: storms and tempests, floodings, frost and coldness determine the development of an entire insurance branch.

The demands of enterprises and also of individuals, in the field of good service, excellent counselling and sufficient coverage are invariably also put forward in the North. This requires well trained insurance experts. During the past years and in the present, a great deal has been invested into training and further education. In particular owing to the fact that insurances are a service requiring explanation all enterprises need to employ qualified collaborators in particular in the sales department. Moreover, the data processing equipment of the service companies is up to the latest standards. This is the only way to convey the complex technical knowledge in a rapid, simple and comprehensive way. Modern communication structures require a flexible response from the North-German insurance companies in view of changing market conditions — such as the opening of the European domestic market.

It will thus be increasingly necessary to give advisory support to enterprises in the case of issues regarding security. This implies, in addition to the knowledge of all the legislation pertaining to risks, a good team experienced in risk assessment. It will permit insurers to gain and maintain the companies' confidence in the long run. A mutual interest in the improvement of their partnership in risk will ultimately result in a fair return for both partners. Therefore insurances do not only offer services to companies, but are also indisputably their partners.

MICHAEL ZEINERT

ZENTREN DES HANDELS —
DER GROSS- UND EINZELHANDEL

■ Die Schlagzeilen zum Thema „Strukturwandel" gehören vielfach der Industrie. Dies ist für den Handel überraschend, aber nicht neu. Denn in dieser überwiegend klein- und mittelständisch strukturierten Branche finden Betriebsschließungen, Neugründungen oder Vergrößerungen wesentlich weniger Aufmerksamkeit als in den Bereichen der Volkswirtschaft, in denen im Einzelfall Hunderte oder Tausende von Arbeitsplätzen betroffen sind. Tatsächlich aber haben der Einzelhandel, der Großhandel und die Handelsvermittlung einen überproportionalen Beitrag zum notwendigen Strukturwandel der Wirtschaft im Kammerbezirk Kiel geleistet.

Von 1985 bis 1993 stieg die Zahl der Handelsunternehmen im Kammerbezirk um 3,1 Prozent auf 8224. Diese Betriebe verzeichneten mit 61,5 Prozent im gleichen Zeitraum einen bemerkenswerten Beschäftigtenanstieg auf 102 526. Bei einer nominalen Umsatzsteigerung von 89 Prozent auf gut 41 Milliarden DM wurde die Produktivität der einzelnen Unternehmen und Beschäftigten verbessert. In allen drei Teilbereichen des Handels war ein deutlich stärkeres Wachstum bei der Beschäftigung und beim Umsatz zu verzeichnen als im Landesdurchschnitt. Dabei entwickelte sich der Großhandel am dynamischsten; innerhalb der Regionen wies der Kreis Pinneberg, der von seiner Nähe zur Metropole Hamburg profitieren konnte, die größten Wachstumsraten auf.

Zum Verständnis des Strukturwandels im Handel, insbesondere im Einzelhandel als Seismograph für die gesamte Branche, gehört neben diesen Zahlen auch die Analyse der Hintergründe und Zukunftsperspektiven. So ist der Einzelhandel einem permanenten Wandel des Einkaufsverhaltens und der Wünsche der Konsumenten ausgesetzt. Hier gilt es immer wieder, neue Antworten zu finden. Der aktuelle Trend „vom Versorgungs- zum Erlebniskauf" kann schon morgen ganz anders heißen. Das Unstete ist zum einzig Berechenbaren im Handel geworden. Hinzu kommt der Wettbewerb der Anbieter in den traditionellen Zentren mit den Konkurrenten an der Peripherie. Lange Zeit wurde an allen betroffenen Standorten im Kammerbezirk in einer Schärfe diskutiert, als gäbe es nur die Alternative zwischen Innenstadt oder Grüner Wiese. Die

■ Headlines on the theme "Structural Change" tend to be about industry. This hardly does justice to the trade sector, but is a familiar situation. Because this sector is represented mainly by small and medium-sized businesses, closures, new starts or expansions attract less attention here than in the economic sectors where changes in one company can affect hundreds or even thousands of jobs. But in fact the retail, wholesale and trade mediation sectors have made a major contribution to vital economic structural change in the Kiel Chamber of Commerce region.

Between 1985 and 1993 the number of trade enterprises in this region rose by 3.1 percent to a total of 8,224. In the same period these businesses booked a remarkable increase in employment of 61.5 percent, rising to 102,526. With a nominal turnover increase of 89 percent to more than DM 41 billion, the productivity of individual companies and workers was improved significantly. In all three trade sub-sectors the growth in employment and turnover was clearly higher than the state average. The wholesale branch showed the most dynamism, while the Pinneberg district demonstrated the highest growth rate, benefitting from its proximity to the metropolis of Hamburg.

If this structural change in trade is to be properly understood, especially in retail with its seismographic function for the entire sector, then one needs to look beyond the figures: an analysis of the background and of the future perspectives is worthwhile. The retail trade is faced with a permanent flux in consumer behaviour and wishes. New answers to these demands must be devised time and again. The current trend, "from supply shopping to shopping as an experience", could be replaced by the next big thing tomorrow. Impermanence has become the only reliable factor in trade. To this must be added the economic struggle between retailers in traditional centres and their competitors at peripheral sites. For a long time debates in the Kiel Chamber of Commerce district were conducted with a fierceness which would make one think the only choice was between city centre and greenfield site. In the meantime, the developments in Raisdorf and Kiel have shown that both are possible. While the Raisdorf-West industrial estate, under the name "Ostsee-

THE HUB OF TRADE —
WHOLESALE AND RETAIL

▦ *Attraktive Einkaufsstraßen
wie hier in Eckernförde laden zum
Bummeln und Verweilen ein.*

▦ *Attractive shopping streets as
here in Eckernförde are an
encouragement to strolling and
having a look around.*

■ Die Zentrale der SPAR Handels-Aktiengesellschaft in Schenefeld bei Hamburg mit Sitz aller wichtigen Gesellschaften der Organisation sowie der SPAR Zentrale Hamburg

■ The head office of SPAR Handels-Aktiengesellschaft in Schenefeld near Hamburg with the headquarters of all the important companies of the organization plus the SPAR Zentrale Hamburg

170

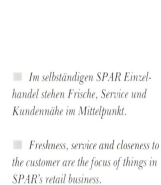

■ Großflächige INTERSPAR SB-Warenhäuser verbinden die führende Lebensmittelkompetenz der SPAR mit einem reichhaltigen Angebot an Non-Food-Artikeln.

■ Spacious INTERSPAR self-service stores link SPAR's competence in food with a large selection of non-food articles.

■ Im selbständigen SPAR Einzelhandel stehen Frische, Service und Kundennähe im Mittelpunkt.

■ Freshness, service and closeness to the customer are the focus of things in SPAR's retail business.

Entwicklung in Raisdorf und Kiel zeigt indes, daß beides geht: Während sich das Gewerbegebiet Raisdorf-West als „Ostseepark" mit 115 000 Quadratmetern Verkaufsfläche zum größten deutschen Einkaufszentrum entwickelt hat, ist die Einkaufszentralität Kiels noch gewachsen. Der Kieler Einzelhandel bindet heute 151 Prozent der Kaufkraft der Bevölkerung des Stadtgebietes. Dies ist auch im bundesweiten Vergleich ein beachtlicher Wert.

Die Versöhnung von Innen- und Außenstadt wird auch in anderen Zentren versucht, beispielsweise in Elmshorn und Neumünster. Sie kann nur gelingen, wenn sich vor allem die City-Händler auf Betreuungsvorteile gegenüber den Kunden konzentrieren und sich noch stärker auf seine Wünsche einstellen. Derart genutzte unternehmerische Spielräume könnten dem Einzelhandel nach Jahren der Flaute eine neue Ära bescheren. Die Politik darf diese Bemühungen, die an vielen Standorten von erheblichen Investitionsanstrengungen begleitet werden, nicht konterkarieren. Vielmehr muß sie die lebendige Innenstadt in den Mittelpunkt ihres Handelns rücken. Die City prägt das Image der gesamten Stadt, und der Einzelhandel ist traditionsgemäß der entscheidende Faktor für die Attraktivität einer Innenstadt. Ohne einen dominierenden Handel wäre der Trend zur handlungslosen Stadt vorprogrammiert. Andererseits sind Waren und Dienstleistungen austauschbar. Deshalb gibt es gerade in diesem Sektor rasche Veränderungen. Hinzu kommt, daß der Einzelhandel aufgrund seiner Flächenstruktur dazu neigt, Multifunktionalität zu verdrängen. Qualität und Vielfalt seines Angebotes wirken aber nur zusammen mit anderen gewerblichen, freiberuflichen oder kulturellen Leistungen.

Auch die Zentren des Handels an der Peripherie haben eigenständiges Profil entwickelt. Sie erfüllen heute Verbraucherwünsche, denen der City-Handel weder vollständig Rechnung tragen kann noch will. Zudem hat sich die Auffassung durchgesetzt, daß der früher geforderte generelle Stop der Ansiedlung von Handelsagglomerationen an der Peripherie weder ordnungspolitisch sinnvoll noch baurechtlich möglich ist. Insofern hat der Handel sowohl in der Innenstadt als auch in der Außenstadt seine Daseinsberechtigung und Zukunftsperspektive.

park" and with 115,000 square metres of retail space, has developed into Germany's biggest shopping centre, Kiel's central retail district has also continued to grow. Kiel's retail trade now attracts 151 percent of the spending power of the municipality's actual population. This is a notable achievement, in national as well as regional terms.

Other centres too are attempting to increase the attractiveness of inner and peripheral areas, for instance in Elmshorn and Neumünster. This can only succeed when retailers, above all those in the city centre, concentrate on the advantages in customer service they can offer and respond even more closely to his/her wishes. Properly utilized, these entrepreneurial opportunities could give the retail trade a new lease of life after years of stagnation. Responsible politicians should not stand in the way of these efforts, which in many locations often require considerable investment. Rather, they should shift the focus of their efforts to the lively inner city. The city centre determines the image of the entire city, and the retail trade is traditionally the decisive factor in a city centre's attractiveness. Without strong trading facilities the trend towards an inert city would be inevitable. On the other hand, goods and services are interchangeable: the reason why this sector is subject to such sudden swings. Furthermore, due to its extensive area utilization the retail trade tends to drive out multi-functionality. The quality and diversity of its supply only function properly in combination with other commercial, professional or cultural services.

The trading centres on the periphery have also developed their own individual profile. They now satisfy consumer needs which city retailers are neither able nor inclined to meet in full. Moreover, it is now generally recognized that the previously recommended total stop to settlement of trade agglomerations on city peripheries is neither sensible in urban planning terms nor compatible with planning and building legislation. As a result, the retail trade has a valuable role and future perspectives both in the centre and at the edges of the city.

173

Die CITTI/GK-Gruppe, mit Stammsitz in der schleswig-holsteinischen Landeshauptstadt Kiel, gliedert sich in vier Unternehmensbereiche. Die Lebensmittelfachmärkte legen besonderen Wert auf Frische und Qualität der Fleischwaren, das sogenannte „Meisterfrisch-Programm". Diese „Frischmärkte" sind Einkaufsstätte für jedermann. Hinzu kommt der Zustellgroßhandel, der mit mehr als 200 Service-LKWs täglich die norddeutsche Gastronomie und Großverbraucher beliefert, die Großküchentechnik, ein kompetenter Partner bei zukunftsorientierter und praxisgerechter Einrichtung von Großküchen und Gastronomie sowie die CITTI-Tankstellen, die preiswerten Qualitätskraftstoff anbieten. Ein weiterer wichtiger Bestandteil des Unternehmens ist der CITTI Sea-Service, der die nationale und internationale Seetouristik und die Bundesmarine beliefert.

CITTI/GK Group, with headquarters in Kiel, divides its activities into four sectors. At the food markets they attach particular importance to the freshness and quality of the meat products, with the so-called "Master Fresh Programme". These "freshness markets" are shopping centres for everyone. Then there is the wholesale delivery service, which with more than 200 service trucks delivers daily to restaurants and large customers in North Germany. Next is the canteen technology division, a reliable partner in the forward-looking and practical equipping of canteens and restaurants. The CITTI service stations offer quality fuel at economical prices. Mention must also be made of CITTI Sea Service, which supplies to German and international sea tour operators and to the Federal Navy.

■ *Das Betriebsgebäude der Vollbrecht + Pohl KG, Rendsburg, mit
dem Eingang für die Abholkund-
schaft. Das Großhandelsunternehmen
für Haustechnik verkauft nur an
Fachfirmen.*

■ *The premises of Vollbrecht +
Pohl KG in Rendsburg with the entrance for the pick-up customers. The
wholesale company dealing in technical equipment for building supplies
only to the trade.*

■ *25 LKW sorgen für die Beliefe-
rung der Kundschaft in Schleswig-
Holstein 2x pro Tag „Just in time".*

■ *Twice a day, some 25 trucks
deliver supplies "just in time" to the
firm's customers in Schleswig-Holstein.*

■ Telefonverkauf
Geschulte Verkäufer, ausgerüstet mit
modernster EDV-Anlage, betreuen
die Kunden.

■ Selling by telephone
Well-trained salespeople, backed up
by the most modern data processing
facilities, look after the needs of the
customers.

■ HTI Nord Handel
GmbH & Co. KG
Fachgroßhandel für Bau- und
Industriebedarf,
Niederlassung Rendsburg
Tiefbau und Industriebedarf gehören
zum Lieferprogramm.

■ HTI Nord Handel
GmbH & Co. KG
Wholesale Specialists for Building
and Industrial Supplies,
Rendsburg Branch
The delivery programme covers con-
struction engineering and building
materials.

■ Die Niederlassung Kiel der
Mercedes-Benz Aktiengesellschaft
steht ihren Kunden mit 22 modernen Vertretungen und Vertragswerkstätten in Kiel und im nördlichen
Schleswig-Holstein bei allen Fragen
rund ums Auto zur Verfügung.

■ With 22 modern dealers and
authorized workshops in Kiel and
northern Schleswig-Holstein,
Mercedes-Benz Aktiengesellschaft's
Kiel branch is at the customer's
disposal in everything to do with
the car.

DIETER HAMANN

ZUKUNFTSORIENTIERTE VERKEHRSWEGE

Seit jeher ist das Vorhandensein zeitgemäßer Verkehrswege Voraussetzung für Wachstum und Wohlstand, nicht nur im ökonomischen Sinn. Der Wohlstand einer Region — auch in geistiger und kultureller Hinsicht — läßt sich nur verbessern und vermehren, wenn neue Mittel und Ideen von außen zufließen. Zukunftsorientierte Verkehrswege müssen folglich auch und in erster Linie offene Wege sein, Wege, die Freiheiten gewähren, Grenzen überwinden, ungehinderte Mobilität für Menschen und Güter gestatten. Materieller und geistiger Reichtum, der über die eigene Region hinausreicht, ist wiederum Voraussetzung für Zufriedenheit unter Menschen und ein friedfertiges Nebeneinander der Völker.

So gesehen steht am Ende dieses Jahrtausends auch die Verkehrsinfrastruktur in Schleswig-Holstein vor großen Herausforderungen. Sie soll und muß nicht nur wachsende Verkehrsvorgänge ermöglichen, sondern Brücken schlagen in einem sich rasch verändernden Europa. Dabei liegt Schleswig-Holstein an wichtigen Schnittstellen zwischen den alten und neuen Bundesländern, zu den skandinavischen Beitrittsländern der EU, zwischen West- und Osteuropa, Rußland und dem Baltikum. In alle Richtungen muß die schleswig-holsteinische Verkehrsinfrastruktur folglich dazu beitragen, Gegensätze abzubauen und den Frieden zu sichern. Faktisch bedeutet das: Die Europäer müssen mehr internationale Arbeitsteilung betreiben, also mehr reisen und mehr Verkehr ermöglichen.

Niemand weiß genau, wie diese Zukunft aussehen wird. Sicher ist aber, daß ein solches Zusammenwachsen in Europa gelingen muß. Und wie immer man sich die Entwicklungen im einzelnen vorstellen mag, sie werden auch neue Belastungen mit sich bringen. Kein Land, kein Transportweg wird davon ausgenommen bleiben. Prognostiziert werden enorme Zuwächse sowohl im Personen- als auch im Güterverkehr, die stärksten — weil am schnellsten realisierbar — auf der Straße. Angepaßt werden müssen aber die Kapazitäten aller Verkehrsträger, denn so wie die Verkehrsinfrastruktur heute beschaffen ist, wird sie die künftigen Anforderungen nicht bewältigen können.

Modern transport routes have always been a requirement for growth and prosperity, and not only in the economic sense. A region's wellbeing, also in the intellectual sense, can only be enhanced when new ideas can flow in from outside. Forward-looking transport routes must therefore be wide open, providing freedom, overcoming borders and permitting unrestricted movement of people and goods. Material and mental riches that reach beyond one's own region are a precondition for satisfaction and peace among peoples.

So at the close of the millennium the transport infrastructure in Schleswig-Holstein faces a major challenge. It must not only be able to handle a growing transport volume, but must also do bridge-building in a rapidly changing Europe. Schleswig-Holstein lies at important interfaces between West Germany and the former East Germany, to the Scandinavian members of the EU, between Western and Eastern Europe, Russia and the Baltic states. The infrastructure must help to overcome differences and ensure peace. It means that the Europeans must have more international division of effort, travel more and make possible more transport.

No-one knows exactly how the future will look, but such a growing together in Europe must succeed. However one sees the individual developments, they will bring new burdens, and no country will be excepted. Great increases in passenger and freight transport are forecast, most particularly road transport because this can be most quickly realized. But the capacity of all transport carriers must be increased, because the infrastructure as it is today will not be equal to future requirements.

For centuries it has been the custom to adapt the existing transport routes to the new requirements. This can also be seen in Schleswig-Holstein where road and rail follow essentially the same course as formerly the ox trail and the salt road. All the main routes run in a star pattern toward Hamburg, and that is where the greatest bottlenecks are: at the Elbe bridges and the Elbe tunnel in the case of the roads, and at Lombardsbrücke and the central station in the case of the railway. A forward-looking transport policy will thus

FORWARD-LOOKING TRANSPORT ROUTES

178

Nun ist es seit Jahrhunderten üblich, vorhandene Verkehrswege immer wieder an neue Herausforderungen und neue Verkehrs- techniken anzupassen. Dies ist auch in Schleswig-Holstein erkenn- bar, wo Schiene und Straße im Kern noch den gleichen Verlauf nehmen wie früher Ochsenweg und Salzstraße. Alle Hauptver- kehrswege laufen sternförmig auf Hamburg zu. Dort liegen auch die größten Engpässe in Form von Elbbrücke und Elbtunnel bei der Straße sowie Lombardsbrücke und Hauptbahnhof bei der Schiene. Eine zukunftsorientierte Verkehrspolitik wird deshalb zu- sätzliche Wege suchen müssen — auch um Hamburg herum.

Selbstverständlich wird Hamburg mit seinem Welthafen die Ver- kehrsmetropole Nr. 1 in Norddeutschland bleiben müssen. Die Öffnung der Ostgrenzen und die Aufwertung des gesamten Ost- seeraumes haben die Hansestadt sogar nachhaltig in dieser Funk- tion gestärkt. Dennoch können nicht auf Dauer sämtliche Ver- kehrsströme durch die Millionenstadt fließen. Hamburg und Schleswig-Holstein müssen deshalb gemeinsam nach Möglichkei-

have to seek additional routes — also going around Hamburg. With its world-class port, Hamburg will remain North Germany's transport hub number 1, and the historical opening to the East and the upgrading of the whole Baltic area have strengthened Ham- burg in this respect. Yet it is not possible that in the long run all the traffic flows take their way through Hamburg. So Hamburg and Schleswig-Holstein will together have to find ways of sorting things out. This accords with the interest of both in finding additional routes.

Important departure points can already be made out. The Great Belt crossing in Denmark and the Øre Sund crossing between Mal- mö and Copenhagen will realign the transport flows to and from the North, and certainly augment them. A logical addition will sometime be a fixed crossing of the Fehmarn Belt. This will much benefit the railway, with through trains operating between Scandi- navia and Central Europe. But with respect to Schleswig-Holstein and Hamburg this means that the strain will first be shifted to the

■ *As Kiel's third terminal for freight and passenger ferries, the so-called „Norway Quay" will substantially increase the port's handling capacity. Together with the new bridge over the inner bay, the building complex marks the creation of a new city district on the former shipyard area along Kiel's east shore.*
The "lead" firm for this project is Baade und Partner Architekten BDA, Kiel.

ten der Entflechtung suchen. Dies trifft sich mit dem gemeinsamen Interesse beider Länder an neuen zusätzlichen Wegen.

Wichtige Eckpunkte für die Zukunft sind bereits erkennbar. Die Große-Belt-Querung in Dänemark und die Øre-Sund-Querung zwischen Malmö und Kopenhagen werden die Verkehrsströme von und nach Norden neu ordnen, mit Sicherheit aber auch verstärken. Als logische Ergänzung wird irgendwann eine feste Fehmarn-Belt-Querung folgen. Ganz wesentlich dürften davon die Eisenbahnen profitieren, die dann auch durchgehende Züge zwischen Skandinavien und Zentraleuropa einsetzen können. Bezogen auf Schleswig-Holstein und Hamburg bedeutet das aber, daß sich die Belastungen zunächst auf die Jütlandroute verlagern. Deshalb müssen zusätzliche leistungsfähige Schienenwege in und um Hamburg gefunden werden, denn schon das vorhandene Volumen ist an vielen Stellen nur mit Schwierigkeiten zu bewältigen.

Veränderungen ergeben sich umgekehrt für die Vogelfluglinie, die von diesen durchlaufenden Güterverkehren entlastet wird. Das

Jutland route. So additional rail lines will have to be found in and around Hamburg for at many places the existing volume can only be handled with difficulty.

This will result in changes for the so-called bird's flight line, which will be less heavily loaded as a result of this through freight traffic. That will create the possibility of an improved rail link from Hamburg to Schleswig-Holstein and places east. A prior condition is the full electrification of the Hamburg-Lübeck-Puttgarden line and also in the Mecklenburg-Vorpommern direction.

More clearly defined is the road network, where the necessary linkage of the traffic flows is to be effected by the A 20 coastal motorway. This project is in the planners' "highest urgency" category, and will serve the whole coastal region from the Polish border to the A 1 near Bremen. Within Schleswig-Holstein the A 20 as east-west link will have the function of canalizing north of Hamburg the heavy traffic flows from Scandinavia and carrying them to Lower Saxony by way of a crossing of the Elbe at Glückstadt. This will also

schafft Kapazitäten für eine verbesserte Schienenanbindung von Hamburg und Schleswig-Holstein zu den östlichen Ländern. Voraussetzung ist die durchgehende Elektrifizierung der Strecke Hamburg—Lübeck—Puttgarden, auch in Richtung Mecklenburg-Vorpommern.

Klarer definiert ist bereits das Straßennetz. Hier soll die notwendige Verknüpfung der Verkehrsströme durch die Küstenautobahn A 20 erfolgen. Dieses Projekt ist in höchster Dringlichkeit im Bedarfsplan für die Bundesfernstraßen enthalten. Es wird die gesamte Küstenregion von der polnischen Grenze bis zur A 1 vor Bremen erschließen. Innerhalb Schleswig-Holsteins hat die A 20 als Ost-West-Verbindung vor allem die Aufgabe, die starken Verkehrsströme aus Skandinavien nördlich von Hamburg zu kanalisieren und sie bei Glückstadt über die Elbe Richtung Niedersachsen zu leiten. Sie wird also auch eine großräumige Ortsumgehung Hamburgs. Ein Gutachten, das 1995 in Auftrag gegeben wurde, soll sowohl für die Straße als auch für die Schiene letzte Klarheit hinsichtlich der Querungsmöglichkeiten der Elbe bringen. Die theoretisch vorhandenen Querungspunkte westlich und östlich von Hamburg sind zu untersuchen und anhand der zu erwartenden Kosten und Aufkommensmengen zu bewerten. Für die Straße dürfte sich die vorgesehene Querung bei Glückstadt bestätigen.

Dies sind die einschneidendsten Veränderungen im Schienen- und Straßennetz, die erforderlich sind, um die Zukunft zu bewältigen. Sie greifen tief ein in gewachsene Abläufe. Sie werden teuer und im Einzelfall auch schwer durchsetzbar sein. Alternativen aber gibt es nicht.

Selbstverständlich werden weitere Ergänzungen und Modifikationen nötig sein. Schon die aufgeführten Großprojekte lassen ahnen, vor welchen Herausforderungen wir insgesamt stehen. Zu erwähnen sind jedoch notwendige technische Verbesserungen, vor allem bei der Schiene, um deren Leistungsfähigkeit zu erhöhen. Und das Investitionsvolumen ist zu ergänzen um die ebenfalls wichtigen Wasserwege, Häfen, Luftabfertigungsanlagen und Telekommunikationseinrichtungen, die genauso unverzichtbare Bindeglieder zum Ostseeraum und im globalen Verkehrssystem darstellen. Im Interesse der rechtzeitigen Realisierung all dieser Verkehrswege arbeiten Staat und Wirtschaft an neuen Finanzierungsmodellen, denn auch beim Geld muß zukunftsorientiert gedacht werden. ▣

effect a wide bypass of Hamburg. It is hoped that an expert opinion commissioned in 1995 will give final clarity on the possibilities of crossing the Elbe. The theoretical crossing points west and east of Hamburg are to be investigated and evaluated with respect to costs and traffic volume. The proposed crossing for the road at Glückstadt will probably be confirmed.

These are the main changes in the road and rail systems that will be necessary to meet the conditions of the future. They reach deeply into established structures, they will be costly, and in places they will be difficult to push through. But there are no alternatives.

Modifications and additions will of course be necessary. The big projects already carried out show what awaits us. But mention should be made of necessary technical improvements, especially on the railway, with the aim of increasing capacity. And investments will have to cover the no less important waterways, the ports, air transport handling and telecommunications facilities. With the aim of achieving an early realization of all these projects, state and business are working on new methods of financing. Also when it comes to money one must be forward-looking. ▣

▣ *Seit 1995/96 ist die Bahnstrecke Hamburg—Kiel/Flensburg, hier die Eisenbahnhochbrücke über den Nord-Ostsee-Kanal in Rendsburg mit der Schwebefähre, elektrifiziert.*

▣ *The Hamburg—Kiel/Flensburg railway line, seen here at the bridge over the Kiel Canal at Rendsburg with the suspension ferry, was electrified in 1995/96.*

▦ DESIGNA Verkehrsleittechnik
GmbH, Kiel: Die Herstellung der
Geräte für Parksysteme erfolgt in
eigener Fertigung unter DIN ISO
9001 Richtlinien.

▦ DESIGNA Verkehrsleittechnik
GmbH, Kiel: The parking equipment
is produced by DESIGNA as per
DIN ISO 9001 regulations.

▦ Der von AUTOKRAFT und
Neoplan gemeinsam entwickelte
15-Meter-Niederflurbus verbindet
Region und Stadt. Sein neuartiges
Design und die großzügige Gestaltung bieten dem Fahrgast ein besonders attraktives Angebot im Rahmen des öffentlichen Personennah-
verkehrs.

▦ The 15-metre low-floor bus
developed jointly by AUTOKRAFT
and Neoplan links cities and regions.
Its novel design and spacious layout
have proven very popular with pas-
sengers in local public transport.

HUGO SCHÜTT

TRADITIONSREICHES HANDWERK AUF DEM WEG IN DIE ZUKUNFT

Das Handwerk, mit über 100 Berufen vielseitigster Wirtschaftsbereich, kann auf eine lange Geschichte und Tradition zurückblicken.

Aus dem Mittelalter stammt der Ausspruch des schwäbischen Arztes Paracelsus „Im Menschen ruhen alle Handwerke". Vielleicht läßt sich damit erklären, warum das Handwerk über die Jahrhunderte hinweg seine Vitalität bewahren konnte. Es ist seine Vielseitigkeit und Anpassungsfähigkeit und nicht zuletzt seine Verbindung zur Kultur und ihrer Entwicklung. Alte Handwerksbräuche, wie etwa das Richtfest, zeugen vom Bewußtsein und Stolz des Menschen, mit seinen Händen etwas geschaffen zu haben, was zur Kultur beiträgt.

Auf dem Weg in die Neuzeit hat sich das Handwerk stets an traditionellen Grundwerten wie Leistung, Verantwortung, Beweglichkeit und Risikobereitschaft orientiert. Zahlreiche Handwerksberufe mußten sich mit gravierenden Veränderungen durch industrielle Massenfertigung und Billigimporte auseinandersetzen. Manch alter Handwerksberuf hat es nicht geschafft, wie der Stellmacher, Ziseleur, Gürtler, Färber, Holzspielmacher oder Kupferstecher, und ist nahezu ausgestorben. Andere Handwerke sind neu entstanden, wie die Radio- und Fernsehtechniker, Zahntechniker, Hörgeräteakustiker, Augenoptiker oder Kälteanlagenbauer. Bereits totgesagte Handwerke, wie die Hufbeschlagsschmiede oder Reetdachdecker, erleben — wenn auch betriebszahlenmäßig stark reduziert — eine Art Renaissance.

Veränderungen im Energie- und Umweltbereich wurden vom Handwerk „aufgegriffen". Ob es zu neuen Handwerksberufen kommt oder ob vorhandene Handwerke die sich hieraus ergebenden neuen Aufgabengebiete in ihre Berufsbilder aufnehmen — wofür aufgrund der aktuellen Diskussion um eine Reduzierung der Zahl der Handwerksberufe manches spricht —, wird die Zeit zeigen.

Die Globalisierung der Märkte und der sich verschärfende Wettbewerb zwingen zur Modernisierung der Wirtschaft. Bei diesem Erneuerungsprozeß nehmen Klein- und Mittelbetriebe eine Schlüs-

The crafts, with more than a hundred callings one of the most diverse industrial domains, can look back on a long tradition. From the Middle Ages comes the maxim of the Swabian physician Paracelsus to the effect that all crafts rest in man, and it may explain why the crafts have retained their vitality over the centuries. It is their diversity and adaptability and not least their links with culture and its development. Old craft customs, such as the topping-out ceremony, show man's awareness and pride in having with his hands created something that contributes to culture. On the way to modernity the crafts have always been oriented on traditional values such as achievement, responsibility, flexibility and readiness to take a risk. Many crafts have had to contend with far-reaching changes caused by mass production and cheap imports from abroad. Some of the old crafts did not manage it, such as the wheelwright, the engraver, the belt-maker, the dyer, the wooden-toy maker, the copper-plate engraver and others, and have almost died out. Other crafts have come into being, such as the radio and television technician, the dental mechanic, the hearing-aid acoustician, the optician or the refrigerating-plant fitter. Crafts already given up for dead, such as the farrier or the thatched-roof layer, are here and there experiencing something of a renaissance.

Changes in the energy and environmental sectors have been taken up by the crafts. Whether this will produce new craft callings or whether existing crafts will take them over — as those in favour of reducing the number of crafts would prefer — only time will tell.

Market globalization and growing competition mean that the economy must modernize. In this process of renewal the small and medium-sized firms are playing a key role in respect of employment and, in particular, the number of apprenticeships offered. Schleswig-Holstein's crafts employ almost 170,000 people in some 18,000 firms (including ancillary craft establishments), and they are training almost 21,000 apprentices. While many large firms are doing away with jobs, in the last ten years the crafts in Schleswig-Holstein have added more than 18,000 people to the workforce. They have a turnover of about 24 billion DM.

TRADITIONAL CRAFTS
LOOK TO THE FUTURE

selrolle bei der Zahl der Beschäftigten und vor allem der Ausbildungsplätze ein. Das schleswig-holsteinische Handwerk beschäftigt knapp 170 000 Mitarbeiter in gut 18 000 Betrieben (einschließlich handwerklicher Nebenbetriebe). Es bildet zusätzlich fast 21 000 Auszubildende — oder wie der Handwerker unverändert sagt Lehrlinge — aus.

Während viele große Industrieunternehmen in erheblichem Umfang Arbeitsplätze abgebaut haben bzw. noch abbauen, ist die Beschäftigtenzahl im schleswig-holsteinischen Handwerk in den letzten zehn Jahren um über 18 000 gewachsen. Sie erwirtschafteten einen Umsatz von etwa 24 Milliarden DM.

Tradition und Zukunftsorientierung gehören im Handwerk eng zusammen. Der notwendigen permanenten Anpassung können sich Handwerksbetriebe nicht entziehen, wollen sie überleben. Verluste werden Klein- und Mittelbetrieben vom Staat nicht ausgeglichen, obwohl die Gesamtzahl der Arbeitsplätze, die auf dem Spiel stehen, beachtlich ist. Allerdings beträgt die Betriebsgröße im Handwerk, dem beschäftigungsstärksten Wirtschaftsbereich in Schleswig-Holstein, im Durchschnitt nur elf Beschäftigte, wofür bekanntlich die „Subventionsmaschinerie" im „Zusammenspiel" mit den Gewerkschaften nicht in Gang gesetzt wird!

Mehr Gründergeist und Mut zur unternehmerischen Selbständigkeit ist gefragt. Deshalb war die Einführung des sogenannten Meister-Bafögs überfällig, weil die auf das Handwerk zukommende altersbedingte „Betriebsnachfolge" in nahezu jedem dritten Handwerksbetrieb in den kommenden zehn Jahren gesehen werden muß. Positiv zu werten sind deshalb die vom Bund beschlossenen steuerlichen Verbesserungen bei Betriebsübergaben. Mehr Risikokapital für Betriebsgründer bzw. -übernehmer und generell ein besserer Zugang zum Kapitalmarkt für Junghandwerker bleiben unverändert notwendig.

Das Handwerk ist zugleich nach wie vor ein bedeutender Faktor des sozialen Gleichgewichts in unserer Gesellschaft. Auch wenn der Handwerker heute stärker auf Maschinen zurückgreift, das Arbeits- und Herstellungsverfahren wird nach wie vor nicht von

Tradition and orientation on the future lie close together in the crafts, and craft firms cannot avoid the permanent process of adaptation if they wish to survive. Small and medium-sized firms cannot rely on the state to make good losses even if the total number of jobs at risk is considerable. Although the crafts are the largest source of employment in Schleswig-Holstein, the average-sized firm has only eleven employees, and for that the "subsidy machinery" in "co-operation" with the trade unions is not set in motion!

The need is for more of the founder's spirit and entrepreneurial independence, and for that reason the introduction of the so-called master's scholarship was overdue, because the age-dependent "company succession" will apply in the coming ten years to almost every third craft establishment. Hence the central government's decision on tax easements when a firm is handed over is to be welcomed. More risk capital for company founders or assigns, and generally better access to the capital market for young craftsmen, continues to be necessary.

The crafts continue to be a factor of importance in the social equilibrium of our society. Even if craftsmen today resort more to machines, the work and production process is still not machine-dominated; man is still the centre of attention in the work process. The crafts have always regarded the training of a qualified aspirant to the calling as a sort of life-and-death matter, and almost 60 percent of all industrial apprentices are so trained. The crafts see the training not only as providing technical and theoretical knowledge and craft skills but also regard it as an important educational task, and they demand that the works remain the place of training and that no schooling of craft training takes place. It is in their calling that people gain their knowledge of life; this is where personality, sense of responsibility and character are formed.

Agility and resourcefulness are required to survive in the conditions of an industrial society, and this is one of the strengths of the craft tradition, as the recently introduced build-up of the new federal states in former East Germany has shown. There in the one-time GDR the crafts could quickly gain a foothold and became a motor of

der Maschine beherrscht, das heißt, der Mensch steht weiterhin im Mittelpunkt des Arbeitsprozesses.

Die Ausbildung eines qualifizierten Nachwuchses hat das Handwerk stets als eine Art Existenzfrage betrachtet. So bildet es fast 60 Prozent aller gewerblichen Lehrlinge aus. Es sieht in der beruflichen Bildung nicht nur die Vermittlung technischen und theoretischen Wissens sowie handwerklicher Fertigkeiten, sondern zugleich eine wichtige erzieherische Aufgabe. Deshalb fordert das Handwerk, daß der Betrieb Ort der Ausbildung bleibt und keine Verschulung der handwerklichen Ausbildung erfolgt. Im Beruf gewinnt der Mensch seine Lebenserfahrung, hier formen sich Persönlichkeit, Verantwortungsgefühl und Charakter.

Um im harten Wettbewerb einer arbeitsteiligen Industriegesellschaft bestehen zu können, ist Wendigkeit und Einfallsreichtum gefragt. Hier liegt eine der Stärken des Handwerks, wie jüngst der eingeleitete Aufbau in den neuen Bundesländern gezeigt hat. Da konnte das Handwerk in der ehemaligen DDR recht schnell Fuß fassen und ist zum Motor des Aufschwungs geworden. Die Zahl der im Handwerk Beschäftigten konnte innerhalb von vier Jahren von 426 000 auf beachtliche 958 000 Mitarbeiter erhöht werden.

Die Zukunftschancen des Handwerks und damit die Möglichkeit, zusätzliche Arbeitsplätze zu schaffen, wären jedoch besser, wenn die staatlichen Rahmenbedingungen „stimmen" würden. Da das Handwerk außerordentlich lohnintensiv ist, treffen vor allem die stark gestiegenen Lohnzusatzkosten diesen Wirtschaftsbereich überdurchschnittlich, schwächen die Wettbewerbsfähigkeit und fördern die Schattenwirtschaft mit allen ihren negativen Auswirkungen. Die Politik — aber auch die Sozialpartner — sind aufgerufen, umgehend Korrekturen vorzunehmen!

Die Veränderungen durch den permanenten technischen Fortschritt hat das Handwerk stets angenommen und handwerksgerecht umgesetzt. Dabei war die staatliche Förderung sogenannter „Maßnahmen zur Anpassung an den technischen Fortschritt" in Regie der Handwerksorganisation sehr hilfreich und äußerst effektiv. Das Handwerk ist zuversichtlich, bei „stimmenden" Rahmenbedingungen auch in Zukunft eine wichtige Rolle in Wirtschaft und Gesellschaft spielen zu können.

the recovery there. Within just four years the number of craft employees rose from 426,000 to 958,000.

The crafts' future opportunities, including the chance of creating more jobs, would however be better if the government's conditions were right. Since the crafts are very wage-intensive, the much increased incidental wage costs strike here particularly hard, weaken the competitive position and tend to encourage a shadow economy with all its negative side-effects. Our politicians are called upon to do something about this quickly.

The changes brought about by steady technical progress have always been accepted by the crafts and turned to best account, with the state's encouragement of the "measures to adapt to technical progress" as initated by the craft organization being very helpful and effective. The crafts are confident that if the conditions are right they will be able to play an important role in business and society.

■ *Traditionsreiches Handwerk wie das Reetdachdecken erlebt in Schleswig-Holstein eine Art Renaissance.*

■ *Traditional crafts, such as thatched roofing with reeds, are experiencing something of a renaissance in Schleswig-Holstein.*

CARSTEN MUMM

LANDWIRTSCHAFT IM UMBRUCH

■ Die Agrarwirtschaft prägt den ländlichen Raum, der für die Menschen in Schleswig-Holstein lebendiger Wirtschafts-, Lebens- und Erholungsraum ist. Stark wachsende landwirtschaftliche Betriebe und neue Industrie- und Dienstleistungsunternehmen sind kein Gegensatz. Sie kennzeichnen vielmehr die mittelständische Wirtschaftsstruktur des Landes, das in vielfältiger Hinsicht ein Wachstumsland ist. Viele Menschen suchen hier einen Arbeitsplatz oder machen Urlaub auf den stattlichen Bauernhöfen. Frische Luft, sauberes Wasser und fruchtbare Böden sind Grundlagen der positiven Wechselbeziehungen zwischen Landschaft und Umwelt.

75 Prozent der Flächen in Schleswig-Holstein — das sind 20 Prozent mehr als im Bundesdurchschnitt — werden landwirtschaftlich genutzt. Land- und Forstwirtschaft sowie Fischerei trugen 1993 mit real 2,8 Prozent zur Bruttowertschöpfung des Landes bei. Ein Wert, der den Bundesdurchschnitt um über 100 Prozent überschreitet. Die Produktivitätssteigerung der Landwirtschaft in Schleswig-Holstein beträgt seit 1970 gut 180 Prozent — gegenüber knapp 50 Prozent in der Gesamtwirtschaft. Auch der Anteil der in der Landwirtschaft Erwerbstätigen übersteigt den Bundesdurchschnitt. Gleichzeitig liegt der Anteil der Haupterwerbsbetriebe mit 63 Prozent mit an der Spitze, der der Nebenerwerbsbetriebe am Ende der Skala.

Die der Landwirtschaft vor- und nachgelagerten Wirtschaftsbereiche haben für Schleswig-Holstein existenzielle Bedeutung. So arbeitet jeder sechste Betrieb und jeder siebte Beschäftigte im Ernährungsgewerbe, das 23 Prozent des gesamten Industrieumsatzes erwirtschaftet. Während die Landwirtschaft mit ihren rund 63 000 Erwerbstätigen Waren im Wert von etwa 4 Milliarden DM verkauft, hat die Ernährungswirtschaft 1994 über 22 000 Menschen beschäftigt und dabei einen Umsatz von mehr als 10 Milliarden DM erzielt. Damit ist sie die größte Wirtschaftsgruppe des produzierenden Gewerbes.

Internationale Entwicklungen haben die Agrarwirtschaft in Schleswig-Holstein schon immer stark beeinflußt. Die Landwirtschaft des Landes steht nach der Integration in den europäischen Agrarmarkt vor einem erneuten Umbruch. Aber sie braucht dank großer Produktivitätsfortschritte keinen Vergleich mit den großen Agrarregionen Europas zu scheuen. Der Umbruch in der europäischen Agrarpolitik kam mit der Einführung der EU-Ausgleichszahlungen und weiterer internationaler Handelsvereinbarungen. Begründet wurden die Ausgleichszahlungen an die Landwirte durch stark in Richtung Weltmarktniveau tendierende Agrarpreise, auch infolge der GATT-Beschränkungen.

■ Economy based on agriculture characterizes the rural area which represents a market, vital space and recreation area for the people in Schleswig-Holstein. Booming agricultural enterprises and modern industrial and service companies are no contradiction. On the contrary, they are the characteristic features of a medium-sized business structure of the country which is a growth area in many ways. A great many people look for employment here or enjoy their holiday on one of the splendid farms. Fresh air, clear water and fertile soil are the basis of a positive interrelationship between landscape and environment.

Agricultural use is made of 75 percent of the areas in Schleswig-Holstein — i. e. 20 percent more than the federal average. Agriculture and forestry as well as the fishing industry contributed in 1993 2.8 percent in real terms to the gross value added of the federal state. A value which surpasses the federal average by more than a 100 percent. Since 1970, the increase in productivity of agriculture in Schleswig-Holstein has amounted to well above 180 percent — compared to a mere 50 percent in total agriculture. The percentage of the working farm population is also in excess of the federal average. At the same time, the percentage of full time farms comes out top at 63 percent while that of small farming ranges bottom.

The sectors of the economy relating to agriculture are of fundamental importance for Schleswig-Holstein. Every sixth enterprise and every seventh employee thus works in the food industry which yields 23 percent of the total industrial sales. While agriculture with its about 64,000 people employed is selling goods at a value of approximately 4 billion DM, more than 22,000 persons were employed in the food industry in 1994 with a turnover of more than 10 billion DM. It may thus be regarded as the most important economic group within the manufacturing trade.

International developments have always had a strong influence on the agrarian economy in Schleswig-Holstein. The country's agriculture faces another radical change following its integration into the European agricultural market. Owing to its excellent productivity growth, it must however not fear comparison with the big European agricultural regions. A radical change in European agricultural policy occured with the introduction of the equalization payments set up by the European Union and of other international trade agreements. The equalization payments to farmers were justified by prices for farm products showing a strong tendency towards international agricultural price levels, which is also said to be a consequence of GATT restrictions.

AGRICULTURE UNDER RADICAL CHANGE

Der permanente Strukturwandel führte zu einem starken Wachstum der Betriebe. Die Landwirte entwickeln sich immer mehr zu Unternehmern im ländlichen Raum, die aufgrund ihrer guten Ausbildung neue Einkommenschancen wahrnehmen. Sie haben die Herausforderung, auf EU-Ebene mit den Standardbetriebszweigen Marktfrucht, Futterbau/Rindviehhaltung und Veredlung wettbewerbsfähig zu bleiben, erfolgreich angenommen.

Die EU-Agrarreform und die GATT-Vereinbarungen haben — verstärkt durch strukturelle Anpassungsprozesse im Zuge der deutschen Einheit — in Schleswig-Holstein zu massiven Arbeitsplatzverlusten geführt. Hiervon sind selbständige Landwirte, Unternehmen und Arbeitskräfte in der Land- und Ernährungswirtschaft betroffen.

Die Landwirtschaftskammer hat diese Herausforderungen angenommen. Den über 15 000 Vollerwerbsbetrieben steht ein gutes Aus- und Fortbildungsangebot zur Verfügung. Innerhalb kürzester Frist kann produktionstechnisches Wissen weitergegeben werden. Das an den veränderten Bedarfsstrukturen der Betriebe ausgerichtete Beratungsangebot der Kammer setzt die aktuellen technischen und betriebswirtschaftlichen Erkenntnisse um und reagiert flexibel auf neue gesellschaftliche Erfordernisse.

Träger der Beratungsarbeit sind die flächendeckend vorhandenen Landwirtschaftsschulen und Wirtschaftsberatungsstellen. Spezialberatungsringe ermöglichen den horizontalen Betriebsvergleich. Gerade die zukunftsträchtigen Vollerwerbsbetriebe bedienen sich dieses effektiven Beratungsinstrumentes. Die Landwirtschaftskammer kann dank ihres gesetzlichen Auftrages die notwendige Betriebs- und Produktionsberatung auf den landwirtschaftlichen Betrieben durchführen. Im Zuge der Installierung von Qualitätssicherungssystemen im Rahmen der Kooperation zwischen Land- und Ernährungswirtschaft führt sie Aufgaben der Beratung und Kontrolle durch.

Die neue Devise der Land- und Ernährungswirtschaft lautet: „Kontrollierte Qualitätsproduktion von der Boden- und Veredlungsproduktion bis hin zur Ladentheke". Der Verbraucher verlangt — verunsichert durch die Presse — eine klare Herkunftsbezeichnung der Lebensmittel.

Es bleibt das agrarpolitische Ziel, ein Maximum an Wertschöpfung aus der landwirtschaftlichen Produktion zu erzielen. Die ersten Unternehmen der Land- und Ernährungswirtschaft haben sich der Zertifizierung gemäß der international anerkannten EU-Norm für Qualitätssicherungssysteme DIN/ISO 9000 — 9004 erfolgreich unterzogen. Das gilt auch für Vorgaben im Öko-Audit.

Permanent structural change led to strong industrial growth. Farmers tend to turn more and more into rural entrepreneurs who seize new income opportunities owing to their excellent educational background. They were successful in meeting the challenge at European level to remain competitive with regard to the traditional branches of cash crops, forage cultivation/cattle raising and processing. Reinforced by structural adjustment processes in the course of the German unification, the agrarian reform initiated by the European Union and the GATT agreements were the cause of massive job losses in Schleswig-Holstein. This concerns likewise owner-farmers, enterprises and manpower in agriculture and in the food industry.

The Chamber of Agriculture accepted the challenge. The more than 15,000 full-time agricultural enterprises have excellent training and further education offers at their disposal. Know-how in the field of production engineering may be transferred within the shortest possible notice. Counselling offered by the Chamber of Agriculture adapted to the enterprises' modified requirements assures the transfer of the latest technical and managerial know-know and reacts in a flexible way to new social demands.

Counselling institutions are the multiple agricultural colleges and county farm bureaus spread in sufficient number throughout the country. Special advisory boards facilitate horizontal business comparisons. In particular the promising full-time farms make use of this efficient instrument of counselling. By order of the law, the Chamber of Agriculture is in a position to carry out the necessary advisory services regarding management and production within the agricultural enterprises. In the course of quality control systems being established in cooperation between agriculture and food industry, it exercises counselling and control functions.

The latest motto of agriculture and food industry is: "Controlled quality production ranging from agricultural and finished products to the retail counter". The consumer, disconcerted by the press, demands food with clear certificates of origin.

It remains an agricultural objective to achieve maximum added value from agricultural production. The first enterprises in agriculture and in the food industry were successful in undergoing certification in accordance with internationally accepted European quality assurance system standards (ISO 9000—9004). This also applies to ecological auditing criteria.

The quality label "Produced and quality-tested in Schleswig-Holstein" permits the Chamber of Agriculture to carry out marketing measures on a national and international level. A total of 900 prod-

Mit dem Gütezeichen „Hergestellt und geprüft in Schleswig-Holstein" führt die Landwirtschaftskammer Schleswig-Holstein auf nationaler und internationaler Ebene Absatzförderungsmaßnahmen durch. Insgesamt tragen über 900 Produkte von 108 Firmen das Gütezeichen, durch das sich die schleswig-holsteinische Absatzförderung von anderen Regionen unterscheidet. Hinter dem Gütezeichen steht nicht nur eine Herkunfts-, sondern auch eine neutral kontrollierte Qualitätsaussage. Das schafft die vom Verbraucher gewünschte Sicherheit.

Zur Agrarwirtschaft gehören auch die Baumschulen und Fischereibetriebe. Das größte geschlossene Baumschulgebiet der Welt liegt im südlichen Schleswig-Holstein vor den Toren der Stadt Hamburg. 2500 Gartenbaubetriebe mit etwa 24 000 Beschäftigten erwirtschaften hier über eine Milliarde DM Umsatz. Der Anteil gartenbaulicher Erzeugung liegt bei knapp 50 Prozent. Die Gartenbaubetriebe sind den Bedingungen des weltweiten Handels frei unterworfen und verfügen über leistungsstarke Vermarktungseinrichtungen auch auf internationaler Ebene. An die sich laufend verändernden Nachfragestrukturen passen sie sich hervorragend an.

700 Fischer der Küsten- und Hochseefischerei sind mit den 50 Unternehmen der Binnenfischerei ein bedeutsamer Wirtschaftsfaktor. Für die Fremdenverkehrswirtschaft ist die Fischerei auch ein Imagefaktor für die Region.

Zur Erhaltung der Kulturlandschaft sind die Landwirte die besten Verbündeten. Nur die Landwirtschaft betreibt Landschaftspflege und Naturschutz in der Fläche. Landwirte haben seit 1987 bei Mineraldüngern 30 Prozent weniger Stickstoff, 50 Prozent weniger Kalium und 55 Prozent weniger Phosphat eingesetzt, obwohl die Erträge ständig gestiegen sind. Das ist praktizierter Umweltschutz, bei kontinuierlich sinkenden Produktpreisen.

Landwirte, die seit Jahrhunderten die Kulturlandschaft pflegen und bewahren, werden durch wachsende Übernachtungszahlen im Bereich „Urlaub auf dem Bauernhof" in ihren Leistungen für Natur und Umwelt bestätigt.

Die Agrarwirtschaft in Schleswig-Holstein hat die Herausforderungen der Zukunft angenommen. Sie stellt sich mit Fachkompetenz auch den Fragen der Bio- und Gentechnik. Mit Selbstbewußtsein und mit Selbstbehauptungswillen wird sie als integraler Bestandteil von Wirtschaft und Gesellschaft die Aufgaben der Zukunft lösen.

ucts manufactured by 108 enterprises carry the quality label which distinguishes Schleswig-Holstein sales promotion from that of other areas. The quality label is not only a certificate of origin, but is also proof of neutrally controlled product quality. This creates the confidence desired by the consumer.

Agriculture moreover includes nursery gardens and fisheries. The biggest nursery complex in the world is located in southern Schleswig-Holstein just outside the city of Hamburg. 2,500 horticultural enterprises with approximately 24,000 employees here make a return of more than one billion DM. The percentage of horticultural production amounts to just under 50 percent. The horticultural enterprises are entirely subject to the international terms of trade and have most efficient marketing facilities, also on an international level, at their disposal. They adapt perfectly to the demand structures that undergo permanent change.

700 fishermen of the coastal and deep sea fishing industry along with 50 enterprises in fresh-water fishing are a major economic factor. As far as tourism is concerned, fishing is moreover an image factor for the area.

Farmers are the best allies when it comes to preservation of a cultural landscape. Agriculture alone takes care of landscape cultivation and protection of nature. Since 1987, farmers have used 30 percent less nitrogen in mineral fertilizers, 50 percent less potassium and 55 percent less phosphate while yields were on a constant rise. This may well be called practical environmental protection, along with constantly decreasing product prices. Farmers who have been taking care of and preserving the cultural landscape for centuries, are rewarded on the merits of their services for the benefit of nature and environment by growing numbers of people opting for a "holiday on a farm".

Agriculture in Schleswig-Holstein has accepted the challenge of the future. Besides, it is specialized to approach issues concerning biotechnology and genetic engineering. With self-assurance and self-determination, it will tackle the tasks of the future as an integral part of the economy and society.

Die Landwirtschaft prägt das
Landschaftsbild in Schleswig-Hol-
stein: Im Mai/Juni geben blühende
Rapsfelder der Landschaft gelbe
Farbtupfer.

Agriculture puts its impress on
the landscape in Schleswig-Holstein.
In May and June the fields of rape
are a riot of yellow.

HANS-DIETER RECHTER

WO DIE BÄUME ZUR SCHULE GEHEN

Baumschulen prägen seit über 100 Jahren das Landschaftsbild des Kreises Pinneberg. Angefangen hat alles vor knapp 200 Jahren im damals holsteinisch-pinnebergischen Klein-Flottbek, das heute zu Hamburg gehört. Der Hamburger Kaufmann Baron Caspar Voght holte den schottischen Fachmann James Booth, der die 1795 gegründete „Flottbeker Baumschule" zunächst geleitet und später übernommen hat.

Diese Baumschule, die leider nicht mehr existiert, war die Keimzelle des heutigen Baumschulgebietes. Viele junge Leute — vor allem aus dem Umland — haben dort gelernt und später eigene Betriebe gegründet. Es kam zu einer Art Welle, die sich über Wedel, Halstenbek, Rellingen und Pinneberg bis in die Räume Tornesch, Uetersen, Elmshorn und Barmstedt erstreckte. Begünstigt wurden die Betriebsgründungen durch den Ausbau des Schienennetzes im 19. Jahrhundert, vor allem aber durch die günstigen Klima- und Bodenverhältnisse im Kreis Pinneberg. Bei den Betrieben handelt es sich sowohl um Hoch- als auch um Forstbaumschulen. Die Forstbaumschulen sind hauptsächlich im Bereich Halstenbek/Rellingen lokalisiert, während sich die Hochbaumschulen in den übrigen Orten etabliert haben.

In Schleswig-Holstein existieren zur Zeit 664 Baumschulen, die eine Fläche von rund 4900 Hektar bewirtschaften. 80 bis 85 Prozent der Betriebe bzw. der Flächen liegen im Kreis Pinneberg, der damit eines der größten Anbaugebiete für Baumschulpflanzen in Europa bildet. Die Verbundenheit des Kreises Pinneberg mit der Baumschulwirtschaft findet ihren besonderen Ausdruck in dem 1945 von A. Paul Weber entworfenen Kreiswappen. In dem Holsteiner Nesselblatt befindet sich eine stilisierte Tanne.

Die Struktur der Baumschulen ist sehr unterschiedlich: Die Flächenbewirtschaftung reicht von einem oder zwei Hektar bis zu über 50 Hektar pro Betrieb. Hierbei spielen der Spezialisierungsgrad und die Produktpalette eine große Rolle. Produziert werden alle Arten und Sorten der in Mitteleuropa heimischen oder eingebürgerten Gehölzflora: vom Ahorn bis zur Zeder, von der Jungpflanze bis zum Alleebaum.

Durch die Konzentration der Baumschulbetriebe auf ein relativ kleines Gebiet hat sich seit Jahrzehnten eine sogenannte Verbund-

Tree nurseries have been a feature of the scene in Pinneberg District for more than a hundred years, having started almost 200 years back in Klein-Flottbek, which was then Holstein-Pinneberg territory, but today belongs to Hamburg. At that time the Hamburg businessman Baron Caspar Voght brought over an expert, James Booth, from Scotland to be manager of the Flottbek tree nursery, set up in 1795, and who later took over the business.

The nursery in Klein-Flottbek, which now no longer exists, was the origin of the present tree-growing area. Many local young people learned the trade there and later set up their own nurseries, with a wave of start-ups taking in Wedel, Halstenbek, Rellingen and Pinneberg and spreading to Tornesch, Uetersen, Elmshorn and Barmstedt. The development was facilitated by the spread of the railway in the 19th century and by the favourable climatic and soil conditions in the Pinneberg area. The nurseries cultivate high and forest trees, the latter being mainly in the Halstenbek/Rellingen area and the former in the other areas.

Schleswig-Holstein at present has 664 tree nurseries covering an area of about 4,900 hectares. Some 80 to 85 percent thereof is in Pinneberg District, making this one of the largest tree nursery regions in Europe. The district's close association with tree farming is expressed by the coat-of-arms designed by A. Paul Weber in 1945, with a stylized fir on the Holstein nettle leaf.

The size of the tree nurseries varies widely, some being one or two hectares while others exceed 50 hectares. The degree of specialization and the product range play a large role in this. They produce all species and varieties native to Central Europe or established there: from the maple to the cedar, from the seedling to the alley tree.

With the tree nurseries concentrated in a relatively small area, over the decades a sort of integrated economy has developed; each firm specializes in just a few products, with none of them producing everything. This means that commercial firms are able to make up any order rapidly and to deliver quickly.

The more than 5,000 people employed by the tree nurseries make sure that the customers get the quality they demand. That implies a high standard of quality in the employee training provided by the

WHERE THEY HAVE NURSERIES FOR TREES

■ Der Kreis Pinneberg ist eines
der größten Anbaugebiete für Baumschulpflanzen in Europa.

■ Pinneberg District is one of
Europe's largest cultivation areas
for tree-nursery plants.

wirtschaft entwickelt. Die Betriebe haben sich auf wenige Produkte spezialisiert, keiner produziert mehr alles. Handelsfirmen werden so in die Lage versetzt, in kurzer Zeit jeden Auftrag zusammenstellen und ausliefern zu können.

Über 5000 Arbeitskräfte werden in den Baumschulen beschäftigt, die dafür sorgen, daß die vom Kunden geforderte Qualität der Produkte erhalten bleibt. Voraussetzung dafür ist ein hoher Qualitätsstandard in der Ausbildung, den die beruflichen Schulen des Kreises Pinneberg, die — bundesweit einmalig — reine Baumschulklassen haben, garantieren. So sind effektives Lernen und eine umfangreiche Wissensvermittlung möglich.

Für die Holsteiner Baumschulwirtschaft ist es ein glücklicher Umstand, qualifizierte Fachkräfte einstellen zu können. Denn nur ein gut ausgebildetes Personal garantiert Produkte, die den Gütebestimmungen für Baumschulpflanzen (DIN 18916) entsprechen. Gut ausgebildetes Personal ist auch notwendig, um den wachsenden Anforderungen an die Umweltgesetzgebung gerecht zu werden. Mit Hilfe des Versuchs- und Beratungsringes Baumschulen e. V. ist man auf dem richtigen Weg.

Baumschulen bieten ein Produkt an, das im Hinblick auf die Umweltleistung seinesgleichen sucht. Gehölze produzieren Sauerstoff, den der Mensch zum Leben braucht. Bäume tragen zur Verbesserung des Klimas — vor allem des Stadtklimas — bei. Sie bieten Wind- und Erosionsschutz, filtern die Luft von Stäuben und sonstigen Verunreinigungen. Schließlich tragen Bäume und Sträucher zum Wohlbefinden des Menschen bei, denn „Grün" wirkt beruhigend auf die Psyche. Wenn es sie nicht schon gäbe, Baumschulen müßten direkt erfunden werden.

vocational schools in Pinneberg District. This is guaranteed by the fact that — unique in Germany — the schools have purely tree-nursery classes. This ensures effective learning and the imparting of through-going expertise.

Holstein's tree nurseries are fortunate in being able to employ a skilled workforce, for only a well-trained team can guarantee products that meet the quality requirements for tree-nursery plants (as in DIN 18916). Well-trained personnel are also necessary to meet the increasing requirements of environmental legislation. We are on the right path here with the association known as the Versuchs- und Beratungsring Baumschulen e.V.

Tree nurseries offer a product that in respect of its environmental attributes has few equals. Woodlands produce oxygen necessary for life. Trees improve the climate, especially the urban climate. They protect against wind and erosion, clear the air of dust and pollutants. And trees and shrubbery make people feel better, for green is soothing on the psyche. If they didn't already exist, tree nurseries would have to be invented.

BARBARA KOTTE

LIEBENSWERTE FREIZEIT- UND ERHOLUNGSLANDSCHAFT

So tourismusintensiv wie Schleswig-Holstein ist kein anderes Bundesland. Kein Wunder: vereinigt doch das „Land zwischen den beiden Meeren" in gesundem maritimem Klima die vielfältigsten Landschaftsformen auf relativ kleinem Raum. Abbild dieser Vielfalt und damit ideal für Freizeit und Erholung: der Bezirk der Industrie- und Handelskammer zu Kiel. Zu ihm gehören sowohl Bereiche der Nordseeküste und der Elbmarschen als auch Steilküsten und feinsandige Ostseestrände, mit Kiel nicht nur die Landeshauptstadt, sondern auch der größte deutsche Passagierschiffhafen, vier Naturparks und der Nord-Ostsee-Kanal, die meistbefahrene künstliche Wasserstraße der Welt. Und da in dieser Region zudem im Laufe der vergangenen Jahre eine hervorragende touristische Infrastruktur entstand, bieten sich für die Gestaltung erholsamer und erlebnisreicher Freizeit attraktive Möglichkeiten in großer Zahl.

Zum Beispiel für tausendundeine Landpartie. Zu den Rosarien, Rhododendrongärten und Baumschulen von Elmshorn und Pinneberg oder durch die Museumslandschaft — mit dem Schleswig-Holsteinischen Freilichtmuseum und so ungewöhnlichen Objekten wie dem Rendsburger Eisengußmuseum oder dem Preetzer Circusmuseum. Zum Nord-Ostsee-Kanal mit Hochbrücken, Schleusen, Tunneln und der einzigartigen Schwebefähre. Zu Heimattierparks, dem Kieler Aquarium und dem Haustierpark Warder, zu schönen Herrenhäusern und Schlössern wie Emkendorf im Naturpark Westensee, wie Heiligenstedten bei Itzehoe oder Panker bei Lütjenburg, wo edle Trakehner fotogen auf grünen Wiesen hinter weißen Zäunen weiden und — wenn der Hunger kommt — auf dem Hessenstein eine gepflegte Gastronomie einlädt. Der Standard der Gastronomie wurde in den vergangenen Jahren im ganzen Land stetig angehoben, keineswegs nur in den Städten. Ob im Naturpark Westensee oder den Hüttener Bergen, in den Elbmarschen oder dem Hamburger Randgebiet: überall findet der Gast Häuser mit exzellenter Küche. Einige sind schon an Plaketten auf den ersten Blick als Top-Adressen zu erkennen: Preisträger beim Wettbewerb „Gastliches Haus".

Wie ansehnlich wurden Schleswig-Holsteins Städte in den letzten Jahren modernisiert und restauriert! Beispiel für eine besonders gelungene Stadtsanierung ist die ehemalige Garnisonsstadt Rends-

No other state in Germany is as tourist-focused as Schleswig-Holstein, and one does not have to look far for the reason, for the "land between the two seas" with its healthy maritime climate contains a diversity of landscape forms in a relatively small compass. There are the North Sea coastal areas and the Elbe marshlands as well as the high cliffs and the fine sandy beaches on the Baltic, with Kiel the state capital and Germany's largest passenger port, four national parks and the Kiel Canal, the world's busiest artificial waterway. And since the region has recently acquired an excellent tourist infrastructure there are many attractive possibilities for relaxing and interesting leisure activities.

For a thousand and one excursions into the country, for example. To the rose and rhododendron gardens and tree nurseries at Elmshorn and Pinneberg, or through the museum landscape — with the Schleswig-Holstein open-air museum and such unusual attractions as the iron foundry museum in Rendsburg or the circus museum in Preetz. Or go to the Kiel Canal to see the high-level bridge, the ship locks, the tunnels and the unique suspension ferry. Equally to the native animal parks, the Kiel Aquarium and the domestic animal park at Warder, to the beautiful manor house and palaces such as Emkendorf in the Westensee national park, Heiligenstedten near Itzehoe or Panker at Lütjenburg. The latter is where the noble Trakehner thoroughbreds can be seen grazing on green pastures behind white fences. And — when hunger comes — to Hessenstein. Everywhere in Schleswig-Holstein — and not only in the cities — one finds a cultivated cuisine that has been even further improved in recent years. Whether in Westensee national park, in the Hütten uplands, in the Elbe marshlands or in Hamburg's outlying regions, visitors find an excellent cuisine. In some cases the plaques or badges displayed show right away that these are top addresses: prizewinners in the "Hospitable House" competition.

Schleswig-Holstein's towns and cities have been attractively modernized in recent years. An example of specially successful urban rehabilitation is the former garrison town of Rendsburg in which the historical centre surrounded by greenery has been attractively restored and filled with life — a colourful mixture of shops, pubs and restaurants. Also Eckernförde, Lütjenburg, Plön and Preetz are worth a stroll through along the paths of each town's history.

ATTRACTIVE COUNTRYSIDE FOR LEISURE AND RECREATION

■ Im Schleswig-Holsteinischen
Freilichtmuseum Molfsee sind ori-
ginalgetreu wiederaufgebaute historische Gebäude aus allen Regionen
des Landes zu sehen.

■ Historical buildings from all
parts of Schleswig-Holstein, rebuilt
true to the original, can be seen at
the Molfsee open-air museum.

■ Das Schleswig-Holstein Musik
Festival, hier der Festspielort Schloß
Salzau, gehört zu den kulturellen
Glanzpunkten Schleswig-Holsteins.

■ The Schleswig-Holstein Music
Festival, one of the venues of which
is Salzau Palace shown here, is one
of the state's cultural highlights.

■ Der Naturpark Westensee ist geprägt durch Seen, Hügel, Wälder und Moore und lädt zur Erholung ein.

■ Westensee national park, with its lakes, hilly country, woods and moorland, amply rewards a visit.

burg, in der der von Grünanlagen umgebene historische Kern sehr ansehnlich wiederhergestellt und mit Leben — eine bunte Mischung aus Geschäften und Kneipen — erfüllt wurde. Auch Eckernförde, Lütjenburg, Plön und Preetz sind einen Bummel auf den Spuren der Stadtgeschichte wert.

Im Sommer, wenn die Konzert-, Theater- und Museumssaison anderswo beendet ist, erlebt Schleswig-Holstein seine Hoch-Zeit für kulturelle Genüsse, die mit der Landschaft eng verknüpft sind. Das Schleswig-Holstein Musik Festival spielt in Konzertsälen, Kirchen, auf Werften und in Scheunen auf und lädt in prächtige Herrenhäuser zu „Musikfesten auf dem Lande" ein. Ungewöhnliche Aktionen und Ausstellungen charakterisieren den „Museumssommer", und die Dichterhäuser im Lande veranstalten Lesungen und literarische Spaziergänge.

Freizeit und Erholung in Schleswig-Holstein — das ist auch wohliges Relaxen oder sportliche Aktivität. Vielleicht an einem Strand, an einem Deich, vielleicht während einer geruhsamen Schiffahrt, störabwärts von Itzehoe nach Glückstadt, quer über den Großen Plöner See oder ein Stück den Nord-Ostsee-Kanal entlang. Dort entlangzuradeln ist ein doppeltes Vergnügen: Wie auf einer Theaterkulisse gleiten große Pötte und schmucke Yachten vorbei. Ein dichtes Radwegenetz überzieht inzwischen das ganze Land. Radfahren und Wassersport zählen in Schleswig-Holstein zu den beliebtesten Freizeitaktivitäten. Und Golfspielen, auch in Form von „Schnuppergolf", ist stark im Kommen bei Gästen und Einheimischen. Was nicht selten ein und dasselbe ist. Nach Spanien ist Schleswig-Holstein für die Schleswig-Holsteiner das beliebteste Reiseziel.

In summer, when elsewhere the concert, theatre and museum season is at an end, Schleswig-Holstein offers cultural enjoyments that are closely linked with the countryside. The Schleswig-Holstein Music Festival plays then in concert halls, churches, at shipyards and even in barns and invites one to take part in musical occasions in splendid manor-houses. Unusual actions and exhibitions are a feature of the Museum Summer and at poet houses they organize readings and literary walks.

Leisure and recreation in Schleswig-Holstein also means pleasant relaxing or sports. Perhaps on a beach, on a dike, perhaps during a leisurely journey by ship down the river Stör from Itzehoe to Glückstadt, right across the waters of the Grosse Plöner See, or along a part of the Kiel Canal. And to cycle along its tow-path is a double pleasure, watching the big and little ships and elegant yachts gliding past. A close network of cycle paths now covers the whole countryside. Cycling and water sports are among the most popular leisure activities in Schleswig-Holstein, while golfing is rapidly increasing in popularity, among both visitors and locals, who are often one and the same, for after Spain Schleswig-Holstein is the most popular destination for the Schleswig-Holsteiners themselves. ▓

Das Schulauer Fährhaus an der weltberühmten Schiffsbegrüßungsanlage in Wedel

Schulau's ferry house at the world-famous Ship Welcome Point on the Elbe at Wedel

200

250 000 Wohnwagen haben seit 1967 das Hobby-Wohnwagenwerk in Fockbek bei Rendsburg verlassen. Damit nimmt das Familienunternehmen eine Spitzenstellung in Europa ein. Bahnbrechende Innovationen, effektive Produktionsverfahren und qualifizierte Mitarbeiter sind die Grundlage dieses Erfolges.

250,000 caravans have come off the assembly line at the Hobby caravan plant in Fockbek near Rendsburg since 1967, putting this family concern among the top European enterprises in this branch. Trail-blazing innovations, efficient manufacturing methods and qualified personnel form the basis for this success.

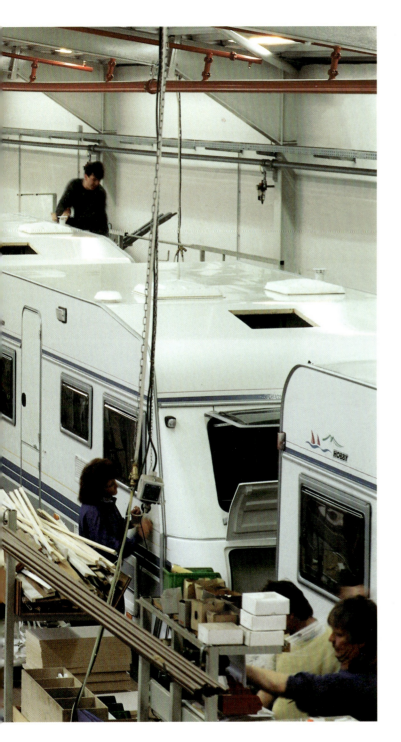

Das neue Hobby Service-Center in Fockbek wurde im Sommer 1995 eingeweiht. Sein Herzstück ist das Ersatzteillager, von dem aus 400 Hobby-Händler in ganz Europa beliefert werden.

The new Hobby Service Centre in Fockbek opened its doors in summer 1995. The centre's heart is the spare-part warehouse, supplying 400 Hobby dealers throughout Europe.

Hobby-Wohnwagen zeichnen sich durch eine stilvolle Inneneinrichtung, hohen Komfort und überzeugende Technik aus — Voraussetzungen, die das Reisen zum Vergnügen machen.

Hobby caravans boast stylish inner furnishing, a high level of comfort and excellent engineering — prerequisites which make travel a pleasure.

JÜRGEN HARDING

KIELS STÄDTETOURISMUS

▓ Das Gastgewerbe in der Bundesrepublik Deutschland ist mit rund 3,5 Prozent am Bruttosozialprodukt beteiligt, beschäftigt 1,2 Millionen Mitarbeiter und bildet rund 60 000 junge Leute aus. Es rangiert in Schleswig-Holstein vor der Landwirtschaft und dem Schiffbau und liegt im bundesweiten Tourismus nach Bayern auf Platz 2. Wer vom Tourismus spricht, meint aber meistens den Freizeit-, Ferien- und Urlaubstourismus. Vom Städtetourismus reden nur wenige.

Anders als in Lübeck und Flensburg zieht in der Landeshauptstadt Kiel nicht das historische Stadtbild die Besucher an. Vielmehr lebt der Städtetourismus von der wirtschaftlichen und politischen Bedeutung der Stadt.

Kiels wirtschaftliche Entwicklung setzte nach 1945 im Schiffbau ein, der viele Besucher in die Stadt brachte. Positiv auf die Gästezahlen wirkten sich auch Traditionsfirmen mit überregionaler Bedeutung sowie die Abfertigung des internationalen Schiffsverkehrs in Holtenau und der Kiel-Kanal aus. Der Hafenumschlag nahm stetig zu, und mit dem Fährverkehr nach Dänemark, Norwegen und Schweden kamen neue Gäste in die Stadt. Auch die Universität, die Bundeswehr und die Landesregierung zogen zusätzliche Besucher nach Kiel.

Die Entwicklung der Übernachtungskapazitäten ging ursprünglich von einigen kleinen und mittleren Privatbetrieben aus: Dreischärf im Conti Hansa, Andresen im Parkhotel und Bellevue, Ohm im Flensburger Hof, Sebastian im Consul und Hamann im Berliner Hof. Diese Kapazität wurde langsam gesteigert: Astor, das neue Conti Hansa, Maritim, Wiking und Birke kamen hinzu. Inzwischen gibt es in Kiel 37 Hotels mit insgesamt 2825 Betten. Darüber hinaus bauten Verbände, Firmen und öffentliche Einrichtungen Schulungsstätten mit eigenen Unterkünften; sie entzogen den Hotels viele tausend Übernachtungen.

Mit der Vereinigung Deutschlands, die einen Besucherboom in die Stadt brachte, erreichte Kiel seinen Höhepunkt im Städtetourismus. Der Wertverlust der schwedischen Krone von 50 Prozent in drei Jahren sowie die kürzeren Fährverbindungen nach Mecklenburg-Vorpommern führten 1995 dagegen zu einem fast völligen Ausbleiben der schwedischen Gäste. Gleichzeitig mußten die Hoteliers aufgrund der allgemeinen Rezession 1994 und 1995 Umsatzrückgänge von rund 10 Prozent verkraften. Die Rüstungsproduktion in Kiel wurde gedrosselt, die Bundeswehr baute ab und Howaldt stellte den Reparaturbetrieb ein; alte Firmen erloschen oder sind heute Töchter auswärtiger Unternehmen; innerstädtische Betriebe wanderten ins Umland ab. Entsprechend geringer ist das Be-

▓ Tourism in Germany accounts for about 3.5 percent of the gross national product, employs about 1.2 million people and trains about 60,000 young people annually. In Schleswig-Holstein it takes pride of place before agriculture and shipbuilding, and nationally it is second only to Bavaria. When the word is of tourism, it usually means leisure and holiday tourism. Only a few speak of city tourism.

Other than in Lübeck or Flensburg, in the state capital Kiel it is not the historical townscape that attracts visitors. Kiel's tourism lives more from the city's economic and political importance.

Kiel's economic development after 1945 began with shipbuilding, and that brought many visitors to the town. Long-established and important firms and the need to handle international shipping at Holtenau locks and through the Kiel Canal had a marked effect on the number of visitors. The volume of port handling increased steadily and ferry services to and from Norway, Denmark and Sweden brought new visitors to the town. Other magnets were the university, the Bundeswehr and the presence of the state government.

Development of overnight capacity proceeded at first from a few small and medium-sized entrepreneurs: Dreischärf in Conti Hansa, Andresen in the Parkhotel and Bellevue, Ohm in Flensburger Hof, Sebastian in the Consul and Hamann at Berliner Hof. Capacity was steadily increased, with Astor, the new Conti Hansa, Maritim, Wiking and Birke being added. Now there are 37 hotels in Kiel with a total of 2,825 beds. In addition to that, trade associations, larger companies and public authorities set up training facilities that often had accommodation for those participating. That had an adverse effect on the hotels, with many thousands of overnight stays being lost.

With German reunification, which brought Kiel a boom in visitors, a high point in city tourism was reached. But a reduction in the value of the Swedish crown of 50 percent in three years and the shorter ferry links via Mecklenburg-Wester Pomerania meant almost the complete disappearance of Swedish visitors from Kiel in 1995. And the general recession in 1994 and 1995 meant that Kiel's hoteliers suffered a decline in earnings of about 10 percent. At the same time a reduction in armament production also affected Kiel firms, the Bundeswehr reduced strength, the Howaldt shipyard gave up ship repairs, old-established firms went out of business or were taken over by foreign concerns, companies in the city moved to outlying areas. This all meant fewer guests in town. The opening of a new hotel in 1995 added 10 percent to bed capacity so

CITY TOURISM IN KIEL

Strandurlaub in Kiel-Schilksee   Beach holidays at Kiel-Schilksee

sucheraufkommen in der Stadt. Da mit der Eröffnung eines neuen Hotels Anfang 1995 die Bettenzahl um 10 Prozent stieg, sank die Belegungsquote teilweise auf 50 Prozent und darunter. In Folge der bundesweiten Hotelüberkapazitäten leiteten Hotelketten einen Preiskampf ein, der sich auch in Kiel bemerkbar macht. Bei steigenden Kosten hält diese Entwicklung nur durch, wer eine kreditfähige Mutter hat, ein bezahltes Haus besitzt oder in der Lage ist, Personal abzubauen, denn die Personalkosten liegen bei 40 bis 45 Prozent vom Umsatz.

Die für die Fremdenverkehrswerbung der Stadt zuständige Tourist Information beschäftigt geschultes Personal, stellt innerbetrieblich auf Datentechnik um und bemüht sich um den Anschluß an überregionale Informations- und Buchungssysteme. Gemeinsam mit anderen Städten entstand im Rahmen des kommunalen Fremdenverkehrsverbandes der Arbeitskreis „Städtetourismus". Aber während Lübeck den Fremdenverkehr jährlich mit rund zwei Millionen DM fördert, stehen in der Landeshauptstadt nur etwa 710 000 DM zur Verfügung. Entsprechend begrenzt gestaltet sich der Aktionsrahmen der städtischen Gästewerbung.

Die Situation der Hotelbetriebe der Stadt zeigt sich im Moment alles andere als rosig. Wenn man im Rathaus den Bau weiterer Hotels am neuen Fährhafen und an der Ostseehalle fordert, dann stößt dieses bei der Branche auf keinerlei Verständnis. „Förderung des Städtetourismus sowie die Sicherung von Standorten und Arbeitsplätzen" sollte vielmehr das Motto der Stadt sein. ∎

that the general occupancy rate fell to around 50 percent. With hotel overcapacity everywhere in Germany, the hotel chains started a price war, which was also felt in Kiel. With costs increasing, only those can survive that have a creditworthy parent, a paid-up house or an ability to reduce personnel, for the latter swallow 40 to 45 percent of turnover.

The Tourist Information Office, answerable for the city's publicity, employs well-trained personnel, is going over internally to information technology, and is seeking to link up with supraregional booking and information systems. A joint "city tourism" working group has been called into being by Kiel and other cities, but while Lübeck supports tourism to the tune of 2 million DM annually, the state capital only makes about 710,000 DM available and its framework for action in respect of attracting visitors is correspondingly limited.

The situation of Kiel's hotels is anything but rosy at present. That the people in the town hall should call for the building of further hotels at the new ferry terminal and at the Ostseehalle is entirely beyond logic for those in the hotel trade. The city's motto should rather be: Promote city tourism and safeguard the existing facilities and jobs . ∎

∎ *Die Landeshauptstadt Kiel ist Sitz des Schleswig-Holsteinischen Landtages.*

∎ *The state capital Kiel is the seat of Schleswig-Holstein's Land parliament.*

■ *Die Kieler Woche zieht mit ihren zahlreichen Attraktionen wie der Kiellinie alljährlich Gäste aus nah und fern an.*

■ *With its many attractions, such as the running in line ahead, the Kiel Week attracts visitors from near and far every year.*

HEINZ MEYER

HELGOLAND — BEI FREUNDLICHEN SEERÄUBERN ZU GAST

Nach einem jahrelangen Gästezustrom stagnierte die Zahl der Helgolandbesucher, nahm dann stark ab und erreichte erst mit der deutschen Einheit einen neuen Boom. Er brachte 1992 rund 724 000 Besucher auf die Insel. 1994 hat sich ihre Zahl wieder bei 610 000 eingependelt.

Helgolands Geschichte als Seebad begann am 1. Juli 1826. Im August 1890 nahm Kaiser Wilhelm II. die Insel in deutschen Besitz. Nach der totalen Zerstörung im Zweiten Weltkrieg wurde Helgoland am 1. März 1952 an die Bundesrepublik zurückgegeben. Damals begann eine unglaublich erfolgreiche Aufbauarbeit. H. P. Rickmers, der erste Bürgermeister nach 1945 und heutige Ehrenbürgermeister, schrieb zum 25. Jahrestag der Freigabe: „Die Helgoländer haben in den 25 Jahren des Wiederaufbaus aus dem Nichts heraus ein gutes Beispiel dafür gegeben, was mit Heimatliebe, unbeirrbarem Aufbauwillen und friesischer Hartnäckigkeit erreicht werden kann!" Aus der Zufluchtstätte von Wagemutigen, Enttäuschten, Glücksrittern und Seeräubern wurde ein Kleinod in der Deutschen Bucht. Auch wenn, wie so oft nach Zeiten eines stürmischen Wachstums, Rückschläge die einzige deutsche Hochseeinsel nicht verschonten.

Der Tourismus ist die wirtschaftliche Basis Helgolands. Daher ist eine enge Zusammenarbeit von Gemeinde, Kurverwaltung, Hotel- und Gaststättenverband sowie Industrie- und Handelskammer an zukunftweisenden Perspektiven existenziell notwendig. Seit einigen Jahren arbeitet unter Federführung der schleswig-holsteinischen Landesregierung eine „Helgoland-Runde" an neuen Konzepten für die Insel. Die Werbegemeinschaft Helgoland e. V. hat das aktuelle Helgoland-Konzept mit Hilfe einer Werbelinie und einem zeitgemäßen Logo auf den Weg gebracht.

So wichtig der zoll- und mehrwertsteuerfreie Einkauf als wirtschaftliche Basis der Insel auch ist, heute sind sich alle einig, daß das zukünftige touristische Angebot vom Gleichgewicht zwischen einem qualitativ aufgewerteten Einkaufs- und Ausflugstourismus und einem präventiven Gesundheitstourismus geprägt sein muß. Helgoland behandelt jeden Tagesgast als potentiellen Dauergast. Ihm soll die Insel in ihrer wahren Vielfalt nahegebracht werden. Dazu gehören Naturerlebnis, Klima, Umwelt, Geschichte und Kul-

After years of a constant stream of guests the number of visitors to Heligoland remained stationary for a time, then declined rapidly and did not achieve another boom until the re-unification of Germany. In 1992 the island had 724,000 visitors. In 1994 the number dropped back to 610,000.

Heligoland's history as a seaside resort began on July 1, 1826. In August 1890 the island became German territory under Kaiser Wilhelm II. After its total destruction in the Second World War, Heligoland was handed back to the Federal Republic of Germany on March 1, 1952. It was then that the incredibly successful work of reconstruction began. H. P. Rickmers, the first Mayor after 1945 and now Honorary Mayor, wrote the following words for the 25th anniversary of the island's return: "In these 25 years of reconstruction, starting from scratch, the people of Heligoland have given a fine example of what can be achieved with devotion to one's native land, unwavering determination to rebuild, and Frisian doggedness!" Once a place of refuge for the daring and the disillusioned, for adventurers and pirates, Heligoland became the jewel of the German Bay — although the island has had its share of setbacks, as is so often the case after times of meteoric growth.

The tourist trade is the basis of Heligoland's economy. This means that close collaboration between the local authority, the administrative body of the health resort, the hotel and restaurant association and the Chamber of Industry and Commerce in creating perspectives for the future is a matter of vital importance. For some years a "Heligoland Circle" under the overall control of the regional government of Schleswig-Holstein has been working on new plans for the island. The advertising cooperative Werbegemeinschaft Helgoland e.V. has started to put over the current Heligoland concept with a special line of publicity and a modern logo.

Important as duty and tax free shopping is as the basis of the island's economy, there is general agreement that the tourist policy of the future will have to strike a balance between more exclusive shopping and day trips and use of the island as a health resort. Heligoland treats all its day trippers as potential long-stay guests. The aim is to show them the island in all its true diversity. This includes an experience of nature, climate, environment,

HELIGOLAND —
A VISIT TO FRIENDLY PIRATES

▦ *Gerade für Urlauber, die Erholung und Gesundheit miteinander verbinden wollen, bietet Helgoland ideale Voraussetzungen.*

▦ *Heligoland offers ideal conditions especially for holidaymakers who wish to combine recreation and health.*

tur. Thematische Wege — via natura, via historica, via cultura — leiten den Gast zu den Besonderheiten des „Roten Felsens".

Viele Vorzüge machen einen Urlaub auf Helgoland zum unvergeßlichen Erlebnis: die Ruhe und Stille auf der autofreien Hochseeinsel, die Harmonie mit der Natur und die Einzigartigkeit des Felsmassivs und der Düne. Die fast vollständige Pollen- und Allergenfreiheit, die höchste Staubarmut in der Bundesrepublik, der Sonnenreichtum (1994 hatte Helgoland 1863 Sonnenstunden) und das Hochseeklima erlauben es dem Urlauber, Erholung und Gesundheit vorzüglich miteinander zu verbinden. Gerade auf dem Gebiet des präventiven Gesundheitstourismus entwickelt Helgoland ein unverwechselbares Profil.

Auf Helgoland weht ein frischer Wind — auch im übertragenen Sinne: Das Nordsee-Heilbad hat die Zeichen der Zeit erkannt. Eine besondere Rolle im neuen Helgoland-Konzept spielen Menschen, die an Allergien leiden. Die Infrastruktur der Insel wurde verbessert, die Modernisierung und Erhöhung der Bettenkapazität befindet sich in der Realisierungsphase. Geplant sind ein europaweit bisher einmaliges allergikergerechtes Hotel, der Ausbau des Kurmittelhauses, die Anlage eines Erlebnisschwimmbades, die Einrichtung einer multifunktionalen Begegnungsstätte in der Nordseehalle als „Haus des Gastes", die umweltgerechte Erschließung der Düne, die Aufwertung des Hafenbereiches, zum Beispiel durch die Aktion „Kunst, Kultur, Knieper" in Verbindung mit den typisch helgoländischen Hummerbuden, und eine zielgruppenorientierte Helgolandwerbung. Lummenfelsen, Vogelwarte, Biologische Anstalt, Klippenwanderweg, beheiztes Meerwasserfreischwimmbad, Wassersport und exklusive Geschäfte versprechen Abwechslung und Entspannung.

Besucher und Gäste sollen die Insel kennenlernen, sie sollen von dem neuen Motto überzeugt werden: „Helgoland — meine Insel!"

history and culture. Paths with special themes — via natura, via historica, via cultura — lead guests to the special features of the "Red Rock".

Heligoland has many qualities that make a holiday there an unforgettable experience: the restful quiet of the deep-sea island without motor traffic, harmony with nature, and the unique character of the great sheer rock and the sandy "Dune". Almost total freedom from pollen and other allergens, the lowest dust levels in Germany, an abundance of sunshine (1863 hours in 1994) and the deep-sea climate enable holiday-makers to combine leisure with care of their health in an ideal manner. It is in the field of preventive health tourism, especially, that Heligoland is developing a profile all of its own.

A fresh breeze is blowing on Heligoland — in the figurative sense as well. The North Sea health resort has recognized the signs of the times. People suffering from allergies play a special role in the new plans for the island. The infrastructure has been improved and hotel capacities are being enlarged and modernized. There are plans to build a hotel specially designed for allergy sufferers (the only one of its kind in Europe), enlarge the spa-house, construct an "experience" swimming pool, open a multi-functional community centre specially for guests in the Nordseehalle, develop the Dune in an environmentally sound manner, enhance the harbour area — for example through the "art and culture" initiative combined with the typical Heligoland lobster booths — and launch a target-group oriented publicity campaign. The Guillemot Rocks, the ornithological and biological institutes, cliff paths, a heated outdoor seawater swimming pool, water sports and exclusive shops promise variety and relaxation.

Day trippers or holiday guests — it is hoped that all will come to know the island properly and agree with the new motto: "Heligoland — my island!"

▪ *Die Insel Helgoland, Deutsch-*
lands einzige Hochseeinsel, gehört
zum Bezirk der IHK zu Kiel.

▪ *Heligoland, Germany's only*
high-seas island, belongs to the terri-
tory of Kiel Chamber of Industry and
Commerce.

DR. MAGNUS G. W. STAAK

VIELFALT VON KUNST UND KULTUR

■ Vorurteile werden sorgfältig gepflegt. Wer das Land, seine Geschichte und seine Gegenwart nicht kennt, aus dem Fenster des Zuges nur die gelben Rapsfelder und das Blau der Seen sieht oder über die Autobahnen hastet, um an den weiten Stränden von Ost- und Nordsee Erholung zu suchen, spricht leichthin von der kulturellen Einöde zwischen Hamburg und dem Königreich Dänemark und wiederholt ungeprüft den Satz „Holsatia non cantat".

Die Schleswig-Holsteiner tun nicht viel, um diese Vorurteile zu widerlegen. Sie schmunzeln nur, wenn ein Fremder für sich entdeckt, was sie schon immer gewußt haben: Der Raum zwischen den Elbmarschen und dem Hügelland an den Steilufern von Eckernförde bis Hohwacht, zwischen dem alten Rendsburg an Eider und Nord-Ostsee-Kanal und der aufstrebenden Industriestadt Neumünster ist eine reiche Kulturlandschaft.

Und das seit Jahrtausenden. Denkmale der Vor- und Frühzeit sind an vielen Orten zu finden. Groß ist die Zahl der heimatkundlichen Sammlungen. An landschaftsgebundene Lebensformen früherer Jahrhunderte erinnern Wohn- und Wirtschaftsgebäude im Schleswig-Holsteinischen Freilichtmuseum am Rande der Landeshauptstadt. Zeugnisse der Schiffahrt, des Handwerks, der Industrie und der Alltagskultur werden in den Städten gezeigt. Reizvoll ist das Programm des „Museumssommers" und nicht nur in den „Novembertagen" wird im Dr. Bamberger-Haus in Rendsburg, einem jüdischen Museum in der ehemaligen Synagoge der Stadt, an die dunkelsten Zeiten der Geschichte gedacht.

Andere Perioden der Geschichte der Herzogtümer Schleswig und Holstein, der preußischen Provinz und des nördlichsten Bundeslandes werden dem bewußt, der durch die Städte wandert: Im Kieler Schloß wurde ein russischer Zar geboren. Dort residierte ein österreichischer Statthalter, und von seinem Balkon wurde die „Inkorporation" der Herzogtümer in die preußische Monarchie verkündet. Heute sind die Landesbibliothek, das Landesamt für Denkmalpflege und die Kunstsammlungen der Stiftung Pommern darin untergebracht. Das Plöner Schloß, einst prachtvolle Residenz und später eine preußische Kadettenanstalt, beherbergt ein Internat; in seinen Räumen finden Konzerte und Ausstellungen statt. Wenige Schritte entfernt liegt das Rathaus: eines der vielen klassizistischen Bauten des berühmten Landbaumeisters C. F. Hansen. Zwischen Plön und Kiel, am Rande der „Schusterstadt" Preetz, lohnen Klosterkirche, Bibliothek und Archiv ebenso einen Besuch wie die vielen Herrenhäuser, die in Bau und Ausstattung Schlössern gleichen.

■ Old beliefs die hard. The traveller unfamiliar with the country, its history and the way it lives today, who looks out of the train window and sees only the yellow rape fields and the blue of the lakes, or speeds along the motorways in search of leisure on the wide beaches of the Baltic and the North Sea tends to speak of the cultural wilderness that lies between Hamburg and the Kingdom of Denmark and agrees without further thought that "Holsatia non cantat".

The people of Schleswig-Holstein do little to remove this misconception. They merely smile to themselves when a stranger discovers what they have always known: that the region between the Elbe marshes and the hilly country along the cliffs from Eckernförde to Hohwacht, between the old town of Rendsburg on the river Eider and the Kiel Canal and the rising industrial town of Neumünster is a land rich in evidence of man's cultivating hand.

And this it has been for thousands of years. Monuments from prehistoric times and the early period of the region's history are to be found in many places. The number of collections documenting local history is considerable. Dwelling houses, outhouses and farm buildings at the Schleswig-Holstein open-air museum on the edge of the regional capital are a reminder of the landscape-related ways of life of past centuries. Evidence of shipping, crafts, industry and everyday life is to be seen in the cities. The "Museum Summer" offers an attractive programme, and the Dr. Bamberger House in Rendsburg, a Jewish museum in the town's former synagogue, is a reminder of the darkest time in Germany's history — not only in the "November Days".

Other periods of the history of the duchies of Schleswig and Holstein, the Prussian province and the northernmost state of the Federal Republic of Germany, reveal themselves to those who stroll through the towns. Kiel Palace was the birthplace of a Russian tsar. An Austrian governor resided there, and the "incorporation" of the duchies into the Prussian monarchy was proclaimed from his balcony. Today the palace houses the State Library, the State Office for the Preservation of Historic Monuments and the art collections of the Pomeranian Foundation. Plön Palace, once a magnificent residence and later a Prussian cadet school, now houses a boarding school; concerts and exhibitions are also held in its rooms. A few paces away is the Town Hall, one of the many classical buildings designed by the famous country architect C. F. Hansen. Between Plön and Kiel, on the edge of the "cobbler town" of Preetz, it is worth visiting the monastery church (Klosterkirche), the library

DIVERSITY OF ART AND CULTURE

In der 1765 eingerichteten Pinneberger Drostei werden heute interessante Kulturangebote für die Region gezeigt.

Pinneberg's Drostei, set up in 1765, today shows interesting cultural offerings for the region.

Zu ihnen zählt auch Salzau, das zum Landeskulturzentrum wurde: Dort proben junge Musiker aus aller Welt in der Orchesterakademie, dort treffen sich Künstlerinnen, Künstler und ihre Förderer aus den Staaten rund um die Ostsee, um die Idee einer ARS BALTICA in die Tat umzusetzen.

In Rendsburg kreuzten Ochsen- und Heerwege die Eider. Heute geht der Verkehr in einer Höhe von 42 Metern über eine mehr als vier Kilometer lange Eisenbahn- und über eine moderne Straßenbrücke, über eine Schwebefähre und durch mehrere Tunnels: Denkmale der technischen Entwicklung der letzten 100 Jahre. Nord-Ostsee-Kanal und Eider erschließen den Zugang zur Ostsee, zur Elbe und zur Nordsee. Rathaus und Marienkirche, Altstädter Markt und Schloßplatz sind seit Jahrhunderten Mittelpunkte städtischen Lebens. Der Paradeplatz im Neuwerk, eine in den letzten Jahren restaurierte barocke Platzanlage, ist umgeben vom Hohen und Niederen Arsenal, dem Kulturzentrum der Stadt, stattlichen, von Domenicus Pelli (1690 bis1720) geschaffenen Profanbauten und der 1700 fertiggestellten Christkirche, in der nicht nur die Königsloge an die Verbindung zu Dänemark erinnert. Nach einem kurzen Weg durch die Grünanlagen am Stadtsee, wo zeitgenössische Skulpturen aufgestellt wurden, steht der Besucher vor dem Stadttheater, in dem das Schleswig-Holsteinische Landestheater spielt.

In der Pinneberger Drostei residierten Vertreter der dänischen Könige und preußische Landräte. Heute bietet eine Stiftung in dem 1765 errichteten und in alter Pracht wiederhergestellten Bau ein umfassendes Kulturprogramm, das weit über die Grenzen der Kreisstadt hinaus mit Interesse aufgenommen wird. Auch die anderen Städte in der Nachbarschaft Hamburgs wissen ihre kulturelle Eigenständigkeit eindrucksvoll zu behaupten. Vom Selbstbewußtsein der Wedeler zeugt der Roland, das Zeichen der Marktgerechtigkeit der Stadt, in der Ernst Barlach geboren wurde; sein Geburtshaus ist heute Museum. Einem Vermächtnis hat die Rosenstadt Uetersen das klassizistische Herrenhaus zu verdanken, in dem heute bürgerliche Wohnkultur und — in der benachbarten „Museumsscheune" — zeitgenössische Kunst gezeigt werden. „Architekturvisionen von Archigram bis heute" war eines der Themen der „Neunten Schleswig-Holsteinischen Kulturtage" in Elmshorn, einer Veranstaltungsreihe, die einige Jahre zuvor in Eckernförde begann und u. a. in Itzehoe und Glückstadt fortgesetzt wurde.

and archives, and also the many manor houses that resemble palaces in design and furnishing. Among them is Salzau, now converted into the State Cultural Centre. Young musicians from all parts of the world practise their art in its Orchestral Academy, and it is here that artists and their patrons from the states around the Baltic Sea meet to give concrete shape to the concept of an ARS BALTICA.

In Rendsburg, ox tracks and military roads once crossed the river Eider. Today's traffic passes over a modern road bridge and a railway bridge more than four kilometres long and 42 metres high. These are complemented by a suspended platform ferry and several tunnels. All are tributes to the technical development of the past 100 years. The Kiel Canal and the river Eider provide access to the Baltic Sea, the Elbe and the North Sea. Town Hall and St. Mary's church, the Old Town Market and the Palace Square have been the centre of life in the town for centuries. The Parade Ground in the Neuwerk district, a baroque square restored in recent years, is surrounded by the High Arsenal and Low Arsenal, the town's Cultural Centre, imposing secular buildings designed by Domenicus Pelli (between 1690 and 1720) and the Church of Christ, completed in 1700, in which not only the Royal Box is a reminder of the ties with Denmark. After a short walk through the park by the Town Lake, where contemporary sculptures have been erected, the visitor finds himself outside the Municipal Theatre where the Schleswig-Holstein State Theatre Company plays.

The Pinneberg Bailiff's Court was the residence of representatives of the Danish kings and high Prussian administrative officers. Today a foundation offers a comprehensive cultural programme that meets with interest well beyond Pinneberg's borders in the building erected in 1765 and now restored to its former magnificence. The other towns close to Hamburg also maintain their cultural independence in an impressive manner. Evidence of the self-awareness of the people of Wedel is Roland, the sign that this town, also the birthplace of Ernst Barlach, holds market rights. The house in which Barlach was born is now a museum. It is to a bequest that the rose-growing town of Uetersen owes its classical manor house that is now a museum of middle-class home furnishing. The neighbouring "Museum Barn" is a showplace for contemporary art. "Architectural Visions from Archigram to the Present" was one of the topics of the "Ninth Schleswig-Holstein Cultural Forum" in Elms-

■ *Das Haseldorfer Schloß gehört zu den Festspielorten des Schleswig-Holstein Musik Festivals.*

■ *Haseldorf Palace is one of the venues of the Schleswig-Holstein Music Festival.*

Wo heute Itzehoe liegt, stand zu Zeiten Karls des Großen eine Burg. Wallenstein schlug dort sein Quartier auf, und Karl X. Gustav, König von Schweden, zerstörte 1657 die Stadt. Durch das barocke Portal des kurz darauf wieder aufgebauten Rathauses betraten am 1. Oktober 1835 die gewählten Mitglieder der ersten Holsteinischen Ständeversammlung den Saal, in dem heute die Ratsversammlung tagt. Das Kunsthaus, wenige Schritte entfernt, lädt zum Besuch ein: Dort waren Landesschauen der bildenden Kunst zu sehen. Der überaus rege Künstlerbund Steinburg macht mit Kunst unserer Zeit bekannt, und eine Stiftung pflegt den Nachlaß von Wenzel Hablik. Als schönstes Gebäude der Stadt gilt der Prinzeßhof; ein Beispiel moderner Architektur ist das neue Theater der Stadt.

Gerade die kleinen Städte bergen viele Zeugnisse der Kulturgeschichte. Die Fahrt in das 1617 gegründete und nach den Regeln der italienischen Renaissance planmäßig angelegte Glückstadt führt durch Krempe, wo das Rathaus aus dem Jahre 1570 unweit einer klassizistischen Kirche liegt. Das Ziel, Glückstadt zu einer erfolgreich mit Hamburg konkurrierenden Hafenstadt zu machen, wurde verfehlt, doch von der langen Zeit als Regierungs- und Gerichtsort der Herzogtümer zeugen Adelspalais und Bürgerhäuser, die ebenso „Altertümer" der Elbmarschen zeigen wie Werke der zeitgenössischen Graphik, Malerei und Bildhauerei.

1989 wurde in der Universitätsstadt Kiel das „Literaturhaus" eröffnet, das in seiner Arbeit von den reichen literarischen Traditionen Schleswig-Holsteins ausgeht, die im Lande lebenden Autoren unterstützt, Kontakte zu Verlagen und zum Buchhandel pflegt und die vielfältigen Initiativen der literarischen Zentren koordiniert. Ein flächendeckendes Netz von öffentlichen Büchereien, zusammengefaßt im Büchereiverband in Rendsburg, die Landesbibliothek und die wissenschaftlichen Bibliotheken an den Hochschul-

horn, a series of events that started a few years earlier in Eckernförde and has been continued in other towns including Itzehoe and Glückstadt.

In the days of Charlemagne there was a castle on the site where Itzehoe now stands. Wallenstein made it his quarters, and Karl X. Gustav, King of Sweden, destroyed the town in 1657. On October 1, 1835, the elected members of the first Assembly of the Estates of Holstein passed through the baroque portal of the Town Hall, which had soon been rebuilt, into the hall where the Council meets today. A few steps away, the Art Gallery invites a visit. Graphic art displays were to be seen there. The very lively Steinburg Artists' Association does much to make contemporary art known, and a foundation looks after the works of Wenzel Hablik. The town's most beautiful building is probably the Princess Court; an example of modern architecture is the new theatre.

The small towns, especially, hold many reminders of history. The way to Glückstadt, founded in 1617 and planned and built according to the rules of the Italian Renaissance, passes through Krempe, where the town hall built in 1570 is a stone's throw from a classical church. The aim to turn Glückstadt into a successful port able to compete with Hamburg was not achieved, but reminders of its long period as a place of government and jurisdiction under the Duchies are the palaces of the nobility and the town houses of wealthy citizens, where "antiquities" from the Elbe marshes and works of contemporary graphic art, painting and sculpture are shown.

1989 saw the opening of the "House of Literature" in the university town of Kiel. The basis of its work is the rich literary tradition of Schleswig-Holstein. It supports authors living in the region, fosters contacts with publishing houses and the book trade and coordinates the various activities of the literary centres. A comprehensive network of public libraries (represented by the Library Association

Das Kieler Schloß bietet nicht nur einen großen Konzertsaal für kulturelle Veranstaltungen, dort ist auch die Schleswig-Holsteinische Landesbibliothek untergebracht.

Kiel Palace not only provides a large concert hall for cultural events; it also accommodates Schleswig-Holstein's state library.

Im historischen Hohen Arsenal
ist das Rendsburger Kulturzentrum
eingerichtet.

Rendsburg's cultural centre is
accommodated in the historical High
Arsenal.

standorten ebnen die Wege zur Literatur. In der Kunsthalle, der neuen Stadtgalerie und dem „Brunswiker Pavillon" des Verbandes bildender Künstler in Kiel sowie ungezählten Galerien und Sammlungen wird Gegenwartskunst mit hohem Anspruch gezeigt. In der NORDSKULPTUR in Neumünster gaben anerkannte Bildhauer neben jungen Absolventen der Muthesius-Hochschule für Kunst und Gestaltung einen Überblick über das bildhauerische Schaffen im Lande. Kunst im öffentlichen Raum ist nicht nur im Umfeld der staatlichen und kommunalen Bauten verwirklicht. Das weite Gelände der Christian-Albrechts-Universität birgt „Plastik im Freien" von internationalem Rang, und Unternehmen sowie Unternehmensverbände haben Sammlungen angelegt, die stetig ausgebaut werden.

In langgestreckten Scheunen, strohgedeckten „Kuhhäusern" und Kirchen erklingt Musik. Viele Tausende folgen seit zehn Jahren den Einladungen zum Schleswig-Holstein Musik Festival und erleben zu allen Zeiten des Jahres die Konzerte von einheimischen und Gastorchestern mit bekannten Solisten und namhaften Dirigenten. Sie erfahren, daß die Vorurteile falsch sind, und wissen: „Holsatia cantat!"

in Rendsburg), the State Library and the scientific and specialist libraries in the university towns pave the way to an understanding of literature.

The Art Gallery, the new City Gallery, the "Brunswik Pavilion" of the Association of the Plastic Arts in Kiel and countless other galleries and collections show contemporary art of a high standard. At NORDSKULPTUR in Neumünster, well-known sculptors and young graduates of the Muthesius School of Art and Design gave an overview of sculptural work in Schleswig-Holstein. But art in public places is not only to be found in and around state and municipal buildings. The extensive campus of the Christian-Albrechts University offers a setting for "sculpture-in-the-open" of international standing, and private companies and industrial associations have started collections to which additions are constantly being made.

Long barns, thatched "cow houses" and churches ring with music. For ten years thousands have been drawn to the Schleswig-Holstein Music Festival or enjoyed concerts given by local and guest orchestras with well-known soloists and conductors at all times of the year. They have learnt that the old beliefs are wrong; they know that "Holsatia cantat!"

UWE RONNEBURGER

LAND MIT TRADITIONEN UND BRÄUCHEN

In Schleswig-Holstein sind viele Traditionen seit Jahrhunderten lebendig, während andere Bräuche erst in jüngerer Zeit entstanden. So treffen sich Kinder und Jugendliche alljährlich im Juni zum Scheersbergfest, im Herbst zum Laternegehen oder im Winter zum Rummelpottlaufen. Erwachsene pflegen ebenfalls im Laufe eines Jahres zu den unterschiedlichsten Anlässen zusammenzukommen, sei es, um auf dem gefrorenen Marschland an der Westküste um die Wette zu boßeln, auf der sommerlichen Förde um einen der begehrten Preise der Kieler Woche zu segeln oder sich am Vorabend des 22. Februar zum nordfriesischen Biikenbrennen zu versammeln. An einen süddeutschen Narren erinnert die „Lustige Person", die in gescheckem Kostüm im Januar bei der Schipperhöge durch die Stadt Lauenburg zieht. Im Februar wird in Kappeln die hölzerne Türkenfigur „Garibaldi" der Junge-Leute- oder Türkengilde aufgezogen, und Ende des Monats regiert für drei Tage der Altbürgermeister Asmus Bremer in historischem Kostüm und mit würdigem Gefolge den Kieler Umschlag, der vor fünfhundert Jahren einst als Geldmarkt am Dreikönigstag abgehalten wurde. An Pfingsten wird in Albersdorf der Dithmarscher Schwertertanz vorgeführt, den man auch bei der farbenprächtigen Neustädter Trachtenwoche erleben kann. Das Landestrachtenfest des Schleswig-Holsteinischen Heimatbundes findet alle drei Jahre im Sommer an wechselnden Orten statt und zeigt die von Landschaft zu Landschaft variierenden bunten Trachten und alten Tänze. Und im Juni werden alljährlich in Krempe die grünen und gelben Fahnen der Stadtgilde von 1541 kunstvoll geschwenkt.

Manche der zahlreichen Gilden können auf eine lange Geschichte verweisen: So ist beispielsweise die Holmer Beliebung in Schleswig bald 350 Jahre alt, und die St. Johannis Toten- und Schützengilde in Oldenburg geht sogar auf das Jahr 1192 zurück und zählt damit wohl zu den ältesten noch bestehenden Gilden in Deutschland. Ursprünglich standen Gilden, Beliebungen oder Willküren den Menschen in Notzeiten wie Krieg, Brand, Unwetter und Krankheit bei, trugen die Toten zu Grabe und sorgten für die Hinterbliebenen. Reste dieser Aufgaben leisten in bestimmten Gegenden noch heute die Nachbarn, wenn sie den Sarg des Verstorbenen auf den Friedhof tragen. Lieber nimmt die Nachbarschaft natürlich an freudigen Ereignissen wie Geburtstag, Taufe, Konfirmation, Porzellan-, Silber- oder Goldener Hochzeit teil.

Many of Schleswig-Holstein's customs have remained lively over the centuries while others have grown up only in comparatively recent times. So it happens that every year in June the children and young people meet for the festival on the Scheersberg, which is the highest point in the one-time territory of the Angles, while in the autumn one can see everywhere the children's colourful lantern processions in the twilight. In winter, just before the New Year, there is the Rummelpottlaufen during which the children proceed with their primitive musical instruments from house to house demanding some tribute, which may be sweets or cash.

The grown-ups likewise have many occasions for getting together over the year, be it to match their skills in winter in their curling games on the frozen-over marshlands of the west coast, or sailing in summer offshore in the Baltic Sea for the prizes to be won by the best yacht crews during the famous Kiel Week, or on the eve of February 22 when the crowds come together for the North Frisian Biikenbrennen, when large piles of wood are set ablaze, beacon-like. The "Merry Person" who in January runs through the town of Lauenburg on the occasion of the Schipperhöge (which is the festival of the inland waterway bargemen), calls to mind a South German jester. During February in the town of Kappeln they parade the wooden figure of the Turk "Garibaldi" of the young people's or Turkish guild. At the end of the month there is a three-day period of government by ex-Burgomaster Asmus Bremer in historical costume. And with worthy retinue there is Kiel's Umschlag, or money market, that goes back 500 years when the market was held on Epiphany. At Whitsun they perform the Dithmarschen sword dance at Albersdorf, which can again be experienced during the colourful Traditional Costumes Week in Neustadt. Schleswig-Holstein's Costume Festival takes place every three years in summer at different places and features the many colourful costumes and the traditional dances. And every June in Krempe the green and yellow flags of the town guild of 1541 are flourished in an artistic display.

Many of the guilds have a long history. The Holm Beliebung in Schleswig — a Beliebung is a village statute in the duchy of Schleswig — will soon be 350 years old and the St. John's Death and Marksmen's Guild in Oldenburg goes back to the year 1192, which makes it probably the oldest existing guild in Germany. These guilds and statutes were originally meant to render help to people

A LAND RICH IN TRADITIONS AND CUSTOMS

Gilden und andere Vereine haben heute vorwiegend gesellige Funktion. Dabei stehen Wettspiele im Mittelpunkt der oft mehrtägigen Feste: Während die Schützen eine Scheibe oder einen hölzernen Vogel treffen müssen, gilt es für die Reiter, einen eisernen Ring zu stechen oder eine bemalte Rolandfigur in Drehung zu versetzen. Das Ringreiten findet eigentlich überall im Lande statt, während das Rolandspiel eher an der Nordseeküste, besonders in

in times of want, such as war, fire, natural calamities and sickness; they carried the dead to the place of burial and looked after the dependants. In some areas the remnants of such customs still survive today, as when the neighbours carry the dear departed to the cemetery. Of course, the same neighbours prefer it when the occasion is a happier one, such as a birthday, a baptism, a confirmation, or a china, silver or golden wedding.

■ *Kiels Alt-Bürgermeister Asmus Bremer und sein Gefolge stehen im Mittelpunkt des Kieler Umschlag.*

■ *Kiel's ex-Burgomaster Asmus Bremer and his retinue are at the centre of thing during the Kiel Umschlag.*

Dithmarschen, zu Hause ist. Dort übernehmen auch zum Beispiel Nordhastedts Frauen um Johanni für einen Tag das Zepter beim sogenannten Frunsbeer, dessen historische Wurzeln allerdings unklar sind.

Geschichtliche Ereignisse werden oft zum Anlaß für Feiern genommen, man denke nur an die Schlachten bei Hemmingstedt am 17. Februar 1500, bei Idstedt am 25. Juli 1850 und bei Oeversee am 6. Februar 1864 oder an die Eingliederung Helgolands ins Deutsche Reich am 10. August 1890. Das Volks- und Erinnerungsfest zu Lübeck erhielt seinen Namen 1848 im Jahr der Erhebung. Dort feiert seit Jahrhunderten auch die Bruderschaft der Stecknitzfahrer im Januar mit Kringelgebäck ihr Jahresfest, die Kringelhöge. Bei den Elbschiffern in Lauenburg heißt die entsprechende Zusammenkunft Schipperhöge. Schiffer und Fischer bestimmen auch sonst das Bild im Land zwischen Nord- und Ostsee: In Büsum wird eine farbenfrohe Kutterregatta gesegelt, in Kappeln feiert man die Heringstage, in Glückstadt die Matjeswochen und in Reinfeld das Karpfenfest.

Neben Fisch munden dem Schleswig-Holsteiner aber auch Kohl, Mehlbüdel oder Groter Hans, Heiße Wecken, Förtchen (Futjen) und Rote Grütze, um nur ein paar der zahllosen Spezialitäten zu erwähnen, ganz zu schweigen von Getränken wie Angeler Muck oder Pharisäer. Wird man in bestimmten Regionen erst dreimal genötigt, lädt man in anderen Gegenden den Teller voller Kuchen. Und anderswo läßt man tunlichst das „letzte Stück" liegen, womit die breite Palette schleswig-holsteinischer Bräuche und Traditionen noch längst nicht erschöpft ist.

The guilds and other associations today have mostly a social function, with contests often being the focus of festivals and merry-making. While marksmen have to hit a board or a wooden bird, riders have to stick through an iron ring or strike a painted effigy of Roland to set it rotating. Ring riding is popular everywhere in the region, while the Roland contest is mostly along the North Sea coast, especially in Dithmarschen. There too, around Midsummer's Day the women of Nordhastedt take command of things for twenty-four hours on the occasion of the Frunsbeer, a sort of women's carousal, the historical origins of which are now largely unknown.

Historical events are often taken as an occasion for celebrating. So are recalled the battles at Hemmingstedt on February 17, 1500, at Idstedt on July 25, 1850, at Oeversee on February 6, 1864, or the incorporation of Heligoland into the German Reich on August 10, 1890. The Commemorative Festival at Lübeck got its name in 1848 in the year of the uprising. There too for centuries the brotherhood of the Stecknitz bargemen — the Stecknitz is a canal connecting Lübeck to the Elbe — celebrates in January, when cracknels are baked and distributed to the poor. Among the Elbe bargemen at Lauenburg the corresponding occasion is known as the Schipperhöge. Also otherwise it is the bargemen and the fishermen that dominate the scene in the countryside between North Sea and Baltic: In Büsum they have a colourful regatta for the fishing cutters, in Kappeln they celebrate the Herring Days, in Glückstadt it is the Matjes Herring Weeks and in Reinfeld it is the Carp Festival.

As well as fish, the countless specialities of Schleswig-Holstein include cabbage, dumplings, hot currant bread, small pancakes and red berry pudding, and there is no lack of alcoholic drinks such as Angeler Muck, while Pharisäer (black coffee with rum) is very popular. While in some regions a guest can be asked three times to reach forward, in others his or her plate is heaped full right away. And in other places the guest advisedly leaves the "last piece" lying, all of which by no means exhausts the wide scope of Schleswig-Holstein's customs and traditions.

Viehhandel auf dem Ochsenmarkt in Wedel

Cattle dealing at the Ox Market in Wedel

■ Im Elmshorn befindet sich die einzige Trabrennbahn Schleswig-Holsteins.

■ Elmshorn has the only trotting course in all of Schleswig-Holstein.

LOTHAR JENNE

WIRTSCHAFT ALS PARTNER DES SPORTS

◼ Wirtschaft als Partner des Sports? Wer hätte da nicht sofort ein Bild vor Augen! Der eine, wie der örtliche Gönner seiner Mannschaft mit neuen Trikots zum Glanz verhilft. Der andere, wie VIP's sich in der Aura eines hochdotierten Championats verwöhnen lassen. Der dritte, wie sich der Sponsor ganzseitig in der Montags-Presse bei seinem Schützling artig für den Sieg bedankt. Ohne Zweifel sind dies Partnerschaften, auf die der Sport auf allen Ebenen angewiesen ist, gleich ob der Breiten- oder Spitzensport.

Sport ist immer Wettkampf, und sei es, daß man seinen inneren Schweinehund besiegt und sich vor die Tür treibt, wenn andere lieber sitzen bleiben. So gesehen ist Sport auch in einer Mannschaft oder einem Verein individuelles Erleben und Umsetzung persönlicher Initiative. Aus diesem Grund sind alle Förderer des Sports auf eine Gratwanderung angewiesen. Verweigern sie sich, so leidet der Sport der (überwiegend noch) Nicht-Etablierten. Sind sie zu freigiebig, so sind die Taschen schnell leer, der Sport verdorben und das Publikum argwöhnisch. Staat, Mäzene und Sponsoren haben diese Erfahrung schon machen müssen.

Und wie verhält sich nun der Sport selbst? Vor allem ringt er erst einmal um seine Fortentwicklung. Einerseits sind Sportler in großer Zahl noch Nicht-Etablierte mit knappen Mitteln. Andererseits ist Sport teuer geworden. Für Materialsportarten gilt dies allemal, denn der Einzug von Hochtechnologie treibt die Kosten unerbittlich nach oben. Wer das nicht glaubt, gehe mal ein Mountainbike kaufen. Aber auch für andere Sportarten sind die Kosten erheblich gestiegen: entweder durch direkte Entgelte wie Reisekosten oder durch indirekte Kosten, wie sie aus dem Dilemma der öffentlichen Hand etwa bei der Erhaltung der Sportstätten entstehen.

Konzepte wären natürlich allemal wünschenswerter als dieser Zustand des täglichen Lebens von „der Hand in den Mund". Wer wollte aber die Ratlosigkeit vieler Sportler verübeln, wenn es weder dem Staat noch den Verbänden oder der Wirtschaft gelingt, umfassende und überzeugende Konzepte für eine zukunftsweisende Ausrichtung der Sport- und Sportlerförderung zu entwickeln?

Ein gutes Beispiel ist die „Kieler Woche": Seit über 100 Jahren richtet der Kieler Yacht-Club, heute zusammen mit drei weiteren Vereinen, die Segelregatten der „Kieler Woche" aus. Sie wurden durch die herausragende Leistung des KYC-Kommodore Otto Schlenzka in bezug auf ihren sportlichen Ruf und ihre Größe unumstritten weltweit die Nummer 1. Ihr Erfolg forderte schließlich neue Konzepte, um dem Wettbewerb der weltweiten Veranstaltungen auch finanziell gewachsen zu bleiben. Schnell wurde klar, daß ein eigener Weg zur Werbung von Partnern in der Wirtschaft erforderlich

◼ Economy as a partner of sport? At once we all have some picture in our mind's eye. The local patron smartening up his team with new jerseys. VIPs sunning themselves in the glow of some highly paid championship. A full-page photograph in Monday's newspaper showing the sponsor effusively thanking his protégé for winning. There can be no doubt that partnerships of this kind are essential to sport at all levels — from the local match to the top championship.

All sport is a fight to win — even if it only means overcoming your own disinclination to get up and go out while others stay cosily at home. Viewed in this light, even sport in a team or club is an individual experience and the result of personal initiative. This is why all those who patronize sport find themselves performing a balancing act. If they refuse to help, it is the sport of those who are not (yet) established and famous that suffers. If they are too generous their pockets are soon empty, the sport spoilt and the audience suspicious. This is something the state, the patrons and the sponsors have all experienced.

And what do the sportsmen themselves do? First of all they struggle to develop along their own particular lines. On the one hand the vast majority enjoy little fame and little money. On the other hand sport has become expensive. Certainly this is true of sports that require equipment, for the advent of high-tech has sent costs soaring. If you don't believe it, go out and buy a mountain bike! But the costs of the other disciplines have risen as well, either directly in the form of travelling expenses, for example, or indirectly for the upkeep of facilities — a dilemma for local authorities and the state.

Of course proper plans would be preferable to this situation of living "from hand to mouth". But who can blame sportsmen for their perplexity when neither the state nor the relevant associations nor industry succeeds in devising comprehensive and convincing plans guiding the development of sport and its patronage in the right direction?

A good example is the sailing event known as the "Kieler Woche": For a hundred years the Kiel Yacht Club has organized the regattas of the "Kieler Woche", now together with three other associations. Through the outstanding efforts of KYC's commodore Otto Schlenzka these regattas became unchallenged world leaders in respect of size and sporting reputation. Their success eventually demanded new ideas to enable them to withstand the financial pressure of competition from events all over the world. It soon became clear that they had to find a way of their own to acquire sponsors in industry. This was the beginning of a system that has worked ex-

ECONOMY AS A PARTNER OF SPORT

Die „Kieler Woche" lockt alljährlich Segler aus aller Welt zu den
Regatten auf der Kieler Förde.

Every year the "Kiel Week" attracts
sailing enthusiasts from all over the
world to the regattas held in Kiel Bay.

war. Daraus wurde ein bis heute hervorragend bewährtes Konzept entwickelt.

Partner der „Kieler Woche" fördern die Segelregatten durch den Einsatz ihrer Mitarbeiter und deren Know-how sowie durch Sach- und Geldleistung. Shuttle-Service für Segler und ihr Gepäck, Werkstätten, Kommunikationsdienste, Zeitmessung, Ergebnis-Übermittlung und -Auswertung, Kopierdienst, Schlauchboote für Jury-Mitglieder, die Ausrichtung von Abendveranstaltungen und Siegerehrungen gehören dazu. Der Reiz ist vielfältig.

Aus Sicht der Veranstalter: Sie können sich auf hervorragende Fachleute stützen, die durch die Atmosphäre der Großveranstaltung hoch motiviert sind. Erforderliche Ausrüstungen stehen leihweise zur Verfügung und belasten außerhalb der Veranstaltung den Etat nicht. Schließlich ermöglicht die finanzielle Förderung die Bewältigung weiterer Aufgaben.

Aus Sicht der Teilnehmer: Sie schätzen die Professionalität der Veranstaltung und erleben den Sponsoren als Partner ihres Sports, „von Du auf Du".

Und die Sicht der Partner? Das Ansehen der Veranstaltung, das sie selbst mit erzeugt haben, trägt ihren Markennamen in die Region und in die Welt via Medien und Teilnehmer. Die Geste des „Sich-Einbringens" schafft Goodwill innerhalb und außerhalb des Unternehmens. Und die Arbeitsteilung der Partner macht die Förderleistung des einzelnen überschaubarer.

Die „Kieler Woche" ist ein Modell unter anderen. Aber eines, von dem große Zufriedenheit ausgeht!

tremely well. Partners or sponsors of the "Kieler Woche" promote the sailing regattas by providing their trained staff and through contributions in money and in kind. These include a shuttle service for the yachtsmen and their luggage, workshops, communications, time recording, transmission and evaluation of results, copying of documents, inflatable dinghies for the judges and the organization of evening events and awards ceremonies. There are many attractive possibilities.

From the organizers' point of view: they can rely on teams of experts who are highly motivated by the atmosphere of the big events. The necessary equipment is available on loan and is not a drain on the budget outside the events. And finally the financial sponsorship makes it possible to take on further tasks.

From the participants' point of view: they appreciate the professional nature of the events and experience the sponsors as partners of their sport on a highly personal level.

And from the sponsors' point of view? The high reputation of the event they themselves have helped to create carries the name of their brand into the region and out into the world via the media and through the participants. The gesture of "involvement" creates goodwill inside and outside the company. And the division of responsibilities between the sponsors makes each one's contribution visible.

The "Kieler Woche" is one of many models. But it is a model that is seen to be highly satisfactory.

Abschlußfeuerwerk der „Kieler Woche"

The grand final fireworks marking the end of the "Kiel Week".

■ *Der THW Kiel errang 1996 zum dritten Mal den Titel des deutschen Handballmeisters.*

■ *The title of German handball champion was won in 1996 for the third time by THW Kiel.*

WOLF-RÜDIGER JANZEN

DIE REGION IM WANDEL – ZUKUNFT IM OSTSEERAUM

Es liegt kaum ein halbes Jahrzehnt zurück, als schleswig-holsteinische Ambitionen aus Wirtschaft und Politik in Richtung Ostseeraum eher hilflos zur Kenntnis genommen wurden. Ende der achtziger Jahre nährte sich der unternehmerische Status quo von gesundem bundesdeutschem Wachstum und den bekannten, verläßlichen Strukturen innerhalb der europäischen Zwölfergemeinschaft. Die Öffnung des Brandenburger Tores bzw. die 1990 besiegelte deutsche Wiedervereinigung und mit ihr die bis dato nicht nutzbaren und jetzt zu realisierenden Marktchancen in den neuen Bundesländern beanspruchten große Kapazitäts- und Kraftreserven der Unternehmen im Bezirk der Industrie- und Handelskammer zu Kiel.

Erst mit den Unabhängigkeitsbestrebungen verschiedener Teilrepubliken der ehemaligen Sowjetunion gewann die Idee eines erweiterten europäischen Hauses Kontur. Die norddeutsche Wirtschaft entdeckte den Ostseeraum neu, der als Folge des Zweiten Weltkrieges politisch, wirtschaftlich und militärisch in künstliche und divergierende Interessensphären aufgespalten war: Norwegen, Schweden und Finnland rückten mit den Verträgen zum Einheitlichen Europäischen Wirtschaftsraum näher an das europäische Festland heran, und die baltischen Republiken Estland, Lettland und Litauen gewannen ihre staatliche Souveränität zurück. Die Norderweiterung der EU um Finnland und Schweden sowie die Freihandelsabkommen zwischen der EU und den baltischen Staaten waren weitere Schritte hin zu einem Wirtschaftsraum Ostsee, gefolgt von Europaabkommen zunächst mit Polen und später mit Estland, Lettland und Litauen. Mit Rußland schloß die Union ein Freundschaftsabkommen.

Die supra-nationalen Entwicklungen auf dem regierungsamtlichen Parkett waren nicht möglich ohne die zahlreichen, parallel laufenden Initiativen und Netzwerke unterhalb der staatlichen Ebene. Nachdem die Industrie- und Handelskammern rund um die Ostsee sich bereits seit den siebziger Jahren — allen Systemunterschieden zum Trotz — zu regelmäßigen Konsultationen getroffen hatten und mit den Reformbewegungen in Europa diese zwar wichtigen, aber eher unverbindlichen Treffen eines festen Rahmens bedurften, wurde im Juni 1992 die Baltic Sea Chambers of Com-

It is hardly five years since that Schleswig-Holstein's political and economic ambitions in respect of the Baltic area had a touch of helplessness about them. At the end of the 1980s the local economy lived well from a healthy West German growth and the reliable structures within the European Community. But with the opening of the Brandenburg Gate in Berlin and German reunification in 1990 the now attainable market opportunities in what had been East Germany became a challenge for the firms within the purview of Kiel Chamber of Industry and Commerce.

It was only with the independence efforts of the republics of the former Soviet Union that the idea of an expanded European house took shape. Business in North Germany rediscovered the Baltic region after it had been split up into divergent spheres of influence as a result of World War II. Norway, Sweden and Finland moved closer to the European Economic Area and Estonia, Latvia and Lithuania regained their independence. Further steps to a Baltic economic area came with northward expansion of the EU to include Finland and Sweden and the free trade agreement between the EU and the Baltic states, followed by agreements first with Poland and later with Estonia, Latvia and Lithuania. With Russia a treaty of friendship was concluded.

The supranational developments at government level would not have been possible without the many parallel initiatives at a lower level. Since the 1970s and in spite of differences in their systems, the chambers of commerce around the Baltic had been meeting regularly in a noncommittal fashion, but with the reform movements in Europe these meetings required a firmer framework. Accordingly the Baltic Sea Chambers of Commerce Association (BCCA) was founded in June 1992, with initially 23 members. Others joined later, so that there are today 45 chambers from all ten Baltic Sea countries speaking with one voice under the auspices of the BCCA. They have recognized that only cross-border cooperation can sharpen the individual regional profile, that regional policy is no zero-sum game. It is still true that "every business is local", but the determining factors for local decisions no longer lie before one's door. It is rather so that regional strengths and weaknesses are to be balanced out with the neighbour so as to more effectively

A REGION IN TRANSITION –
A FUTURE IN THE BALTIC AREA

merce Association BCCA gegründet. Den zunächst 23 Gründungsmitgliedern schlossen sich bald weitere an, so daß heute 45 Kammern aus allen 10 Ostsee-Anrainerstaaten unter dem Dach der BCCA mit einer Stimme für die Belange der Wirtschaft im Ostseeraum sprechen. Die Industrie- und Handelskammern haben erkannt, daß nur die grenzüberschreitende Zusammenarbeit das jeweilig individuelle Regionalprofil zu schärfen vermag, Regionalpolitik also kein Nullsummenspiel beschreibt. Zwar gilt auch heute noch "every business is local", gleichzeitig aber liegen die Bestimmungsfaktoren für lokale Entscheidungen nicht mehr vor der Haustür. Es gilt, regionale Stärken und Schwächen mit den Nachbarn auszugleichen, um gemeinsam den immensen Herausforderungen für die Wirtschaft im Ostseeraum wirkungsvoller begegnen zu können. Dies bedeutet, Kräfte zu bündeln und Aufgaben auf mehrere Schultern zu verteilen sowie Wissen und Informationen auszutauschen, um die einmalige Chance einer neuen Ostseezusammenarbeit zu nutzen.

Die Aufgaben der BCCA, die ohne eigenes Personal arbeitet und damit ausschließlich vom persönlichen Engagement der Mitarbeiter und Leiter der Mitgliedskammern lebt, verteilen sich auf die Erstellung von Serviceangeboten für Unternehmen, die gegenseitige Unterstützung ihrer Mitglieder sowie die Ratgeberfunktion für die politischen Entscheidungsträger. Innerhalb von nur drei Jahren ist es der BCCA gelungen, sich als Gesprächspartner im Rahmen einer neu zu formulierenden Ostseepolitik zu etablieren. Die BCCA ist regelmäßig dabei, wenn sich die Außenminister des Ostseerates treffen, um grenzüberschreitende Maßnahmen zu formulieren. Die BCCA wird gefragt, praktische Handelshemmnisse aufzulisten, die der Zusammenarbeit im Wege stehen. Die BCCA ist auch involviert bei der Frage der Ausgestaltung eines integrierten Ostsee-Förderprogramms der EU, das 1996 erste Gelder bereitstellen soll. Zum Servicebereich gehören die Organisation eigener Unternehmermessen wie die Hanse Wirtschaftstage, die jährlich an verschiedenen Plätzen im Ostseeraum veranstaltet werden. Ferner zeigt die BCCA Wege auf, unternehmerische Ideen im Nachbarstaat umzusetzen. Hierzu gehören Sprechtage ebenso wie ein in Eigenarbeit herausgebrachter Ratgeber für die Aufnahme von Geschäftsbezie-

meet the great challenges for the economy in the Baltic region. That means bundling strength and spreading tasks over several shoulders as well as exchanging information so as to make the most of the unique chance of a new cooperative effort around the Baltic. The tasks of the BCCA, which has no staff of its own and is therefore dependent on the personal engagement of the individual cham-

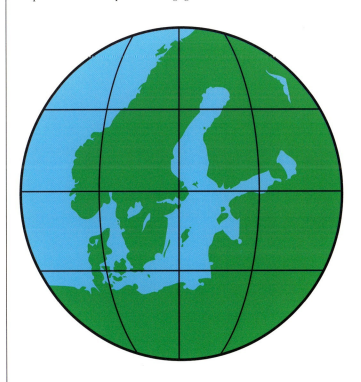

ber's staff, cover the offering of services to firms, the mutual support of its members and advice to political decision-makers. Within just three years the BCCA has become accepted as a discussion partner in matters relating to a newly formulated policy for the Baltic region. The BCCA is always there when Baltic foreign ministers meet to formulate cross-border measures. The BCCA is invited to list practical trade barriers that stand in the way of cooperation, and it is also involved in the question of arranging an integrated EC ad-

hungen in den baltischen Republiken und Rußland. Ergänzt wird dieses Angebot durch einen jährlich zweimal erscheinenden Messekalender Ostseeraum. Abgeschlossen sind auch die Vorarbeiten zum Aufbau eines elektronischen Datenverbundes rund um die Ostsee. Unter Führung der IHK zu Kiel werden in einem ersten Schritt neun Kopfstellen rund um die Ostsee vernetzt.

Neben den unilateralen Ansätzen gibt es auch eine Reihe von bilateralen Gemeinschaftsaktionen. Aus Sicht der Industrie- und Handelskammer zu Kiel gehören hierzu die Partnerschaftsprojekte mit der Estnischen Industrie- und Handelskammer in Tallin sowie mit der Wirtschaftskammer Danzig. Hier ist jeweils ein Mitarbeiter der IHK zu Kiel vor Ort, um die Projekte — u. a. Modernisierung der Organisation, Unterstützung der Unternehmen, Mitarbeiterschulung und Politikberatung — zu realisieren. Der Erfolg dieser Projekte hat dazu geführt, daß die IHK zu Kiel seit Jahresende 1995 auf Wunsch der Bundesregierung ein ähnliches Projekt mit der Handelskammer in Köszlin durchführt. In Absprache mit den Kollegen von der Südschwedischen Handelskammer in Malmö wird in Form eines Pilotprojektes schwedischen Jugendlichen die Möglichkeit angeboten, im Rahmen der dualen Berufsausbildung im Kammerbezirk der IHK zu Kiel einen Ausbildungsberuf zu erlernen.

Integration und Wohlstand fallen weder vom Himmel noch können sie verordnet werden. Sie werden vielmehr erarbeitet. Die der BCCA angeschlossenen Industrie- und Handelskammern als jeweilig regionale Selbstverwaltungsorganisationen der Wirtschaft betrachten es als ihre Aufgabe, Maßnahmen, die mit Bordmitteln bewältigt werden können, auch tatsächlich in Angriff zu nehmen. Die tägliche Arbeit der BCCA-Mitglieder für die regionale Wirtschaft erlaubt eine ideologiefreie Sichtweise und ermöglicht einen an den Erfordernissen der unternehmerischen Praxis orientierten Arbeitsstil, der sich bestens bewährt hat.

vancement programme for the Baltic area for which first funds are to be available in 1996. The organization also arranges events such as the Hansa Business Days which are held annually at different venues in the Baltic region, and it shows how entrepreneurial ideas can be applied in neighbouring countries. Preparations for the creation of an electronic data link-up for the Baltic have also been concluded. In a first step under the leadership of the chamber in Kiel, nine locations around the Baltic have been networked.

In addition to unilateral actions there are also several bilateral initiatives. Seen from Kiel, these include partnership projects with chambers in Tallin and Danzig. In each case someone from Kiel is on site to help the projects along — including modernization of the organization, support for the firms, training of staff and political counselling. The success of these projects has been such that Kiel was requested by the federal government in 1995 to carry out a similar project with the chamber in Köszlin. And in agreement with the colleagues at the chamber in Malmö there is a pilot project in which Swedish youths have the opportunity, within the framework of dual vocational training operated in the area of the Kiel chamber, of taking up courses of training.

Integration and prosperity are neither pennies from heaven nor can they be ordered. They must rather be worked for. The chambers of industry and commerce in the BCCA see it as their task to undertake measures that can actually be tackled with their own means as regional self-administering organizations. The daily work of BCCA members permits a non-ideological view of things and makes possible a style of working that is oriented on entrepreneurial practise and has fully proved its value.

■ Das Schleswig-Holstein-Büro in Danzig wird von der IHK zu Kiel mit Förderung des Landes Schleswig-Holstein betrieben.

■ Schleswig-Holstein's office in Danzig is operated by Kiel Chamber of Industry and Commerce in promotion of the state's interests.

227

VERZEICHNIS DER UNTERNEHMEN, VERWALTUNGEN UND VERBÄNDE

■ Die Entstehung der ACO SEVERIN AHLMANN GMBH & CO. KG, Rendsburg, geht auf das Jahr 1946 zurück, als Josef-Severin Ahlmann die Firma Ahlmann & Co. (ACO) gründete. In den ersten zwanzig Jahren seines Bestehens konzentrierte sich ACO auf den deutschen Markt, auf dem Terrazzo-Sanitärartikel, Betonfenster und Tiefbau-Betonprodukte eine starke Nachfrage erlebten. Heute produziert das Unternehmen Entwässerungssysteme und Produkte für Haus und Garten (Fenster, Dachrinnen, Fußabstreifer, Lichtschächte) sowie für Lager- und Umwelttechnik. Kern der Unternehmensphilosophie ist eine dezentrale Führungsstruktur. Die ACO-Unternehmensgruppe ist weltweit in 18 Ländern mit 20 Produktionsstandorten sowie 50 Vertriebsgesellschaften vertreten. ACO ist Europas größter Anbieter von Linienentwässerungssystemen und weltweit größter Verarbeiter von Polymerbeton. Mit dieser Organisationsstruktur sollen die Begrenztheit regionaler Märkte überwunden, Energien gebündelt und das Wissen einzelner auf breiter Basis umgesetzt werden. ACO beschäftigt insgesamt rund 1800 qualifizierte und motivierte Mitarbeiter.   (Bildbeitrag Seite 20, 21)

■ Die Hochschule für Berufstätige in Rendsburg wurde im Juni 1980 vom Kultusministerium Schleswig-Holstein staatlich anerkannt. Träger der Hochschule ist die 1959 gegründete AKAD - AKADEMIKERGESELLSCHAFT FÜR ERWACHSENENFORTBILDUNG MBH, Stuttgart. Weitere Angebote sind die Vorbereitung auf das Abitur, Fortbildungsabschlüsse und Sprachdiplome. Die Hochschule für Berufstätige ist die erste private Fachhochschule in Deutschland, die im Methodenverbund von Fernstudien und Präsenzphasen die Studiengänge Betriebswirtschaft, Wirtschaftsingenieurwesen und Wirtschaftsinformatik angeboten hat. Seit ihrem Bestehen haben 2000 Studenten ihr Examen abgelegt. Heute ist sie mit rund 4000 Studenten die größte private Fachhochschule in Deutschland. Das Studium erfolgt lernzeitflexibel und ortsunabhängig und ist auch aus dem Ausland möglich. Seit 1992 ist das Studium auch ohne Abitur oder Fachhochschulreife möglich, das sogenannte Probestudium.   (Bildbeitrag Seite 77)

■ Die 1985 gegründete AKIS GMBH, Industriegüterfertigung, in Elmshorn ist eines der größten Lohnfertigungs- und Nacharbeits-Unternehmen mit „full-service" in Norddeutschland. Das Tätigkeitsspektrum des innovativen Unternehmens umfaßt die Lohnfertigung und Lohnbearbeitung von Qualitätsprodukten, die Konfektionierung verschiedenster Warengruppen, Zwischenlager-Logistik, Tampon-Druck, Nacharbeiten

bei Qualitätsmängeln, die Montage elektronischer Baugruppen, Näharbeiten, Bohr- und Fräsarbeiten sowie Sortier- und Versandarbeiten. AKIS arbeitet mit führenden Firmen in Deutschland, Schweden, Israel, Japan, Holland und Großbritannien zusammen. Hauptkunden sind Firmen in der Automobilindustrie, der Lebensmittelindustrie, in der elektronischen Büromaschinenproduktion, in der Produktion von hochwertigen Schreibgeräten und Zulieferungen für die Fotoindustrie sowie Lagerung und Versand für die Tourismusbranche.   (Bildbeitrag Seite 133)

■ ALLIEDSIGNAL ELAC NAUTIK GMBH, Kiel, entwickelt, fertigt und vertreibt Geräte und Anlagen, die auf der Grundlage von Wasserschalltechnik arbeiten und Tiefenmessung und Ortung im Wasser ermöglichen. Anwendungsbereiche sind vor allem die Hydrographie, die Vermessung von Häfen, Flüssen und Seen, die Ozeanographie, die Meeresgeologie und -biologie sowie Navigation und Fischerei. Präzise Feinmechanik verbindet sich mit hochentwickelter Mikroelektronik; Prozeßrechner schaffen die Voraussetzung für eine effiziente Meßwerterfassung, -verarbeitung und -auswertung. Weltweit arbeiten über 80 Forschungsschiffe mit ELAC-Vermessungs- und Echolotanlagen. Sie vermitteln genaue Daten von Gewässern und Gewässerbodenschichten.   (Bildbeitrag Seite 107)

■ Die ALSEN-BREITENBURG ZEMENT- UND KALKWERKE GMBH, Hamburg, entstand 1972 durch den Zusammenschluß der 1863 von Otto Friedrich Alsen gegründeten Alsen'sche Portland-Cement-Fabrik und der 1884 von zehn norddeutschen Kaufleuten gegründeten Breitenburger Portland-Cement-Fabrik. Produziert werden Zement und Kalk, die in Schleswig-Holstein, Hamburg, Bremen, Mecklenburg-Vorpommern und im nördlichen Niedersachsen abgesetzt werden. Das Werk Lägerdorf produziert mit Hilfe moderner, umweltgerechter Produktionsanlagen — 1995 wurde der neue Drehofen 11 eingeweiht — und mit rund 500 Mitarbeitern hochwertigen Zement und Kalk. Das Unternehmen gehört damit zu den bedeutendsten Industriebetrieben der Region.   (Bildbeitrag Seite 117)

■ Die 1945 von Kurt Löwenthal gegründete AUTOKRAFT GMBH, Kiel, führt den Linienverkehr in Schleswig-Holstein und zum Hamburger Flughafen durch, betreibt Fernlinien nach Berlin und Tallinn (Estland) sowie Gelegenheits- und Mietwagenverkehr. Ein weiterer Geschäftsbereich ist die AK Touristik, die Busreisen in alle Welt veranstaltet. AUTOKRAFT führte als erstes deutsches Busunternehmen ABS in Linienbussen ein. Das Unternehmen erhielt den Umweltpreis der Stadt Kiel für die Verwendung von Mehrweggeschirr in Reisebussen und einen Anerkennungspreis für das Design des 15-Meter-Regio-Busses beim Designpreis Schleswig-Holstein 1996. (Bildbeitrag Seite 183)

Aus dem 1970 von Dipl.-Ing. Jürgen Baade gegründeten Kieler Architekturbüro entstand 1992 die Sozietät BAADE UND PARTNER ARCHITEKTEN BDA. Zu ihr gehören Jürgen Baade, Anke Dabs, Holger Koppe und Peter Ludewig. Das Büro konzentriert sich auf die Planung, Projektierung und Bauüberwachung von Projekten in den Bereichen Handel, Gewerbe und Industrie sowie im Verwaltungs- und Wohnungsbau. Dabei steht die Einbindung zukunftsweisender Funktionsabläufe und Gebäudetechnik in eine gestalterisch anspruchsvolle Architektur im Vordergrund. Qualifiziertes Personal, eine professionelle technische Ausstattung und eine hohe Dienstleistungskompetenz zeichnen das regional und überregional tätige Büro aus. Ein herausragendes Projekt ist in Kiel der III. Fährterminal, das in Partnerschaft mit dem FO Arkitektkontor und Baade und Partner SAR und BDA Göteborg/Kiel entstanden ist. Die Federführung liegt bei Baade und Partner Architekten BDA. (Bildbeitrag Seite 178, 179)

Die Gründung der A. BEIG DRUCKEREI UND VERLAG GMBH & CO in Pinneberg geht auf das Jahr 1844 zurück, als Andreas Dietrich Erdmann Beig die Druckerei seines Arbeitgebers erwarb. Heute verlegt das Unternehmen Tageszeitungen wie das Pinneberger Tageblatt, Wochenblätter, Telefonbücher und druckt neben eigenen Objekten Akzidenzen wie die taz und die Elmshorner Nachrichten. Mitte der siebziger Jahre erfolgte die Umstellung von Blei- auf Fotosatz sowie von Buch- auf Offsetdruck. Seit 1991 wird auf einer neuen 48seitigen Offset-Rotation gedruckt. Die Gesellschafter des modernen Druck- und Verlagshauses sind der Schleswig-Holsteinische Zeitungsverlag, der Axel Springer Verlag und die Kieler Zeitung Verlags- und Druckerei KG. (Bildbeitrag Seite 152)

Die Gründung der BIG BAU-UNTERNEHMENSGRUPPE, Kronshagen/Kiel, geht auf das Jahr 1949 zurück. Heute gehören zum Tätigkeitsspektrum des ausschließlich im Inland aktiven Unternehmens der Bau und Verkauf von Miet- und Eigentumswohnungen, von Eigenheimen so-

wie von Gewerbe- und Sozialimmobilien. Hinzu kommen Haus- und Wohnungsverwaltung sowie Stadterneuerungs- und Entwicklungsmaßnahmen. Die BIG verfügt auch über rund 9000 eigene Mietwohnungen. (Bildbeitrag Seite 118, 119)

Die BOSCH-GRUPPE ist seit Jahrzehnten auf den Gebieten der öffentlichen und privaten sowie mobilen Kommunikationstechnik erfolgreich. Die Erzeugnisse trugen neben der Marke Bosch die Markennamen ANT, Teldix, Telenorma und Signalbau Huber. Die Angebotspalette umfaßt die ganze Vielfalt der modernen Kommunikationstechnik: Betriebsfunk, Breitbandkommunikation, Mobilfunk, Multiplextechnik, öffentliche Vermittlungstechnik, private Kommunikation, Richtfunk, Satellitentechnik, Sicherheitstechnik und Verkehrstechnik. Die Bosch-Gruppe stellt sich diesen Herausforderungen durch Bündelung aller Aktivitäten unter dem weltweit bekannten Namen Bosch. Damit summieren sich technisches Wissen und Markterfahrung der bisherigen Einzelunternehmen in einem leistungsstarken Unternehmen der Kommunikationstechnik: BOSCH TELECOM GmbH. (Bildbeitrag Seite 148)

Die CITTI/GK-GRUPPE (KOMMANDITGESELLSCHAFT) wurde 1972 von den Firmen Bartels & Langness und Paulsen & Hochfeld gegründet. Stammsitz ist die schleswig-holsteinische Landeshauptstadt Kiel. Das Tätigkeitsfeld umfaßt die vier Aufgabenbereiche Lebensmittelfachmärkte, Zustellgroßhandel, Großküchentechnik und CITTI-Tank. Das Sortiment der Märkte umfaßt mehr als 50 000 Artikel. Die CITTI/GK-Gruppe ist präsent in Schleswig-Holstein und Hamburg (CITTI), Berlin und Mecklenburg-Vorpommern (GK) sowie Sachsen-Thüringen (JOMO-CITTI). (Bildbeitrag Seite 173)

Auf stolze 125 Jahre Firmengeschichte kann die COMMERZBANK AG zurückblicken. Heute zählt der Konzern mit einer Bilanzsumme von 404 Milliarden DM, über 1000 Filialen und knapp 30 000 Mitarbeitern zu den führenden weltweit tätigen Universalbanken in Deutschland. Sitz der Hauptverwaltung ist Frankfurt/Main. In Schleswig-Holstein ist die Kieler Commerzbank zuständig für die angeschlossenen 26 Filialen in Bad Bramstedt, Bad Oldesloe, Eckernförde, Heide, Husum, Lübeck, Mölln, Neumünster, Neustadt in Holstein, Niebüll, Rendsburg, Schleswig, Travemünde, Wahlstedt und Westerland. (Bildbeitrag Seite 159)

Das Werk Kiel ist innerhalb der DAIMLER-BENZ AEROSPACE AG (DASA) dem Ulmer Produktbereich Sensorsysteme zugeordnet und dessen Profitcenter „Boden- und Schiffssysteme" unterstellt. Dieser Produktbereich war bis 1992 Kernbereich der damaligen Telefunken Systemtechnik GmbH, Ulm, die am 1. Oktober 1993 mit der Dasa verschmolzen wurde. Der Auftrag des Werkes Kiel ist, Dienstleistungen (Einrüstung und Betreuung) für Produkte des Produktbereiches Sensorsysteme — im wesentlichen für Radar- und Funksysteme — zu erbringen.
Zu den Systemen zählen:
— Verkehrsleitsysteme für den Seeverkehr bzw. Luftverkehr,
— Lenk- und Führungssysteme,
— land- und bordgestützte Funkkommunikations- und Aufklärungsanlagen für die Marine.
Darüber hinaus liefert das Werk Kiel komplexe Systemlösungen für Spezialcontainer für den Einsatz unter besonderen Bedingungen. In 1996 strebt Herr Stein, Leiter des Werkes Kiel, eine personelle Aufstockung auf rund 100 Mitarbeiter an. Zum Kundenkreis gehören insbesondere inländische Kunden aus den Bereichen Verteidigungstechnik, Verkehr und Seewirtschaft. (Bildbeitrag Seite 27)

Die DATENZENTRALE SCHLESWIG-HOLSTEIN in Altenholz wurde durch Gesetz des Landes Schleswig-Holstein im April 1968 als Anstalt des öffentlichen Rechts gegründet. Sie ist Partner in allen Fragen des Einsatzes der Informations- und Kommunikationstechnik in der öffentlichen Verwaltung, berät in allen Fragen des IT-Einsatzes, entwickelt, pflegt und betreut Anwendungen, führt IT-Fortbildungen durch und erbringt Rechenzentrums-Serviceleistungen. Die Datenzentrale ermöglicht die Erledigung von Aufgaben der öffentlichen Verwaltung im Lande Schleswig-Holstein durch elektronische Datenverarbeitung. Darüber hinaus bietet sie ihre Dienstleistungen und Produkte bundesweit über Kooperationspartner und Beteiligungsgesellschaften an. Die DZ-SH bietet für die öffentliche Verwaltung vollständige Problemlösungen aus einer Hand.
(Bildbeitrag Seite 146)

Die 1951 gegründete DESIGNA Verkehrsleittechnik GmbH, Kiel, entwickelt und produziert Parkhaussysteme, insbesondere Ein- und Ausfahrtgeräte, Schranken, automatische Kassen und Datenzentralen. Das innovative Unternehmen führte 1975 das erste vollautomatische Parksystem ein und hat mit seinen weltweiten Aktivitäten und zukunftsorientierten Ent-

wicklungen eine führende Position auf dem internationalen Markt erreicht. Die qualitativ ausgereiften, technisch anspruchsvollen DESIGNA-Produkte werden zu 50 % im Inland, zu 30 % in den Ländern der EU und zu 20 % in Asien abgesetzt. (Bildbeitrag Seite 182)

Die DEUTSCHE BANK AG, Filiale Kiel, geht auf das 1852 gegründete Bankhaus Wilh. Ahlmann zurück. Heute betreuen erfahrene und kompetente Mitarbeiter im Ahlmann-Haus und in sieben Filialen im Stadtgebiet sowie in Rendsburg und Neumünster die Kunden der Deutschen Bank AG in der Region Kiel. Das Angebotsspektrum umfaßt alle banküblichen Dienstleistungen für Privat- und Geschäftskunden sowie Firmen und Institutionen und Privates Anlage-Management. Über besonderes Know-how verfügt die Deutsche Bank AG in den Bereichen „Electronic Banking", Vermögensanlage, Altersvorsorge und Baufinanzierungen. Das Kreditinstitut zeichnet sich vor allem durch seine individuelle Beratung in allen Geschäftsbereichen aus. (Bildbeitrag Seite 155)

Die Gründung der DEUTSCHEN POST AG geht auf das Jahr 1867 zurück. Das moderne Dienstleistungsunternehmen ist international tätig. Der Zuständigkeitsbereich der Filialdirektion Kiel umfaßt Schleswig-Holstein, Hamburg und Mecklenburg-Vorpommern. Sie ist eine von 23 Direktionen, die von der Generaldirektion in Bonn zentral gelenkt werden. Zur Erfüllung ihrer Aufgaben stehen der Direktion Kiel Filialniederlassungen in Rendsburg, Neustadt in Holstein, Hamburg, Güstrow und Greifswald zur Verfügung, die 566 Postfilialen und 62 Postagenturen in Schleswig-Holstein, 115 Postfilialen und 16 Postagenturen in Hamburg sowie 276 Postfilialen und 139 Postagenturen in Mecklenburg-Vorpommern unterhalten. (Bildbeitrag Seite 142)

Die DEUTSCHE TELEKOM AG, Bonn, ging am 1. Januar 1995 aus der Deutschen Bundespost Telekom hervor und ist in Kiel mit einer Niederlassung vertreten, die in Schleswig-Holstein sowie im In- und Ausland Kommunikationsdienstleistungen anbietet. Das Spektrum umfaßt Telekommunikationsanlagen, Telefone, Telefax, ISDN, EURO-ISDN, neue Leistungsmerkmale im intelligenten Telefonnetz, Kabelanschluß, D 1, C-Tel, Chekker, Cityruf, Modacom, T-Online, Text- und Datenkommunikation, Datex-M, Telekom Designed Network, Videokonferenz und Business-TV. Mit richtungweisenden, weltweit gültigen Standards und leistungsfähigen Infrastrukturen schafft die Deutsche Telekom Voraussetzungen für die multimediale Informationsgesellschaft.   (Bildbeitrag Seite 145)

▨   Die Kieler DRACHENSEE GGMBH — Arbeit und Wohnen für Behinderte — geht auf den 1969 gegründeten Verein Drachensee zurück. Die gemeinnützige GmbH betreibt neben den Häusern der Wohnanlage am Postillionweg acht dezentral im Stadtgebiet verteilte Wohnhäuser sowie die Werkstatt am Drachensee mit drei Standorten. Die Werkstatt für Behinderte ist eine Einrichtung der beruflichen Rehabilitation und beschäftigt rund 480 behinderte Mitarbeiter und Mitarbeiterinnen sowie qualifiziertes Fachpersonal zur Anleitung und Betreuung der Arbeitsgruppen. Die Tätigkeiten sind am Kunden orientiert und umfassen Montagearbeiten, Verpacken und Konfektionieren, den Papierbereich, eine Tischlerei, eine Landschaftsgärtnerei sowie die Textilpflege und die Metallbe- und -verarbeitung. In den Wohnstätten der Drachensee gGmbH leben 196 erwachsene Männer und Frauen mit geistigen und z. T. Mehrfachbehinderungen. Sie werden umfassend betreut und entsprechend ihrer Möglichkeiten gefördert.   (Bildbeitrag Seite 132)

▨   Die DRESDNER BANK AG wurde 1872 in Dresden gegründet — nächstes Jahr 125 Jahre jung. Heute sind wir eine der weltweit führenden Universalbanken. Im IHK-Bereich Kiel finden Sie uns an den Plätzen Kiel, Neumünster, Rendsburg, Pinneberg, Elmshorn, Itzehoe und Wedel. Wir stehen überall dort zur Verfügung, wo große, mittelständische und kleine Unternehmen aus den verschiedensten Branchen unsere Beratung wünschen. Bei den rund 200 000 inländischen Firmenkunden stehen Finanzierungen aller Art, die Abwicklung des Zahlungsverkehrs, das Auslands- und Devisengeschäft, die Geldanlage sowie die öffentlichen Förderprogramme (auch europäische) im Mittelpunkt der geschäftlichen Verbindungen. Sprechen Sie uns an! — auch zu aktuellen Fragen der Währungsunion und zu Edifact.   (Bildbeitrag Seite 158)

▨   Die DST DEUTSCHE SYSTEM-TECHNIK GMBH, Kiel, wurde 1990 gegründet. Das mittelständische Telematik-Systemhaus engagiert sich primär in der Entwicklung und Realisierung fortschrittlicher Systemanwendungen der Sicherheitstechnik, Verkehrsleittechnik, Industrieautomation und Umwelttechnik auf den Gebieten Logistik und Verkehr. An den Standorten Kiel und Bremen sind 800 Mitarbeiter in Entwicklung, Ferti-

gung, logistischer Betreuung und Vertrieb tätig. Geschäftsstellen bestehen in Berlin, Bonn, Bremen, Dortmund, Frankfurt, Gera, Kiel, Koblenz, München, Stuttgart und Wilhelmshaven. Durch die Geschäftsstelle Export in Kiel und zahlreiche Repräsentanzen ist die DST weltweit vertreten. Darüber hinaus bestehen Kooperationen mit nationalen und internationalen Unternehmen.   (Bildbeitrag Seite 19)

▨   Die ESN, EnergieSystemeNord GmbH, ist ein Ingenieurunternehmen für Energie- und Umwelttechnik mit Sitz in Kiel. Als leistungsstarkes, modernes Dienstleistungsunternehmen mit über 100 qualifizierten Mitarbeitern ist ESN auf den Fachgebieten Energietechnik, Sicherheitstechnik, Informationsverarbeitung und Unternehmensberatung tätig. Das Leistungsspektrum erstreckt sich von der Konzeption und Planung bis hin zur Unterstützung beim laufenden Betrieb. Als unabhängiger Ingenieur und Projektmanager sind unsere Arbeitsschwerpunkte: Heizwerke, BHKW, Fernwärme- und Gasversorgungsnetze, technische Gebäudeausrüstung, Kreis- und Netzleitstellen sowie Energiesparmaßnahmen und die Nutzung regenerativer Energiequellen. Außerdem befaßt sich ESN mit Geographischen Informationssystemen (GIS) zur Datenmodellierung und zur Ersterfassung, mit Projekten zur elektronischen Archivierung und mit CAD-Dienstleistungen. Außer in Kiel ist ESN auch in Hamburg, Wismar, Greifswald, Parchim, Berlin, Ratingen, Magdeburg, Jena und Pirna/Dresden ansässig.   (Bildbeitrag Seite 131)

▨   Die 1994 gegründete ESW-EXTEL SYSTEMS WEDEL Gesellschaft für Ausrüstung mbH, Wedel, ist aus dem AEG Geschäftsbereich Marine- und Sondertechnik, Wedel, hervorgegangen, wurde 1989 in die Telefunken Systemtechnik überführt und ging 1992 in der heutigen Daimler-Benz Aerospace auf. Das Produktionsprogramm des innovativen Unternehmens umfaßt Stabilisierungssysteme, elektrische Antriebssysteme, Stromversorgungssysteme und elektrische Maschinen, Ausbildungssysteme, Meß- und Prüfsysteme sowie Service und Logistik für Zivil- und Verteidigungsaufgaben.
ESW ist führend bei:
— speziellen Stabilisierungsplattformen für Sensoren in Fahrzeugen, auf Schiffen und in Hubschraubern
— elektrischen Antrieben für Richtanlagen in gepanzerten Fahrzeugen sowie für Drehgestelle in Eisenbahnen
— Laser-Ausbildungssystemen SIMSTAR

— speziellen Generatoren, Motoren und Gebläsen für Flug- und Landfahrzeuge sowie
— Kommissionier- und Remissionsverarbeitungssystemen

(Bildbeitrag Seite 54, 55)

Die FACHHOCHSCHULE KIEL wurde am 1. August 1969 durch das Gesetz über Fachhochschulen im Lande Schleswig-Holstein gegründet. In der Geschichte der einzelnen Fachbereiche kann sie auf eine über 125 Jahre zurückreichende Tradition aufbauen.

In sechs Fachbereichen — Bauwesen, Elektrotechnik, Landbau, Maschinenwesen, Sozialwesen, Wirtschaft — bietet die FH Kiel elf Studiengänge, zwei Ergänzungsstudiengänge und einen Postgraduiertenstudiengang MBA.

Hinzu kommen vielfältige und differenzierte Auslandsstudienprogramme mit Zusatzqualifikationen bis hin zu Abschlüssen ausländischer Hochschulen. Doppeldiplome: ein Studium, zwei Diplome (FH Kiel und ausländische Partnerhochschule) sind möglich. Die Fachhochschule Kiel ist die größte Fachhochschule in Schleswig-Holstein. Über anwendungsbezogene Forschung und Entwicklung, den Technologietransfer und die Weiterbildung sichert die Hochschule den Anschluß an die Praxis.

(Bildbeitrag Seite 68, 69)

1961 gründete Jürgen Kiesel in Flensburg die Firma GEKA Jürgen Kiesel, die heute ihren Sitz in Kiel hat. Das Unternehmen ist auf die Behandlung von Oberflächen spezialisiert. Es wird u. a. verchromt, vernickelt, verkupfert, verzinkt, brüniert, verzinnt sowie VA elektropoliert. Die eingesetzten Automatenanlagen entsprechen dem neuesten Stand und sind computergesteuert. Zum Schutz der Umwelt wurde 1994 eine hocheffiziente Entgiftungsanlage installiert. Das Absatzgebiet der GEKA Jürgen Kiesel erstreckt sich auf das gesamte Bundesgebiet.

(Bildbeitrag Seite 87)

Die traditionsreiche MAX GIESE BAU GMBH wurde vor über 80 Jahren in Kiel gegründet und hat sich zur größten regionalen Baufirma mit Niederlassungen in Schleswig-Holstein, Hamburg, Berlin, Mecklenburg-Vorpommern und Sachsen entwickelt. Mit 900 Ingenieuren, Technikern und Facharbeitern plant und baut Max Giese Bau anspruchsvolle Bauwerke im Hoch- und Tiefbau, im Ingenieurbau, Umweltschutz und Was-

serbau. Hinzu kommen Denkmalschutz, Betonerhaltung und Bausanierung sowie die Lieferung konstruktiver Stahlbeton- und Spannbetonfertigteile aus einem eigenen Werk. Die Bauvorhaben werden als Rohbau oder schlüsselfertig ausgeführt. Referenzbauten aus jüngerer Zeit sind zum Beispiel das Institut für Siliziumtechnologie in Itzehoe, der Businesspark Norderstedt, die Mineralwasserfabrik „Sylt-Quelle" in Westerland oder das Forschungszentrum „Geomar" und das Erlebniszentrum „CAP" in Kiel.

(Bildbeitrag Seite 111)

Die Bauunternehmung GROTH & CO. (GMBH & CO.) wurde im Jahre 1925 von Baumeister Theodor Groth in Stolp/Pommern gegründet. Nach Kriegsende wurde der Sitz des Unternehmens nach Pinneberg verlegt, wo 1951 der Sohn des Firmengründers, Karl Groth, in die Firma eintrat und 1963 die alleinige Geschäftsführung übernahm. Heute ist das mittelständische Unternehmen im Straßen- und Tiefbau, im Ingenieur- und Rohrleitungsbau, im Umweltschutz, im SF- und Hochbau sowie als Bauträger tätig. Durch Zuerwerb und Neugründung entstand die Unternehmensgruppe Groth, die mit rund 800 Mitarbeitern ihre Bautätigkeit in ganz Norddeutschland ausübt. In Itzehoe betreibt die Firma Groth seit 1994 eine mikrobiologische Bodensanierungsanlage.

(Bildbeitrag Seite 35)

Die Gründung der HAGENUK TELECOM GMBH, Kiel, geht auf das Jahr 1899 zurück. Seit damals arbeitet das innovative Unternehmen daran, daß Telefone von Hagenuk immer auf dem neuesten Stand von Technik und Design sind. Das erste Tastentelefon kam genauso aus der Kieler Ideenschmiede wie das erste schnurlose Telefon Deutschlands oder das erste erfolgreich getestete Dual-Mode-Handy der Welt. Von den rund 1200 Mitarbeitern arbeiten fast 200 in Forschung und Entwicklung. Die weltweit vertriebene Produktpalette umfaßt Telekommunikationsendgeräte und -systeme in den Zukunftsstandards GSM, DECT und ISDN. Alle Geräte werden einer strengen Qualitätskontrolle unterzogen und erfüllen die Norm ISO 9001. (Bildbeitrag Seite 147)

HUGO HAMANN wurde 1896 als Büro- und Schreibwarengeschäft gegründet. In den 100 Jahren seiner Firmengeschichte entwickelte sich das Unternehmen zu einem führenden Büroeinrichtungszentrum mit Filialbetrieben in Flensburg, Lübeck, Schwerin und Rostock. Großzügige

Ausstellungsräume mitten in Kiel, Büros, Werkstätten, Lagerflächen sowie eine eigene modernst ausgestattete Offsetdruckerei runden dieses Bild ab. Darüber hinaus werden zwei moderne Bürofachgeschäfte in Kiel betrieben. Als Vollsortimenter betätigt sich das Unternehmen in den Vertriebsbereichen Büro- und Zeichenbedarf, Büroeinrichtung und -planung, EDV-Informationssysteme, Kopier- und Informationstechnik, Art & Grafik sowie Repro- und Vermessungstechnik. Kompetente Mitarbeiter übernehmen die fachkundige Kundenberatung und -betreuung. Darüber hinaus finden im firmeneigenen Schulungsgebäude individuelle Software-Schulungen und PC-Einweisungsseminare statt.   (Bildbeitrag Seite 139)

Die 1960 gegründete HANSA MINERALBRUNNEN GMBH, Rellingen, ist eine 100%ige Tochter der EMIG AG, an der die Holsten-Brauerei AG mehrheitlich beteiligt ist. Hansa Mineralbrunnen ist einer der führenden Anbieter von alkoholfreien Getränken in Norddeutschland. Das Sortiment umfaßt Mineralwasser und Limonaden sowie Erfrischungsgetränke, vertreten durch die Konzessionsprodukte von Pepsi-Cola. Zum eigenen Markenspektrum gehören u. a. hella Mineralbrunnen, St. Michaelis und Jakobus Mineralbrunnen. Die Distribution der Getränke erfolgt über den Getränkefachgroßhandel, den Lebensmittelhandel, Getränkeabholmärkte sowie Gastronomie und Tankstellen. Produziert wird für Hansa Mineralbrunnen im Werk Trappenkamp bei Bad Segeberg, einem von vier modernen Abfüllwerken der EMIG-Gruppe in Deutschland.

(Bildbeitrag Seite 129)

Das HOBBY-WOHNWAGENWERK, Ing. Harald Striewski GmbH, mit Sitz in Fockbek bei Rendsburg hat sich seit seiner Gründung im Jahr 1967 zum Marktführer in Europa entwickelt. Seit damals liefen insgesamt 250 000 Wohnwagen vom Band. Verantwortlich für diese Spitzenposition sind vor allem bahnbrechende Innovationen wie das Combi-Cassetten-Rollo für Dachluken und Fenster, die Cassetten-Toilette, der vollintegrierte Kühlschrank und einbruchsichere Fenster. Auch in der Fahrwerkstechnik setzte Hobby mit der Einführung der Rückfahrautomatik und des feuerverzinkten Fahrgestells Maßstäbe. Moderne Produktionsverfahren, die große Serien in hoher Qualität zulassen, das neue Hobby Service-Center, von dem aus 400 Händler in Europa mit Ersatzteilen versorgt werden, ein gutes Preis-Leistungs-Verhältnis sowie die stilvolle und komfortable Einrichtung der Caravans tragen darüber hinaus zum Unternehmenserfolg bei.   (Bildbeitrag Seite 200, 201)

Aus einer 1937 von Ernst Kuhlmann gegründeten Schlosserei ging 1971 die Hoedtke & Boës GmbH in Pinneberg hervor, die 1991 um die HOEDTKE & BOËS KIEL GMBH & CO. KG in Kiel erweitert wurde. Die beiden Unternehmen beschäftigen rund 210 qualifizierte Mitarbeiter. Das Zulieferunternehmen ist vorwiegend in fünf Geschäftsbereichen tätig: Laser- und Vakuumtechnik, Anlagen- und Apparatebau, Blechbearbeitung, Oberflächenveredelung. Zu den Kunden in Deutschland und Europa gehören insbesondere der Flugzeug- und Maschinenbau, die Medizintechnik, die Automobil-, Computer- und Elektroindustrie sowie Behörden und Forschungsinstitute. Hoedtke & Boës war einer der ersten Industriebetriebe in Deutschland, der 1980 Laser zum Schneiden von Metall einsetzte. Heute verfügt das Unternehmen über mehr als eine Million Stunden Erfahrung in der Laseranwendung. Noch neu ist das Löten und Glühen von Werkstücken im Hochtemperatur-Durchlaufverfahren. Es rundet die breite Angebotspalette der Hoedtke & Boës weiter ab.   (Bildbeitrag Seite 96)

Die Kieler HOWALDTSWERKE-DEUTSCHE WERFT AG (HDW) ist eine der modernsten Universalwerften für High-Tech-Schiffe in Europa. Sie baut Handels- und Marineschiffe aller Typen und Klassen, repariert Marineschiffe und ist darüber hinaus in der schiffbaunahen Diversifikation tätig. HDW ist mit rund 3700 Mitarbeitern einer der bedeutendsten industriellen Arbeitgeber im nördlichsten deutschen Bundesland Schleswig-Holstein. Zusammen mit den Zulieferbetrieben leben über 10 000 Menschen direkt oder indirekt von der Werft.

Die HDW ist eine Tochtergesellschaft der PREUSSAG AG, die als internationaler Grundstoff- und Technologie-Konzern in den Bereichen Stahlerzeugung und NE-Metalle, Energie und Rohstoffe, Handel und Verkehr, Anlagen- und Schiffbau und der Gebäudetechnik tätig ist.

Als „Marineschiffbau-Anstalt und Eisengießerei" gründeten Johann Scheffel und August Ferdinand Howaldt ihr Unternehmen „Scheffel & Howaldt" 1838 in Kiel. 1865 begann der Schiffbau, und schon um die Jahrhundertwende zählten die „Howaldtswerke" zu den bedeutenden deutschen Werften. Ihren heutigen Namen „Howaldtswerke-Deutsche Werft AG" bekam die Werft 1968 durch die Fusion der „Kieler Howaldtswerke AG" mit der „Howaldtswerke-Hamburg AG" und der Hamburger „Deutsche Werft AG".

Weit über 1500 Schiffe hat HDW in Kiel gebaut. Und es waren stets innovative Schiffe darunter. Etwa das Polarforschungsschiff „Gauß" (1901), das zweite Motorschiff der Welt „Monte Penedo" (1911), der erste Supertanker der Welt „Jupiter" (1914), der erste 40 000-tdw-Tanker „Tina Onassis"

(1953), der Atomfrachter „Otto Hahn" (1968), das Polarforschungsschiff „Polarstern" (1982), das neuartige lukendeckellose Containerschiff „NORASIA Fribourg" (1993) und mit „APL China" (1995) das größte Containerschiff der Welt. Im Marineschiffbau baut HDW mit der U-Boot-Klasse 212 ein Schiff mit einem außenluftunabhängigen Antrieb auf der Basis der Wasserstoff-Brennstoffzellen-Technologie. Heute ist HDW führend im Bau von Containerschiffen und nichtnuklear angetriebenen Unterseebooten.

Das setzt eine hochmoderne Werft voraus. Die Kieler Schiffbauer, die bereits mit dem Konzept „Schiff der Zukunft" weltweit Maßstäbe gesetzt haben, verwirklichen heute die „Werft der Zukunft". HDW setzt auf ein umfangreiches Produkt- und Produktionsmodell im EDV-System, aus dem heraus Konstruktion, Arbeitsvorbereitung und -planung, Fertigungsmaschinen, termingerechter Einkauf und Lieferung gesteuert werden. CAD/CAM ist unverzichtbarer Bestandteil der modernen Werft. In einzelnen Bereichen hat HDW den technologischen Quantensprung zu CIM (computer integrated manufacturing) erreicht.

Dies ist etwa die Voraussetzung für den Betrieb von hochmodernen Produktionslinien mit Plasma-Brennmaschinen und -Profilrobotern für die Einzelteilfertigung, programmgesteuerten Transporteinrichtungen, die Steuerung von Roboteranlagen wie Profilbrennrobotern und Schweißrobotern für die Untergruppen- und Paneelfertigung sowie eine weitestgehende mechanisierte Montagelinie für Großsektionen und rechnergeführte Schweißroboter zum Bau von großen Schiffssektionen. Eben: „High-Tech an der Küste". (Bildbeitrag Seite 102, 103)

Die HOWMEDICA GMBH wurde 1904 in Kiel gegründet und gehört somit zu den ältesten Unternehmen der Medizintechnik überhaupt. Seit 1972 ist sie mit vier Schwesterfirmen in Europa und den USA Teil des weltweit agierenden Pharmakonzerns Pfizer Inc., der seinen Sitz in New York hat. Die Entwicklungs- und Fertigungsaktivitäten der Howmedica am Standort Schönkirchen umfassen Implantate und Instrumente zur unfallchirurgischen Versorgung von Frakturen der Röhrenknochen, des Schädels und der Wirbelsäule. Darüber hinaus werden druckluft- und batteriebetriebene Chirurgiemaschinen hergestellt. Der Vertrieb dieser Produkte erfolgt in etwa 150 Länder der Erde, der Exportanteil liegt bei rund 75 Prozent. Von Schönkirchen aus werden der deutsche und der österreichische Markt mit dem Gesamtprogramm der Howmedica sowie weiterer Bereiche der Pfizer-Medizintechnik bedient. Bei der Howmedica GmbH stehen heute etwa 500 gut ausgebildete und engagierte Mitarbeiter im Dien-

ste des Patienten. Große Kundennähe, sichere Produkte sowie schnelle Umsetzung innovativer Ideen machen sie zu einem verläßlichen und unverzichtbaren Partner der medizinischen Versorgung.
(Bildbeitrag Seite 84, 85)

Die 1978 gegründete INOTEC BARCODE SECURITY GMBH, Neumünster, ist ein Pionier auf dem Gebiet der Herstellung von sequentiellen Barcode-Etiketten. Die hochwertigen Datenträger werden im Fotosatz-, Thermo-, Thermotransfer- und Laserdruckverfahren hergestellt und in Industrie, Medizin und Bibliotheken eingesetzt. Qualifizierte Mitarbeiter und eine computergesteuerte Fertigung bilden die Grundlage der hohen Produktqualität und einer anwenderorientierten Unternehmensphilosophie. Über ein internationales Vertriebsnetz werden die INOTEC-Produkte im Inland (60 Prozent), in den EU-Ländern (30 Prozent) und in anderen Ländern (10 Prozent) abgesetzt. (Bildbeitrag Seite 31)

Das neu errichtete IZET INNOVATIONSZENTRUM ITZEHOE ist ein Technologietransfer- und Existenzgründerzentrum mit 3300 Quadratmeter vermietbarer Fläche für Büro-, Labor- und Produktionsräume zu geförderten Konditionen. IZET-Betreiber ist die Gesellschaft für Technologieförderung Itzehoe mbH, deren Hauptgesellschafter die Stadt Itzehoe und der Kreis Steinburg sind. IZET hält eine Palette zentraler Dienstleistungen durch geschultes Personal bereit. Ferner werden Projektkoordination und eine für Ihr Unternehmen zugeschnittene Förderungsberatung angeboten. Technologietransfer bezüglich Halbleiterprozeßentwicklung und Mikrosystemtechnologie bietet das IZET in enger Kooperation mit dem benachbarten Fraunhofer-Institut für Siliziumtechnologie ISiT, das über modernste Produktions-Reinräume verfügt und diese partiell an die Industrie vermietet. (Bildbeitrag Seite 59)

Die JOHNSON & JOHNSON GMBH, Kiel, ist eine Betriebsstätte der 1886 gegründeten Johnson & Johnson Company mit Hauptsitz in New Brunswick, New Jersey (USA). Johnson & Johnson ist weltweit der größte Hersteller von Erzeugnissen zur Gesundheitspflege und -vorsorge. Dazu gehören Produkte für Mutter und Kind, Frauenhygiene, Körperpflege, Sonnenschutz, Wundversorgung, Therapie und Diagnostik, Instrumente und High-Tech. In Kiel befindet sich die Produktionsstätte für Externe Frauenhygiene wie Damenbinden und Slipeinlagen. Die Gruppe besteht aus 168 Unternehmen in 61 Ländern, davon 13 in Deutschland. Das Kieler Werk beliefert 20 Schwestergesellschaften in Europa.

(Bildbeitrag Seite 79)

▨ Die Gründung der HEINRICH KARSTENS GMBH & CO. KG, Bauunternehmung, Kiel-Eckernförde, geht auf das Jahr 1938 zurück, als der Bauingenieur Heinrich Karstens sich selbständig machte. Die Firma entwickelte sich rasch und gehört heute zu den leistungsfähigsten mittelständischen Bauunternehmen in Schleswig-Holstein. Das Tätigkeitsspektrum umfaßt Erd-, Kanalisations- und Straßenbauarbeiten, Maurer- und Betonarbeiten sowie den Schlüsselfertigen Wohnungs- und Gewerbebau. Tief- und Hochbauprojekte werden in ganz Schleswig-Holstein durchgeführt. Mit einem modernen Fuhr- und Gerätepark, neuen Ideen und Techniken sowie qualifizierten Mitarbeitern stellt sich die Bauunternehmung KARSTENS den Herausforderungen der Zukunft. Als eines der ersten Bauunternehmen in Schleswig-Holstein wendet die Firma seit Frühjahr 1996 das Qualitätsmanagementsystem nach ISO 9001 an.   (Bildbeitrag Seite 123)

▨ Die KIELER BESCHÄFTIGUNGS- UND AUSBILDUNGSGESELLSCHAFT KIBA GMBH wurde am 21. Dezember 1993 als gemeinnütziges Unternehmen gegründet. Gesellschafter: Landeshauptstadt Kiel (80 Prozent), Berufsfortbildungswerk des DGB (10 Prozent), Bildungswerk der DAG (10 Prozent). Geschäftsführer: Dr. Eberhard Weyl. Gesellschaftszweck: Personen mit besonderen Schwierigkeiten auf dem Arbeitsmarkt Hilfen zu bieten durch zeitbegrenzte Beschäftigung, Förderung und Qualifizierungsmaßnahmen. In acht Betriebsstätten finden rund 500 Mitarbeiter/innen eine sozialversicherungspflichtige Beschäftigung. Die Geschäftsstelle der KIBA GmbH befindet sich in der Preußerstraße in Kiel, die WaS-Werkstätten am Seefischmarkt/BNL — Betrieb Naturnahe Landschaftsgestaltung und -pflege/FBQ — Fachbereich Qualifizierung in der Wischhofstraße und ÖNB — Ökologisches Naturbaustoffrecycling/AMB-Arbeitsgemeinschaft Mini-Blockheizkraftwerk am Eichkamp.

(Bildbeitrag Seite 74, 75)

▨ Die Hauptstelle der KIELER VOLKSBANK EG, 1983 am Europaplatz neu erbaut und mit dem Preis des Bundes Deutscher Architekten ausgezeichnet, ist eines der markantesten Gebäude in der Kieler Innenstadt. 1897 als „Handwerkerbank" gegründet, bietet die Kieler Volksbank mit einem dichten Geschäftsstellennetz rund um die Kieler Förde die gesamte Leistungspalette einer modernen Bank. Als genossenschaftliches Kreditinstitut und bedeutendes Glied der regionalen Wirtschaft steht die Kieler Volksbank eG allen Bevölkerungsgruppen und Wirtschaftszweigen offen.

(Bildbeitrag Seite 165)

▨ Die Tageszeitung „Kieler Nachrichten" ist hervorgegangen aus dem „Generalanzeiger für Schleswig-Holstein", der am 20. November 1894 zum ersten Mal herausgegeben wurde.
Die „Kieler Nachrichten" erscheinen heute in einer durchschnittlichen Auflage von über 115 000 Exemplaren täglich und erreichen im Hauptverbreitungsgebiet Kiel und Kieler Umland gut 300 000 Leser.
Herausgeber der Tageszeitung ist die KIELER ZEITUNG, VERLAGS- UND DRUCKEREI KG — GMBH & CO.   (Bildbeitrag Seite 151)

▨ Landeshauptstadt Kiel: Zwar prägen die Portalkräne der Werft auf dem Ostufer nach wie vor das Bild Kiels, aber das wirtschaftliche Leben bestimmen Maschinen- und Schiffbau nicht mehr so stark. Denn die schleswig-holsteinische Landeshauptstadt hat sich in den letzten Jahrzehnten zur Dienstleistungsmetropole entwickelt. Rund 74 Prozent aller Beschäftigten sind in diesem Bereich tätig (Bundesdurchschnitt: 52 Prozent). Als Sitz der Landesregierung hat die öffentliche Verwaltung eine besondere Bedeutung. Verschiedene Bundesbehörden, die Landesuniversität und die Verwaltungszentralen von Organisationen und Dienstleistungsunternehmen sind in Kiel angesiedelt. Zum Wirtschaftsstandort Kiel mit etwa 8500 Gewerbebetrieben gehören auch innovative Firmen wie Hagenuk, Krupp-MaK, Linotype-Hell oder Ortopedia, die einen weltweit guten Ruf genießen. Zudem sind große Konzerne mit bedeutenden Niederlassungen in der Fördestadt vertreten. Durch bereits bestehende regelmäßige Frachtfährverbindungen über die Ostsee zu allen Anrainerstaaten bekommt der günstig am Nord-Ostsee-Kanal gelegene Kieler Hafen wachsende Bedeutung. Als Oberzentrum der Region mit über 800 000 Einwohnern ist Kiel zudem Einkaufsmetropole.
KIWI — KIELER WIRTSCHAFTSFÖRDERUNGS- UND STRUKTURENTWICKLUNGSGESELLSCHAFT MBH, Kiel

(Bildbeitrag Seite 14, 15)

▨ 1820 legte Peter Kölln mit dem Bau einer kleinen Grützmühle den Grundstein für die heutigen KÖLLNFLOCKENWERKE in Elmshorn. Das

235

Unternehmen hat sich von Anfang an auf die Herstellung hochwertiger Qualitätsprodukte spezialisiert und bietet aktuell eine breite Palette hochwertiger Frühstücks-Cerealien an: zum Beispiel Haferflocken, klassische und knusprige Müsli-Mischungen sowie Knusperflakes-Müslis und Haferkleie-Erzeugnisse. Seit Ende der siebziger Jahre belebte Peter Kölln den Müsli-Markt durch eine Reihe von Innovationen. 1979 wurde das Kölln Schoko Müsli auf den Markt gebracht, 1990 das Kölln Joghurt Müsli, 1995 das Kölln Knusper Müsli Apfel-Zimt und 1996 das Kölln Knusper Müsli Cappuccino. Das Kölln Schoko Müsli hat sich zum beliebtesten Müsli in Deutschland entwickelt. Mit seinem ausgewogenen Programm hochwertiger Hafervollkorn-Erzeugnisse leistet das traditionsreiche Familienunternehmen einen wichtigen Beitrag zur gesunden Ernährung. Der hohe Qualitätsstandard wird heute durch die Zertifizierung nach EN ISO 9001 auch nach außen dokumentiert. Peter Kölln ist seit Jahrzehnten international aktiv und exportiert seine Produkte heute weltweit in rund 20 Nationen. Der Anteil des Exportgeschäfts am Umsatz liegt bei rund zehn Prozent. Die gezielte Verbindung von Tradition und Innovation ist die Grundlage des Erfolgs aller Markenartikel, die den Namen Kölln tragen.

(Bildbeitrag Seite 126, 127)

Die KVP PHARMA- UND VETERINÄRPRODUKTE GMBH, Kiel, nahm 1974 mit zunächst 26 Mitarbeitern die Herstellung von Tierarzneimitteln, Tierpflegemitteln und Produkten für die Tierernährung auf. Heute beschäftigt das Tochterunternehmen der Bayer AG, Leverkusen, rund 300 Mitarbeiter. Die Angebotspalette umfaßt etwa 200 Produkte (zum Beispiel Bolfo-Flohhalsbänder, Autan) in mehr als 800 verschiedenen Aufmachungen. Um den hohen Qualitätsstandards gerecht zu werden, wird die Produktion nach internationalen Standards strengen Kontrollen unterzogen. Hinzu kommt ein großes Maß an Umweltbewußtsein. 30 Prozent der Produktion wird im Inland vertrieben, insbesondere durch einen 24-Stunden-Versand an Tierärzte. Der Exportanteil beträgt 70 Prozent.

(Bildbeitrag Seite 83)

Die LANDESBANK SCHLESWIG-HOLSTEIN sieht sich als Bank des Nordens mit regionalem Schwerpunkt und internationaler Ausrichtung. In Deutschland konzentriert sie ihre Geschäftätigkeit auf ihre Kernregion Schleswig-Holstein sowie Hamburg mit seinem südlichen Umland, Mecklenburg-Vorpommern und Berlin. In Europa ist sie strategisch auf Skandinavien und den Ostseeraum ausgerichtet. Ihren Kunden bietet sie die gesamte Palette traditioneller und innovativer Produkte einer universellen Geschäftsbank.

Mit einer Konzernbilanzsumme von 92 Milliarden DM und 1800 Beschäftigten ist sie die größte Bank in Schleswig-Holstein und zählt national zu den 20 größten Kreditinstituten. Sie ist Zentralinstitut für die Sparkassen und über die Investitionsbank größtes Förderinstitut für die Wirtschaft in Schleswig-Holstein.

Die Landesbank wurde 1917 gegründet. Sie ist eine Anstalt des öffentlichen Rechts. Geschäftssitz ist die Landeshauptstadt Kiel. Die Landes-Bausparkasse (LBS) und die Investitionsbank Schleswig-Holstein sind rechtlich unselbständige Zentralbereiche der Bank. Die Bank unterhält Niederlassungen in Lübeck, Schwerin, Rostock und Luxemburg sowie Repräsentanzen in Hamburg, Berlin, London und Tallin (Estland).

An der Landesbank sind die WestLB mit 39,9 Prozent, das Land Schleswig-Holstein und der Sparkassen- und Giroverband für Schleswig-Holstein mit jeweils 25,05 Prozent sowie die SüdwestLB mit 10 Prozent beteiligt.

(Bildbeitrag Seite 156, 157)

Die LANDES-BAUSPARKASSE SCHLESWIG-HOLSTEIN ist seit 1949 eine Einrichtung der Landesbank Schleswig-Holstein Girozentrale in Kiel. Ihre Vorläuferinstitute gehen bis auf das Jahr 1929 zurück. Die LBS ist die einzige Bausparkasse mit Sitz in Schleswig-Holstein und mit mehr als 300 000 Kunden und 10,5 Milliarden DM Bausparsumme Marktführer. Ihre Dienstleistungspalette umfaßt neben Bausparverträgen, Finanzierungsangebote und eine erfolgreiche Immobilienvermittlung. Mit 49 Geschäfts- und Beratungsstellen sowie der Repräsentanz in zahlreichen Sparkassen steht den Kunden landesweit ein engmaschiges Netz an kompetenten Fachberatern zur Verfügung.

(Bildbeitrag Seite 163)

Die LEG SCHLESWIG-HOLSTEIN ist die Landesentwicklungsgesellschaft mbH des Landes Schleswig-Holstein und wurde im Februar 1996 gegründet.

Die LEG Schleswig-Holstein hat den Auftrag, maßgeblich zur Verwirklichung der Grundsätze und Ziele der Landesentwicklung beizutragen. Sie soll im Verbund mit ihren Tochtergesellschaften, der WOBAU Schleswig-Holstein und der Schleswig-Holsteinischen Landgesellschaft, insbesondere an der Verwirklichung folgender Ziele mitwirken:

— Ausbau und Verbesserung der Infrastruktur des Landes,
— wirtschaftliche, ökologische, soziale und kulturelle Entwicklung der Regionen,

— Sicherung einer ausreichenden Wohnraumversorgung,

— Schaffung neuer Beschäftigungsmöglichkeiten in den ländlichen Räumen,

— übergemeindliche Zusammenarbeit in den Bereichen Infrastruktur, Gewerbeentwicklung und Wohnungsbau,

— Gestaltung des Agrarstrukturwandels,

— Organisation und Wahrnehmung eines umfassenden Flächenmanagements auch für den Umwelt- und Naturschutz.

Die LEG Schleswig-Holstein ist im Rahmen der integrierten Regionalentwicklung selbst operativ tätig. Im übrigen übernimmt sie die strategische und finanzielle Steuerung des Konzerns. Ihre Tochtergesellschaften sind im Rahmen der ihnen übertragenen Aufgaben operativ eigenständig.

Die WOBAU Schleswig-Holstein will durch die sozialverpflichtete Vermietung ihrer eigenen Wohnungen und durch ihren Wohnungs- und Eigenheimbau dazu beitragen, daß die Wohnbedingungen in den Städten und Gemeinden erhalten und verbessert werden. Der eigene Wohnungsbestand umfaßt rund 18 500 Wohnungen in 77 Städten und Gemeinden des Landes Schleswig-Holstein.

Die Landgesellschaft Schleswig-Holstein ist im Bereich der Agrarstrukturverbesserung tätig. Daneben hat sie im Rahmen des LEG-Konzerns die Aufgabe eines umfassenden zentralen Flächenmanagements. Sie betreut im Rahmen der Agrarstrukturverbesserung einzelbetriebliche Investitionen. Deren Ziel ist es, mit Hilfe staatlicher Förderung wettbewerbsfähige Betriebe zu schaffen und zu erhalten.

Der Konzern wird von einer Dreier-Geschäftsführung geleitet, die gemeinsam für die strategische und finanzielle Steuerung der Gesellschaft und ihrer Tochtergesellschaften im Rahmen des Konzerns verantwortlich ist. (Bildbeitrag Seite 112—115)

▨ Die Gründung der LINOTYPE-HELL AG mit Sitz in Eschborn bei Frankfurt geht auf das Jahr 1886 zurück. Heute ist Linotype-Hell weltweit der führende Anbieter von Produkten und Systemen für PrePublishing wie Scanner, Imagesetter, Computer-to-Plate-Systeme, Schriften, Software und Tiefdruck-Produktionsstrecken. Zum Kundenkreis des Unternehmens, das in über 130 Ländern der Welt vertreten ist, zählen vor allem Druckereien, Setzereien und Servicebetriebe, Reproanstalten, Zeitungs- und Zeitschriftenverlage, Agenturen und Designer sowie graphische Abteilungen in Industrie, Handel und Behörden. Weltweit werden rund 3300 Mitarbeiter beschäftigt. Zentraler Produktionsstandort in der Bundesrepublik Deutschland ist Kiel. (Bildbeitrag Seite 153)

▨ Die MAK SYSTEM GESELLSCHAFT MBH, Kiel, ging 1990 aus der Krupp MaK hervor und ist heute eine Tochter der Rheinmetall Industrie AG. MaK produziert im Bereich Wehrtechnik gepanzerte Fahrzeuge für die Bundeswehr und für befreundete Streitkräfte, zum Beispiel den LEOPARD 2, Berge-, Brückenlege-, Pionier- und Minenräumpanzer, das lufttransportfähige Fahrzeug WIESEL 1 und 2 sowie die Panzerhaubitze 2000. Im Bereich Industrietechnik gehören Elektronenstrahltexturieranlagen, Manipulatorfahrzeuge, mobile Hochleistungsfräsen und gasturbinengetriebene Aggregate zum Produktionsprogramm. Technologische Fähigkeiten, wie die Systemintegration komplexer Geräte, systembestimmende intelligente Hydraulik, Elektrik und Elektronik sowie Fahrwerks- und Schutztechnologie, bestimmen die anerkannte Marktposition.

(Bildbeitrag Seite 90, 91)

▨ Die Niederlassung Kiel der MERCEDES-BENZ AKTIENGESELLSCHAFT entstand aus der 1929 gegründeten kleinen „Verkaufsstelle Kiel" der Daimler-Benz AG. Aus bescheidenen Anfängen — der Betrieb umfaßte zunächst ein Büro, einen Ausstellungsraum und zwei Mitarbeiter — wurde 1946 eine selbständige Niederlassung, die sich kontinuierlich zu ihrer heutigen Größe entwickelt hat. In Kiel und im nördlichen Schleswig-Holstein stehen 22 moderne Vertretungen und Vertragswerkstätten mit qualifizierten Mitarbeitern zur Verfügung. Neben dem Vertrieb von PKW, Nutzfahrzeugen und Omnibussen sind ein umfassender Service und die Ersatzteilversorgung Schwerpunkte der Geschäftstätigkeit.

(Bildbeitrag Seite 176)

▨ Die NEUMAG — NEUMÜNSTERSCHE MASCHINEN- UND ANLAGENBAU GMBH, Neumünster, wurde 1948 gegründet und gehört zu den weltweit führenden Lieferanten von Maschinen und Anlagen zur Herstellung synthetischer Fasern und Filamente. Garne für vielfältigste Verwendungsbereiche, für die Oberbekleidungsindustrie, für Teppichböden, für Vliese und für eine breite Palette von Anwendungen im technischen Bereich, werden auf NEUMAG-Anlagen hergestellt. Mit einem umfangreichen Leistungsangebot im allgemeinen Maschinenbau wird das Produktionsprogramm ergänzt. Intensive Forschung und Entwicklung, ein hohes konstruktives und fertigungstechnisches Know-how, modernste Fertigungseinrichtungen, insbesondere aber auch das hohe Qualifikationsniveau der rund 530 Mitarbeiter sind die Grundlage des internationalen Erfolges der NEUMAG, die 95 Prozent ihrer Erzeugnisse exportiert. (Bildbeitrag Seite 94)

237

Die NORDWESTLOTTO - Staatliche Lotterie des Landes Schleswig-Holstein, Kiel, entstand aus der 1948 gegründeten Schleswig-Holsteinischen Sportwette GmbH. Sie veranstaltet Lotterien für das Land Schleswig-Holstein, zum Beispiel das Zahlenlotto „6 aus 49" am Mittwoch und am Sonnabend, die GlücksSpirale, die Fußballtoto-Auswahlwette „6 aus 45", die Fußballtoto-Ergebniswette „11er-Wette", die Zusatzlotterien „Spiel 77" und „Super 6" und die Losbriefflotterie Rubbelfix.   (Bildbeitrag Seite 23)

Die Gründung der PETERSWERFT WEWELSFLETH GMBH & CO geht auf das Jahr 1871 zurück. Nachdem damals nur Holzschiffe gebaut wurden, erfolgte Anfang des zwanzigsten Jahrhunderts die Umstellung auf den Eisenschiffbau. Heute baut die Werft Schiffe bis 8000 tdw und übernimmt Reparaturen, Verlängerungen sowie Umbauten von Binnen- und Seeschiffen bis 10 000 tdw. Auf einer Produktionsfläche von 100 000 Quadratmetern stehen drei Slipanlagen und zwei moderne Trockendocks zur Verfügung. Das Spektrum der innovativen Werft, die rund 300 Mitarbeiter beschäftigt, reicht von der Flußfähre über Trockenfrachter bis zum Versorgungsfahrzeug für den Offshore-Bereich.   (Bildbeitrag Seite 105)

POHL-BOSKAMP, pharmazeutische Fabrik mit modernster Technologie: Wenn in den Anfängen der Pharmazeut seine Phiole gegen das Licht hielt, um die Qualität seiner Mixtur zu bewerten, so war dies ein Zeichen seiner Sorgfalt und ein traditionelles — noch heute im Firmenzeichen verwendetes — Symbol des Hohenlockstedter Unternehmens. In dem normiert organisierten und fortschrittlich ausgerüsteten Industrieunternehmen werden Markenarzneimittel wie Gelomyrtol®, Nitrolingual® oder Lebertrankapseln Pohl® hergestellt. Heute wird EDV-gesteuert die Zusammensetzung der Arzneimittel bis in die kleinsten Spuren analysiert, jeder einzelne Notfallspray wird vor der Auslieferung auf seine Funktion geprüft.   (Bildbeitrag Seite 39)

Die REESE GMBH & CO., Kiel, wurde 1867 gegründet. Heute zählt Reese mit 240 Beschäftigten (Kiel, Lübeck, Flensburg, Itzehoe), einem flächendeckenden Vertriebs- und Servicenetz und dem umfassenden Angebot für die Bereiche Büroeinrichtung, Bürobedarf und Bürokommunikation zu den führenden Handels- und Dienstleistungsbetrieben in Schleswig-Holstein. Das unabhängige, leistungsorientierte Reese-Angebot für Industrie-, Handels-, Dienstleistungsunternehmen und die öffentliche Verwaltung wird abgerundet durch Beratung, Planung, Schulung, Service und Logistik.   (Bildbeitrag Seite 141)

RENDSBURG, die Metropole des Kreises Rendsburg-Eckernförde, liegt im Herzen Schleswig-Holsteins und hat sich über Jahrhunderte zu einem traditionellen Industrie- und Dienstleistungsstandort entwickelt. Die breitgefächerte Wirtschaftsstruktur dieser Region umfaßt insbesondere Maschinen- und Werkzeugbau, Feinmechanik, Elektronik, Energiewirtschaft, Schiffbau, Hoch- und Tiefbau, Kunststoff- und Holzverarbeitung, Druckerzeugnisse, Getreidehandel sowie Nahrungs- und Genußmittel. Qualifizierte Fachkräfte, vielseitige Ausbildungsplätze, hervorragendes Wirtschaftsklima, gute Hafenkapazitäten, optimale Verkehrsinfrastruktur sowie zukunftsweisende Spitzentechnologien unterstützen die Arbeit der in Rendsburg ansässigen Unternehmen.   (Bildbeitrag Seite 45)

Die RKW-LANDESGRUPPE NORD-OST des 1921 gegründeten Rationalisierungs-Kuratoriums der Deutschen Wirtschaft e. V., Kiel, hilft insbesondere kleinen und mittelgroßen Unternehmen und Wirtschaftseinheiten in Schleswig-Holstein dabei, die Anpassung an den Strukturwandel, Wettbewerbsveränderungen und Kostendruck erfolgreich zu bewältigen. Ihre neutrale Ratgeber-Kompetenz bezieht sich auf die Bereiche Kostenmanagement, Umweltmanagement, Marketing/Vertrieb, Qualitätsmanagement, Personalmanagement sowie Aus- und Weiterbildung. Dabei bedient sich das RKW Nord-Ost im Interesse des unternehmerischen Erfolgs dem Rat von Spezialisten.   (Bildbeitrag Seite 57)

Die J. P. SAUER & SOHN MASCHINENBAU GMBH & CO. in Kiel ist aus der 1884 gegründeten Gießerei Wilhelm Poppe GmbH hervorgegangen. Heute entwickelt und produziert das zukunftsorientierte Unternehmen Mittel- und Hochdruckkompressoren für die Industrie, die Schiffahrt und die Marine bis zu Drücken von 350 Bar. Sauer gehört zu den Marktführern im Bereich der U-Boot-Kompressoren. Moderne CNC-Bearbeitungstechnik und rund 120 qualifizierte Mitarbeiter sichern die hohe Qualität der Sauer-Produkte, die weltweit abgesetzt werden. Die Exportquote liegt bei über 60 Prozent. Die Tochterfirmen ALUP-Kompressoren GmbH, Stuttgart, und S. A. GIRODIN-SAUER, Paris, leisten einen wichtigen Beitrag zur Komplettierung des Lieferprogramms u. a. mit Schraubenverdichtern im Niederdruckbereich.   (Bildbeitrag Seite 89)

Die SAUER-SUNDSTRAND GRUPPE entstand 1987 durch den Zusammenschluß der Sauer Getriebe AG, Neumünster, und der Sundstrand Hydrotransmission, Ames, Iowa (USA). Sie beschäftigt weltweit etwa 3000 Mitarbeiter, davon annähernd 600 in Neumünster. Sauer-Sundstrand Produkte werden direkt oder in Lizenz in neun Ländern hergestellt. Das Produktionsprogramm umfaßt hydrostatische und mechanische Getriebe, Axialkolbenpumpen und -motoren, elektronische und elektrohydraulische Steuerungen sowie Zahnradpumpen. Als kompetenter Systemanbieter liefert Sauer-Sundstrand Fahrantriebe für Arbeitsfahrzeuge der Bau-, Land- und Forstwirtschaft und für den kommunalen Bereich. Eine hohe Innovationsbereitschaft und Flexibilität sowie engagierte und qualifizierte Mitarbeiter sind die Erfolgsbasis der Sauer-Sundstrand Gruppe. (Bildbeitrag Seite 95)

Die SCHLESWAG AKTIENGESELLSCHAFT, Rendsburg, versorgt — mit Ausnahme der kreisfreien Städte — Schleswig-Holstein mit Strom, Gas, Wasser und Wärme. Die Bürger des nördlichsten Bundeslandes versorgt das Unternehmen mit sicherer und preiswerter Energie. Im Energiemix sind die erneuerbaren Energieträger, beispielsweise Wasser, Wind, Sonne und Biogas, fest verankert. (Bildbeitrag Seite 99)

Die SCHLESWIG-HOLSTEINISCHE LANDSCHAFT HYPOTHEKENBANK AKTIENGESELLSCHAFT nahm am 1. Mai 1896 in Kiel ihren Geschäftsbetrieb auf. Das Leistungsspektrum umfaßt alle für Hypothekenbanken zugelassenen Geschäfte. Das Kreditinstitut vergibt Wohnungsbaukredite und Kredite für die Landwirtschaft überwiegend in Schleswig-Holstein, Gewerbe- und Kommunalkredite dagegen in ganz Deutschland. Im Wertpapierbereich steht die Schleswig-Holsteinische Landschaft mit den großen deutschen institutionellen Anlegern in Geschäftsverbindung. (Bildbeitrag Seite 164)

SCHNITTGER ARCHITEKTEN, Kiel: Das Büro wurde 1900 von Hans Schnittger gegründet, 1934 von Otto Schnittger übernommen und wird heute in dritter Generation von den Architekten Hans-Joachim, Dieter und Knud Schnittger geführt. SCHNITTGER ARCHITEKTEN beschäftigt rund 80 qualifizierte Mitarbeiter und hat neben dem Hauptsitz in Kiel auch Außen- und Partnerbüros in Lübeck, Berlin und Stralsund. Zum Leistungsspektrum des Büros gehören Wettbewerbe, Planung, Bau-

überwachung sowie Kosten- und Terminüberwachung aller Hochbauvorhaben. Während der Projektbearbeitung greifen Planung und Ausführung kontinuierlich ineinander. Moderne EDV wird in den Bereichen Kostenermittlung, Ausschreibung, Preisvergleich, Kostenoptimierung und CAD unterstützend eingesetzt. (Bildbeitrag Seite 70)

Die SIEMEN & HINSCH MBH (SIHI) wurde 1920 von den Ingenieuren Otto Siemen und Johannes Hinsch in St. Margarethen/Elbe gegründet. Die grundlegende schöpferische Leistung der Firmengründer war die Erfindung der selbstansaugenden Flüssigkeitspumpen und flüssigkeitsmitfördernder Vakuumpumpen. 1925 wurde die Firma nach Itzehoe verlegt und bildete das Fundament, auf dem die heutige international tätige SIHI-Gruppe aufbaut. Zur SIHI-Gruppe zählen heute 20 Produktions- und Vertriebsgesellschaften, 17 im Ausland und 3 im Inland, mit 5 Produktionsstandorten in Deutschland. Weltweit werden 2600 Mitarbeiter beschäftigt, davon 1600 in Deutschland. Am Standort SIHI Itzehoe wird in den Geschäftseinheiten Pumpentechnik, Vakuumtechnik, Anlagentechnik und Service ein Umsatz von 175 Millionen DM (1994) mit 800 Mitarbeitern erzielt. Der Gruppenumsatz weltweit beträgt 570 Millionen DM (1994). SIHIs Position fußt auf der technischen Führungsrolle auf den Gebieten selbstansaugender Seitenkanalpumpen, Flüssigkeitsringvakuumpumpen und Kompressoren. (Bildbeitrag Seite 93)

Die SIEMENS SCHIENENFAHRZEUGTECHNIK GMBH, Kiel, ist im Dezember 1993 aus der Krupp Verkehrstechnik hervorgegangen und gehört heute zum Bereich „Verkehrstechnik" der Siemens AG. Das innovative Unternehmen baut dieselelektrische und dieselhydraulische Lokomotiven sowie Komponenten für Triebfahrzeuge, die zu 40 Prozent im Inland, zu 40 Prozent in den Ländern der Europäischen Union und zu 20 Prozent im sonstigen Ausland abgesetzt werden. Innerhalb des Siemens-Konzerns gilt das Kieler Unternehmen als Kompetenzzentrum für Diesellokomotiven. (Bildbeitrag Seite 80, 81)

Die SPAR HANDELS-AKTIENGESELLSCHAFT, Schenefeld bei Hamburg, entstand 1985 aus dem Zusammenschluß der SPAR Großhandlungen Pfeiffer & Schmidt in Hamburg, Karl Koch & Sohn in Düsseldorf und Kehrer & Weber in München. Heute verfügt SPAR in der gesamten Bundesrepublik über 30 Großhandlungen/Lieferbezirke für fast 8000 Geschäfte. Annähernd 5000 davon sind selbständige SPAR Einzelhändler.

239

Rund 50 Prozent des Umsatzes erzielt SPAR im Großhandel mit selbständigen mittelständischen Lebensmittel-Einzelhändlern, weitere 50 Prozent im Einzelhandel in den großflächigen Verbrauchermärkten der SPAR Handels-AG (EUROSPAR, famka, attracta), den SB-Warenhäusern (INTERSPAR, HZ) und den Lebensmittel- und Non-Food-Discount-Märkten (Netto, KODI). Zum umfangreichen Angebotsspektrum gehören auch die SPAR Handelsmarken, die den Kunden garantierte Markenqualität zum günstigen Preis bieten. Das Unternehmen ist in ganz Deutschland vertreten und beschäftigt über 30 000 Mitarbeiter. Die SPAR Gruppe ist heute die weltweit größte freiwillige Handelskette. Sie ist in 25 Ländern der Welt mit über 100 Groß- und rund 20 000 Einzelhändlern vertreten. Dabei ist die SPAR Handels-AG die größte und erfolgreichste nationale SPAR Organisation.   (Bildbeitrag Seite 170, 171)

Kieler Bürger waren es, die 1796 zum Nutzen ihrer Mitbürger die SPARKASSE KIEL aus der Taufe hoben. Auf der Basis gegenseitigen Vertrauens ist daraus der wichtigste Partner in allen Geldfragen für die privaten Kunden, das Handwerk, den Handel und die gesamte Wirtschaft der Region geworden. Mit einer Bilanzsumme von 5 Milliarden DM, 30 Geschäftsstellen im gesamten Stadtgebiet und 800 Mitarbeitern ist die Sparkasse Kiel heute die größte Bank der Kieler.   (Bildbeitrag Seite 162)

SPIEGELBLANK Reinigungsunternehmen Heinz Kuhnert GmbH & Co. KG, Kiel
Dienstleistungen aller Art:
Unterhalts- und Bauschlußreinigung, Krankenhausreinigung, Glasreinigung, Teppich-Express: Reinigung und Verkauf von Deko-Stoffen und Teppichen, Polsterreinigung; Fassadentechnik, Entfernen von Farbschmierereien, Bausanierung und Malerei; Winterservice, Industrie- und EDV-Reinigung, Hausmeisterdienste, Gebäudemanagement, diverse Ver- und Entsorgungsdienste und vieles andere mehr
Kiel — NMS — HH — HL — Sylt — Itzehoe — Plön — Schwerin — Rostock — Stralsund   (Bildbeitrag Seite 137)

Schon seit 1900 versorgen die STADTWERKE ELMSHORN die Einwohner der Stadt Elmshorn und vieler Umlandgemeinden mit Gas, seit 1902 über zwei Wasserwerke mit Trinkwasser und seit 1912 auch mit Strom.

Die jährlichen Abgabemengen betragen gegenwärtig für Erdgas 670 Millionen kWh und für Wasser 3,5 Millionen Kubikmeter. Das Versorgungsgebiet benötigt derzeit 188 Millionen kWh Strom im Jahr. Hiervon werden seit 1995 6,1 Millionen kWh durch ein modernes Blockheizkraftwerk abgedeckt, das gleichzeitig 11,0 MWh Wärme erzeugt.
Im Jahre 1941 übernahmen die Stadtwerke auch den Elmshorner Hafenbetrieb. Die seit 1954 betriebenen Badeanlagen wurden 1989 zu einem modernen, attraktiven Freizeitbad umgestaltet zum Vergnügen von Badegästen, die es aus weitem Umkreis und selbst aus Hamburg in den Badepark zieht.
Heute präsentieren sich die Stadtwerke Elmshorn als modernes, verbraucherorientiertes Dienstleistungsunternehmen. Besonderes Anliegen ist zum Beispiel auch die Beratung von Kunden im neuen Energieberatungszentrum über ressourcenschonende Energiegewinnung und Energiesparmaßnahmen im Haushalt. Auch in Zukunft wird man sich weiteren Herausforderungen in neuen Aufgabengebieten stellen. (Bildbeitrag Seite 100)

Die TECHNISCHE FAKULTÄT DER CHRISTIAN-ALBRECHTS-UNIVERSITÄT ZU KIEL wurde 1990 gegründet und bietet die Studiengänge Elektrotechnik, Diplom-Informatik, Ingenieurinformatik und Materialwissenschaften an. Die Leistungspalette für Industrie und private Unternehmen umfaßt Beratungen, Gutachten, Werkstoffanalytik, Gerätenutzung durch Dritte sowie gemeinsame Geräte- und Verfahrensentwicklung.   (Bildbeitrag Seite 64, 65)

Die TECHNOLOGIE-REGION K.E.R.N. umfaßt die vier namensgebenden Städte Kiel, Eckernförde, Rendsburg und Neumünster sowie die beiden Kreise Rendsburg-Eckernförde und Plön - mithin eine Region mit rund 700 000 Einwohnern in 254 Städten und Gemeinden. Diese sechs Gebietskörperschaften haben sich 1991 zusammen mit der Industrie- und Handelskammer zu Kiel, den Unternehmensverbänden Kiel und Mittelholstein sowie dem DGB-Kreis Region KERN die Aufgabe gestellt, die K.E.R.N.-Region als attraktiven Standort bekanntzumachen, die Zusammenarbeit in der Region zwischen Wirtschaft, Wissenschaft und im Bereich der kommunalen Planung zu stärken sowie die Zusammenarbeit mit anderen Regionen zu intensivieren. Anerkennung gefunden hat diese Entwicklungsinitiative im Rahmen des Forschungsfeldes Städtenetze des Bundesministeriums für Raumordnung, Bauwesen und Städtebau sowie im Rahmen der EU-Gemeinschaftsinitiative INTERREG. Hierbei wurden der

Technologie-Region K.E.R.N. für einen fünfjährigen Zeitraum Mittel für eine Zusammenarbeit mit der dänischen Amtskommune Fünen bewilligt.

(Bildbeitrag Seite 50, 51)

Die 1991 gegründete TECHNOLOGIESTIFTUNG SCHLESWIG-HOLSTEIN, Kiel, unterstützt die Technologiepolitik des Landes und verfolgt die Aufgabe, die strategisch-infrastrukturellen Rahmenbedingungen für technologische Entwicklungen in Schleswig-Holstein positiv zu beeinflussen. Ihre Ziele sind u. a. die Förderung technologischer Entwicklungen, die sich am Nutzen für den Menschen orientieren, die Verschmelzung von unterschiedlichen Technologiebereichen, die Unterstützung neuer Technologiestrukturen, die objektive Abschätzung von Technologiefolgen und die Bereitstellung von Informationen für den Technologieprozeß. Die Arbeit der Technologiestiftung ist gekennzeichnet durch flexibles Handeln, dynamische Methodenanwendung, zeitbegrenzte Projektarbeit, multidisziplinäre Mitarbeiterqualifikation und strategischen Mitteleinsatz. Sie leistet damit einen wesentlichen Beitrag zu einer innovativen „Technologieszene" in Schleswig-Holstein. (Bildbeitrag Seite 49)

Die Gründung der THOMAS-BETON GMBH, Kiel, geht auf das Jahr 1965 zurück, als Generalkonsul Martin Thomas das 1966 fertiggestellte Transportbetonwerk Jarplund bei Flensburg errichtete. Zwei Jahre später wurde das Transportbetonwerk Husum in Betrieb genommen, und 1969 erfolgte mit der Errichtung des Kieler Werkes die Verlegung der Verwaltung in die Landeshauptstadt. In der Folgezeit expandierte das Unternehmen und wuchs durch Beteiligungen, Firmengründungen und -übernahmen zur Thomas-Gruppe, die seit 1990 auch in den neuen Bundesländern vertreten ist. Die Produkte des Unternehmens — Transportbeton und Betonsteinplatten — werden überwiegend in Schleswig-Holstein, Mecklenburg-Vorpommern und Berlin-Brandenburg abgesetzt. Über eine Firma in den USA und das Stammhaus in Schweden bestehen aber auch weltweite Geschäftsverbindungen. (Bildbeitrag Seite 122)

Die TRANSPORTBETON SCHLESWIG-HOLSTEIN GMBH & CO. KG, Kiel, wurde 1961 gegründet und gehört zum Verbund der international tätigen Readymix-Gruppe, Ratingen. „Es kommt drauf an, was wir draus machen!" Das gilt nicht nur, aber doch in besonderem Maße für Beton. Die Produktion des „Jahrhundertbaustoffes" hat sich

weitgehend von den Baustellen in die Transportbetonwerke verlagert. Die außergewöhnlich große Palette an Baustoffen (Transportbeton, Werkfrischmörtel, Anhydrit-Fließestrich, Füma und Estritherm), die bei Readymix unter Verwendung von gütegeprüften Rohstoffen hergestellt werden, ist Basis für ein umfassendes Know-how der Eigenschaften und Anwendungsmöglichkeiten moderner Baustoffe. Hinzu kommt ein flächendeckender Service, ohne den rationelles Bauen auch unter erschwerten Bedingungen kaum denkbar wäre. Die Baustoffe werden per Fahrmischer flexibel und zuverlässig geliefert; fahrbare Betonpumpen übernehmen den Betoneinbau auf Baustellen aller Größenordnungen.

(Bildbeitrag Seite 120)

Der VEREIN ZUR FÖRDERUNG DES FRAUNHOFER-INSTITUTS FÜR SILIZIUMTECHNOLOGIE IN ITZEHOE E. V. hat sich erfolgreich für eine Ansiedlung des ISiT am Standort Itzehoe eingesetzt. Persönlichkeiten namhafter Unternehmen aus Schleswig-Holstein und anderen Bundesländern, Wirtschaftsförderern und der Industrie- und Handelskammer zu Kiel gelang es, gemeinsam und gegen manchen Widerstand einem der für den Wirtschaftsstandort Schleswig-Holstein wichtigsten Projekte zum Erfolg zu verhelfen. Zusammen mit dem in unmittelbarer Nachbarschaft angesiedelten IZET Innovationszentrum Itzehoe ist für die mittelständische Wirtschaft ein technologisches Kraftfeld entstanden, das weit über die Grenzen Schleswig-Holsteins hinausstrahlt. (Bildbeitrag Seite 17)

Die VEREINS- UND WESTBANK ist mit ihrem flächendeckenden Filialnetz in Schleswig-Holstein, Hamburg, Niedersachsen, Mecklenburg-Vorpommern und Sachsen-Anhalt die führende Regionalbank im Norden. Aus ihrer regionalen Präsenz — in Kiel ist das Kreditinstitut seit über 125 Jahren vertreten — hat die Bank überdies viele Erfahrungen erworben, die ihren Kunden und der gesamten Wirtschaft durch spezielle Beratung und besondere Dienstleistungen zugute kommen. (Bildbeitrag Seite 161)

Die Stadtwerke Kiel AG versorgen die Landeshauptstadt Kiel sowie große Teile des Umlandes sicher, wirtschaftlich und umweltschonend mit Elektrizität, Gas, Wasser und Wärme und sind darüber hinaus im Entsorgungsbereich tätig. 1965 erfolgte die Umgründung des städtischen Eigenbetriebes in eine Aktiengesellschaft und die Konzernbildung mit der Kieler Verkehrs-AG unter dem gemeinsamen Dach des Unternehmensverbundes

VERSORGUNG UND VERKEHR KIEL GMBH (VVK). Nach Anzahl der Mitarbeiter, Umsatz und Kapitaleinsatz zählt der VVK-Konzern zu den größten Unternehmen in der Landeshauptstadt. Es bestehen u. a. folgende Beteiligungsverhältnisse: Gemeinschaftskraftwerk Kiel GmbH (je 50 Prozent Stadtwerke Kiel AG und PreussenElektra AG), Stadtwerke Kiel und Tiedemann Entsorgung GmbH (je 50 Prozent Stadtwerke Kiel AG und Tiedemann Entsorgung GmbH & Co.), Kieler Umwelt-Entsorgungsservice GmbH (je 50 Prozent Stadtwerke Kiel AG und Schleswag Entsorgung GmbH), Kommunaler Windenergiepark Schleswig-Holstein GbR (20 Prozent Stadtwerke Kiel AG, 80 Prozent bei 15 weiteren schleswig-holsteinischen Versorgungsunternehmen). (Bildbeitrag Seite 134, 135)

Die VOLLBRECHT + POHL KG mit Sitz in Rendsburg und Filialen in Itzehoe und auf Sylt wurde um 1890 von den Familien Weber-Lucks und Vollbrecht gegründet. Heute gehört der moderne Fachgroßhandel für Haustechnik (Heizung, Sanitär und Industriebedarf) zur GC-Gruppe, die mit dem Fachhandwerk partnerschaftlich zusammenarbeitet. Der Zusammenschluß mittelständischer Unternehmen ermöglicht ein uneingeschränktes Artikelangebot, Markt- und Preistransparenz, große Lieferfähigkeit und einen zuverlässigen Service. Die Kunden werden durch aktuelle Ausstellungen, breitgefächerte Informationen, Hilfen bei der Planung von Läden, Ausstellungen und Messen sowie durch Seminare und technische Fortbildung wirksam unterstützt. (Bildbeitrag Seite 174, 175)

Die WANKENDORFER BAUGENOSSENSCHAFT EG wurde von Flüchtlingen, Vertriebenen und Luftkriegsgeschädigten am 4. September 1947 in Wankendorf gegründet. Heute zählt sie mit über 10 000 Mitgliedern zu den großen Wohnungsbaugenossenschaften im Lande. Das wohnungswirtschaftliche Dienstleistungsunternehmen „Wankendorfer" verwaltet zur Zeit im Bereich zwischen Kiel, Hamburg und Lübeck rund 14 000 Immobilienobjekte. Davon stehen über 6300 Objekte im Eigenbestand, rund 3300 Objekte werden für Gemeinden und private Eigentümer verwaltet und für rund 4300 Eigentumsobjekte ist die Wankendorfer Verwalter gemäß Wohnungseigentumsgesetz. Ein umfassendes Bauprogramm, das den Bau von Miet- und Eigentumswohnungen sowie Reiheneigenheimen und eine ständige Bauerneuerung des Bestandes umfaßt, rundet die Leistungspalette ab. 1995 beschäftigte die Genossenschaft 172 Mitarbeiter und investierte bei einer Bilanzsumme von rund 361 Millionen DM über 46 Millionen DM. (Bildbeitrag Seite 140)

Die 1968 gegründete Privat-Confiserie WIEBOLD wird seit 1985 in zweiter Generation von dem Konfektmacher Walter R. Wiebold geleitet. Im Elmshorner Werk werden bis zu 250 Mitarbeiter beschäftigt, welche ein umfangreiches Sortiment von handgefertigten Trüffel- und Pralinenspezialitäten für die führenden Fachgeschäfte in Deutschland, Japan, den USA sowie im Mittleren Osten und allen europäischen Ländern wöchentlich frisch fertigen. Modernste Technik und ein perfekter Hygiene-Standard, verbunden mit handwerklicher Meisterleistung, sichern den kontinuierlichen Erfolg mit weit über dem Branchendurchschnitt liegenden Umsatzzuwächsen. (Bildbeitrag Seite 125)

Die 1967 unter maßgeblicher Beteiligung der drei schleswig-holsteinischen Industrie- und Handelskammern auf Initiative des damaligen Präsidenten der Industrie- und Handelskammer zu Kiel, Konsul Hans-Detlev Prien, gegründete WIRTSCHAFTSAKADEMIE SCHLESWIG-HOLSTEIN (WAK) ist das Zentrum für Weiterbildung der Industrie- und Handelskammern zu Flensburg, Kiel und Lübeck. Mit einem Niederlassungsnetz von 15 Standorten ist die WAK landesweit vertreten. Zu ihrem Angebot gehören die berufliche Weiterbildung für die Wirtschaft in Schleswig-Holstein, internationale Managementseminare, duale Studiengänge für Abiturienten in der Berufsakademie (BA) sowie die betriebswirtschaftliche Weiterbildung für Praktiker zum staatlich geprüften Betriebswirt. (Bildbeitrag Seite 72, 73)

Zur PETER WOLTERS-GRUPPE gehören zwei produzierende Unternehmen in Rendsburg und sieben Vertriebs- und Servicegesellschaften in der BRD, Schweiz, England, USA, Singapur und China. Die Werkzeugmaschinen-Division bietet ihren Kunden Maschinen und Prozesse zur hochgenauen planparallelen Bearbeitung von Werkstücken an. Im Bereich der Anwendung für die Halbleiter-Industrie ist Peter Wolters einer der Marktführer. Hochpräzise Drähte für den Einsatz in Spezialwerkzeugen und in der Textilindustrie produziert und liefert weltweit die Draht-Division der Peter Wolters-Gruppe. (Bildbeitrag Seite 61)

Die YTONG NORDWEST GMBH in Wedel ist eines von neun Werken der YTONG-Gruppe, die den deutschen Markt mit ihren hochwertigen Produkten versorgen. Die YTONG Nordwest GmbH beliefert die Bundesländer Schleswig-Holstein, Hamburg, Bremen und Niedersachsen mit ökologischen Baustoffen für Rohbau und Modernisierung. Die Firma YTONG, 1929 in Schweden gegründet, entwickelte u. a. die Planblock-Bauweise und den Planblock mit Grifftasche. (Bildbeitrag Seite 121)

Das Gelände des Kieler Seefischmarktes hat sich vom Umschlagplatz für Fisch zu einem modernen Dienstleistungs- und Forschungszentrum entwickelt. Auf dem rund sieben Hektar großen Grundstück sind seit einigen Jahren das Forschungszentrum für marine Geowissenschaften — Geo-mar — und das Institut für Polarökologie angesiedelt. Außerdem ist hier der Sitz des größten Teils des Kieler Fischhandels. Weiter sind diverse Handels- und Handwerksfirmen, das Fischereiamt des Landes Schleswig-Holstein, eine Außenstelle des Instituts für Meereskunde sowie das Berufs-fortbildungswerk des DGB hier ansässig. Es hat eine gute Straßen-anbindung, einen Gleisanschluß und liegt an seeschifftiefem Wasser. An-sprechpartner für Interessenten ist das ZENTRUM FÜR MARITIME TECHNOLOGIE UND SEEFISCHMARKT ZTS GRUNDSTÜCKSVER-WALTUNG GMBH. (Bildbeitrag Seite 138)

LIST OF COMPANIES, ADMINISTRATIONS AND ASSOCIATIONS

ACO SEVERIN AHLMANN GMBH & CO. KG, Rendsburg, came into being in 1946 when Josef-Severin Ahlmann founded the firm Ahlmann & Co. (ACO). In its first twenty years ACO concentrated on the German market, where terrazzo sanitary articles, concrete windows and concrete products for civil engineering were in great demand. Today ACO produces drainage systems and products for the house and garden, e. g. windows, gutters, doorway dirt traps and light shafts, as well as for the storage of environmentally hazardous products.

A decentralized management structure lies at the heart of the corporate philosophy. The ACO group is represented in 18 countries worldwide with 20 production sites and 50 sales companies.

ACO is Europe's largest supplier of line drainage systems and the world's largest manufacturer of polymer concrete. The organizational structure was implemented to overcome the limits of regional markets, to synergize energy and to spread individual expertise over a broader basis. ACO has a total workforce consisting of 1,800 skilled and committed employees.

(Illustrated contribution page 20, 21)

The College for Employed Persons in Rendsburg, officially recognized by Schleswig-Holstein's ministry of culture in June 1980, was initiated by the AKADEMIKERGESELLSCHAFT FÜR ERWACHSENENFORT-BILDUNG MBH (AKAD) in Stuttgart, itself founded in 1959. The college prepares students for the Abitur, provides further education courses and grants diplomas in languages. It is the first private college in Germany offering courses in business administration, industrial engineering and business informatics using the method of combining correspondence courses and being present. Some 2,000 students have taken the college's examinations to date. With some 4,000 students now enrolled, it is Germany's largest private college. Study conditions are flexible to take account of study time available and where the students are located, even if they are abroad. Since 1992 it has been possible to sign up for so-called trial studies, meaning without Abitur or matriculation standard. (Illustrated contribution page 77)

AKIS GMBH, industrial goods manufacturer in Elmshorn, founded in 1985, is one of the largest full service contract manufacture and reworking companies in Northern Germany. The range of activities of this innovative firm covers the production and processing of many different quality products, intermediate storage logistic, the assembling of electronic components, tampon-printing, reworking of quality defects, sewing of textiles, drilling and milling of plastic and metal as well as the sorting out of product-defects and last but not least the dispatch of goods. AKIS cooperates with leading companies in Germany, Sweden, Israel, Japan, the Netherlands and Britain. The main customers are in the automobile industry, in the manufacture of electronic business machines, high class writing instruments, the food industry, the photo industry and the tourist sector.

(Illustrated contribution page 133)

ALLIEDSIGNAL ELAC NAUTIK GMBH, Kiel, is a developer and producer of equipment and systems operating on the basis of underwater sound and permitting depth measurement and detection in water. Applications are mainly hydrography, the surveying of harbours, rivers and lakes, oceanography, marine geology and biology, navigation and fisheries. Precision mechanics are combined with highly developed microelectronics; process computers create the conditions for effective acquisition, processing and evaluation of measured values. More than 80 research ships all over the world operate with ELAC surveying and echo-sounder systems and provide exact data on waters everywhere and on the soil strata beneath them. (Illustrated contribution page 107)

ALSEN-BREITENBURG ZEMENT- UND KALKWERKE GMBH, Hamburg, came into being in 1972 as a result of a merger of the Alsen'-sche Portland-Cement-Fabrik (founded by Otto Friedrich Alsen in 1863) and the Breitenburger Portland-Cement-Fabrik founded by ten North German businessmen in 1884. They produce high-quality cement and lime for sale in Schleswig-Holstein, Hamburg, Bremen, Mecklenburg-Wester Pomerania and in northern Lower Saxony. The Lägerdorf plant produces cement and lime of high quality with the aid of modern, environment-friendly equipment — the new rotary kiln 11 went on stream in 1995 — and a workforce of some 500. The company is one of the region's most important industrial facilities. (Illustrated contribution page 117)

The ASSOCIATION FOR THE ADVANCEMENT OF THE FRAUN-HOFER INSTITUTE FOR SILICON TECHNOLOGY IN ITZEHOE

(ISiT) has been successful in bringing the institute to Itzehoe. Personalities from leading firms in Schleswig-Holstein and other states, promoters of trade and industry and Kiel's Chamber of Industry and Commerce were able jointly and against some resistance to bring to success one of the most important projects for Schleswig-Holstein. Together with the nearby IZET Innovation Centre Itzehoe, a technological field of force for local industry has arisen that radiates out beyond the state's boundaries.

(Illustrated contribution page 17)

AUTOKRAFT GMBH in Kiel was founded in 1945 by Kurt Löwenthal and today operates bus services in Schleswig-Holstein and to Hamburg airport, also long-distance services to Berlin and Tallinn (Estonia), likewise occasional services and car hire. A further activity is AK Touristik, which arranges bus trips all over the world. AUTOKRAFT was the first German bus company to equip its scheduled service buses with ABS. It also received Kiel's Environmental Award for using reusable dishes on its touring buses and a Recognition Award for the design of the 15-metre regional bus at the Schleswig-Holstein Design Prize 1996. (Illustrated contribution page 183)

The architectural firm of BAADE UND PARTNER ARCHITEKTEN BDA was formed in 1992 from the architect's office set up in 1970 by Dipl.-Ing. Jürgen Baade. The partners in the firm include Jürgen Baade, Anke Dabs, Holger Koppe and Peter Ludewig, and they concentrate on planning and design work and construction supervision of commercial, trade and industrial projects as well as administration buildings and housing, with particular attention being paid to tying forward-looking functional processes and building technologies into a creatively demanding architecture. A skilled team, professional technical facilities and high service competence are the marks of this regionally and nationally active firm. A particularly interesting project in Kiel is the third ferry terminal that was executed in partnership with FO Arkitektkontor and Baade und Partner SAR and BDA Göteborg/Kiel. The "lead" firm was Baade und Partner Architekten BDA.

(Illustrated contribution page 178, 179)

A. BEIG DRUCKEREI UND VERLAG GMBH & CO was founded in 1844, when Andreas Dietrich Erdmann Beig bought the printing shop of his employer. Today the company publishes local newspapers as the Pinneberger Tageblatt, weekly papers and telephone books. Besides it prints national and local papers as for example the taz. In the mid-1970s lead was replaced by photo composition and letterpress by offset printing. Since 1991 a new 48-page web offset machine is in use. Partners in the business are: Schleswig-Holsteinischer Zeitungsverlag GmbH, Axel Springer Verlag AG and Kieler Zeitung Verlags- und Druckerei KG.

(Illustrated contribution page 152)

BIG BAU-UNTERNEHMENSGRUPPE, Kronshagen/Kiel, was founded in 1949. The company, active only in Germany, engages today in the construction and sale of dwellings for rental and ownership, of owner-occupier homes, commercial real estate and council flats. The company likewise engages in house and property management, urban renewal and development. It also owns about 9,000 rented apartments.

(Illustrated contribution page 118, 119)

For decades the BOSCH GROUP has been operating successfully in the fields of public, private and mobile telecommunication engineering. In addition to the Bosch brand name, products are also marketed under the ANT, Teldix, Telenorma and Signalbau Huber trade marks. The product range encompasses the full spectrum of modern telecommunication engineering: service radio, broadband communication, mobile radio communications, multiplex engineering, line-of-sight radio, satellite engineering, security engineering and transportation engineering. The Bosch Group meets these challenges by clustering all activities under the world-famous name of Bosch. Thus the technical expertise and market understanding of the hitherto individual firms add up to a high-performing company in communications technology: BOSCH TELECOM GmbH.

(Illustrated contribution page 148)

CITTI/GK GROUP (KG) was founded jointly in 1972 by Bartels & Langness and Paulsen & Hochfeld, with headquarters in Kiel. The activities cover the four sectors: food markets, wholesale food delivery service, canteen technology and CITTI Tank. The food market range covers more than 50,000 articles. The CITTI/GK Group is active in Schleswig-Holstein and Hamburg (CITTI), Berlin and Mecklenburg-Wester Pomerania (GK) and Saxony-Thuringia (JOMO-CITTI). (Illustrated contribution page 173)

▦ COMMERZBANK AG can look back on a proud history extending over 125 years. With a balance-sheet total today of 404 billion DM, more than a thousand branches and a total staff of almost 30,000 it is one of the world's leading universal banks. The head office is in Frankfurt-on-Main. In respect of Schleswig-Holstein, the Commerzbank in Kiel is responsible for the 26 branches in Bad Bramstedt, Bad Oldesloe, Eckernförde, Heide, Husum, Lübeck, Mölln, Neumünster, Neustadt in Holstein, Niebüll, Rendsburg, Schleswig, Travemünde, Wahlstedt and Westerland.
(Illustrated contribution page 159)

▦ Within DAIMLER-BENZ AEROSPACE AG (DASA), the Kiel plant is part of the Sensor Systems Division in Ulm and directly subordinated to it's profit center Ground and Naval Systems. Until 1992 the Sensor Systems Division was the core of the former "Telefunken Systemtechnik GmbH", Ulm, which was merged in Dasa on October 1, 1993. The Kiel plant's responsibility is the service (integration and logistic support) of Sensor Systems Division products, mainly radar- and radio systems. The systems include:
— Traffic control systems for sea and air transport,
— Guidance and command systems and active/passive electronic warfare systems,
— Naval ground and seaborne radio communication systems and radio monitoring.
The Kiel plant also supplies complex system solution for special containers to be employed under various conditions. Mr. Stein, head of the Kiel plant, is striving for a personnel increase to about 100 employees in 1996. Primary customers are German authorities concerned with defence, traffic control and seatrade. (Illustrated contribution page 27)

▦ The DATA CENTRE SCHLESWIG-HOLSTEIN in Altenholz was founded by the state as a public-law institute in April 1968 and is partner to the local authorities in all matters of information and communication technology and its applications, arranges training courses on the subject and provides computing centre services. The centre expedites the handling of local authority matters in Schleswig-Holstein by way of data processing. It also offers its services and products nation-wide through so-called cooperation partners and holding companies. In sum: the Data Centre provides the local authorities with complete problem-solving from a single source.
(Illustrated contribution page 146)

▦ DESIGNA Verkehrsleittechnik GmbH in Kiel, founded in 1951, develops and produces car park systems, especially entrance and exit units, barriers, automatic cash registers and data control centers. It was in 1975 that the innovative company introduced the first all-automatic parking system and has achieved a leading position on the international market with its world-wide activities and future-oriented technology. High quality and technical sophistication of the DESIGNA products make for a sale of 50 % in Germany, 30 % in the EC countries, and 20 % in Asia.
(Illustrated contribution page 182)

▦ DEUTSCHE BANK AG, Kiel branch, originated with the founding in 1852 of Bankhaus Wilh. Ahlmann. Today an experienced and skilled staff in Ahlmann House and in seven other city branches and in Rendsburg and Neumünster look after the customers of the Deutsche Bank AG in the Kiel region. They are assured of the best service in all usual banking affairs for private and corporate customers, also institutional matters and the management of private investments. The bank offers special know-how in electronic banking, capital investment, making provision for retirement and building finance. Its special strength is individual counselling in all business matters. (Illustrated contribution page 155)

▦ DEUTSCHE POST AG was founded in 1867. The modern service company is active internationally. The Kiel branch directorate covers Schleswig-Holstein, Hamburg and Mecklenburg-Wester Pomerania. It is one of 23 directorates controlled from the general directorate in Bonn. For the performance of its duties the Kiel directorate has branches in Rendsburg, Neustadt in Holstein, Hamburg, Güstrow and Greifswald, which maintain 566 post branches and 62 post agencies in Schleswig-Holstein, 115 post branches and 16 post agencies in Hamburg and 276 post branches and 139 post agencies in Mecklenburg-Wester Pomerania.
(Illustrated contribution page 142)

▦ Deutsche Bundespost Telekom became DEUTSCHE TELEKOM AG, Bonn, on January 1, 1995. The latter has a branch in Kiel, offering communication services in Schleswig-Holstein, elsewhere in Germany and abroad. The range covers telecommunication systems, telephone, telefax, ISDN, EURO-ISDN, new features in the intelligent telephone network, cable connections, D 1, C-Tel, Chekker, Cityruf, Modacom, T-Online, Text and Data Communication, Datex-M, Telekom Designed Network, Video Conference and Business TV. With direction-setting, worldwide valid standards and high-performing infrastructures, Deutsche Telekom is creating the conditions for the multimedia information society.

(Illustrated contribution page 145)

▦ DRACHENSEE GGMBH in Kiel, providing work and homes for the disabled, is successor to Verein Drachensee founded in 1969. This non-profit company operates the dwellings of the housing estate at Postillon-weg, also similar properties at eight other locations in and around Kiel, and the workshop at Drachensee with three sites. The workshop for the disabled aims at vocational rehabilitation and provides work for about 480 disabled persons. They work under the guidance of skilled staff for the various work groups. Their activities are oriented on the requirements of customers and cover assem-bly work, packaging and making up, the paper sector, joinery work, land-scape gardening, also textile care and metalworking. Some 196 men and women with mental disabilities and sometimes with multiple disablements live in the Drachensee dwellings. They are fully looked after and are encouraged to be active as far as their conditions allow.

(Illustrated contribution page 132)

▦ DRESDNER BANK AG was founded in Dresden in 1872, celebrating with unbroken vitality its 125th anniversary next year. Nowadays we are considered one of the universal banks of international standing. Within the domain of the Kiel Chamber of Industry and Commerce our branches in Kiel, Neumünster, Rendsburg, Pinneberg, Elmshorn, Itzehoe and Wedel offer its services wherever required and counsel large, medium-sized and small companies. For our 200,000 German corporate customers we focus on financing of all kinds, payment transactions, export business, foreign exchange dealings, investment and public promotional programmes (including European Community programmes). So talk with the Dresdner! Also on monetary union matters and about Edifact.

(Illustrated contribution page 158)

▦ DST DEUTSCHE SYSTEM-TECHNIK GMBH, Kiel, was founded in 1990. The medium-sized Telematik-System-House is primarily involved in

the development and realization of advanced system applications for security, traffic control, industrial automation and environmental technology in the fields of logistics and traffic. The company employs 800 people in Kiel and Bremen engaged in development, manufacturing, logistic support, marketing and has offices in Berlin, Bremen, Dortmund, Frankfurt, Gera, Kiel, Koblenz, Munich, Stuttgart and Wilhelmshaven. DST has representatives and cooperations all over the world supported by its Kiel based export department.

(Illustrated contribution page 19)

▦ ESN, EnergieSystemeNord GmbH, is an engineering company based in Kiel and specializing in energy and environmental technology. With a skilled workforce of more than a hundred, ESN offers its services in energy and safety technology, information processing and management consulting, this covering everything from concept and planning to support during operation. As independent engineering and project managers our specialties are heating stations, combined heat and power stations, districtheating and gassupply networks, technical building equipment, district and network control stations, also measures for energy saving and the use of regenerative energy sources. ESN is also concerned with geographical information systems (GIS) for data modelling and acquisition, with projects for electronic filing and with CAD services.

In addition to Kiel, ESN is also present in Hamburg, Wismar, Greifswald, Parchim, Berlin, Ratingen, Magdeburg, Jena and Pirna/Dresden.

(Illustrated contribution page 131)

▦ ESW-EXTEL SYSTEMS WEDEL Gesellschaft für Ausrüstung mbH, Wedel, founded in 1994, is evolved from the naval and special technology divisions of the AEG in Wedel. The latter was taken over by Telefunken Systemtechnik in 1989 and then incorporated into Daimler-Benz Aerospace in 1992. The production programme of the innovative company covers stabilization systems, electric drive systems, electric power supply systems and electrical machines, training systems, measuring and testing systems as well as service and logistics for civil and defence applications. ESW is a leader in

— special stabilizing platforms for sensors in land vehicles, ships and in helicopters,
— electric turret drives in armoured vehicles, and also for the bogies of railway coaches,

— SIMSTAR laser training systems,

— special generators, motors, transformers and blowers for aircraft and land vehicles, also distribution and optronic return processing systems for press returns etc. (Illustrated contribution page 54, 55)

The FACHHOCHSCHULE KIEL was founded on 1 August 1969 thanks to the law governing polytechnics in Schleswig-Holstein. The history of the individual departments, however, goes back more than 125 years.

Eleven first degree courses, two supplementary postgraduate and one MBA course can be taken in a total of six departments — Agriculture, Business Administration, Civil Engineering, Electrical Engineering, Mechanical Engineering and Social Work.

Furthermore there is a diverse range of study programmes at foreign colleges and universities which, depending on the length and depth, can result in the student graduating from the foreign university, as in the Double Degree programme. Participating in this programme enables the students to obtain two degrees (one from Kiel, the second from the host university abroad) in the time it takes to complete only one degree course.

The Fachhochschule Kiel is the largest of its kind in Schleswig-Holstein. Its emphasis on applied research and development, on technological transfer and intramural education ensures that close contact between theory and practice is maintained. (Illustrated contribution page 68, 69)

The company of GEKA Jürgen Kiesel was founded by Jürgen Kiesel in Flensburg in 1961, but is today based in Kiel. It is a specialist in surface treatment, carrying out such work as chromium-, nickel-, copper- and zinc-plating, browning, tinning and VA electropolishing. The automated plants are up to the newest state of the art and are computer controlled. A highly efficient detoxication plant was installed in 1994 in the cause of environmental protection. The company's sales activities cover the whole of Germany. (Illustrated contribution page 87)

MAX GIESE BAU GMBH was founded in Kiel more than 80 years ago and since then has become the largest regional building firm with branches in Schleswig-Holstein, Hamburg, Berlin, Mecklenburg-Wester Pomerania and Saxony. With its 900 engineers, technicians and skilled workers, Max Giese Bau designs and builds demanding structures in civil engineering and construction, in environment protection and water engineering. In addition to this there is monument preservation, concrete maintenance and building restoration work, also the delivery from the firm's own works of reinforced and prestressed concrete components. Construction projects are executed as carcass work or on a turnkey basis. Recent reference jobs are, for example, the Institute for Silicon Technology in Itzehoe, the Business Park in Norderstedt, the "Sylt-Quelle" mineral water factory in Westerland, the "Geomar" research centre and the "CAP" adventure centre in Kiel. (Illustrated contribution page 111)

GROTH & CO. (GMBH & CO.), building contractor, was founded by master builder Theodor Groth in Stolp, Pomerania, in 1925. After the war the company moved to Pinneberg. The son of the founder, Karl Groth, joined the firm in 1951 and took over the management in 1963. The medium-sized company is today active in roadbuilding and construction, in civil engineering and pipelaying work, in environment protection, in turnkey projects and as building developer. Acquisitions and reorganization resulted in the Groth Group, which has about 800 employees and is active in building in the whole of North Germany. Since 1994 the company has operated a microbiological soil reconditioning plant in Itzehoe.

(Illustrated contribution page 35)

HAGENUK TELECOM GMBH, Kiel, originated in 1899 and since then the innovative company has striven to produce telephones to the newest state of the art in technology and design. The Kiel "ideas forge" produced the first pushbutton telephone just as it produced Germany's first cordless telephone and the world's first successfully tested dual-mode handy. Of a workforce of about 1,200 almost 200 work in research and development. The globally marketed products include telecommunication terminal units and systems in the GSM, DECT and ISDN standard of the future. All equipment is subject to a strict quality check and complies with the ISO 9001 standard. (Illustrated contribution page 147)

HUGO HAMANN was founded in 1896 as an office and writing materials supplier. Over its hundred years in business it has developed into a leading office equipment centre with branches in Flensburg, Lübeck, Schwerin and Rostock. The spacious showrooms in the centre of Kiel plus offices, workshops, storage areas and its own very modernly equipped offset printing plant exemplify this development. Hugo Hamann also operates two modern office-equipment shops in Kiel. As a full sales-line supplier it covers office and drawing supplies, office equipment and planning, data processing and information systems, copying and information technology, art and graphics, also reproduction and process technology and surveying equipment. A skilled staff provides customers with expert advice on all questions. In addition thereto, individual software training and PC instruction seminars are held on the company's own premises.

(Illustrated contribution page 139)

Founded in 1960, HANSA MINERALBRUNNEN GMBH in Rellingen is a wholly owned subsidiary of EMIG AG, a majority holding of Holsten-Brauerei AG. Hansa Mineralbrunnen is one of the leading suppliers of alcohol-free beverages in the north of Germany. The product range comprises mineral water and diverse soft drinks, including licensed Pepsi-Cola products. The company's own brands include the hella mineral spring, St. Michaelis and the Jakobus mineral spring. The drinks are distributed through specialist drinks wholesalers, the grocery trade, specialist cash-and-carry stores, through the catering industry and at filling stations. Hansa Mineralbrunnen products are filled at the Trappenkamp plant near Bad Segeberg, one of the EMIG Group's four modern filling plants in Germany.

(Illustrated contribution page 129)

Since its establishment in 1967, HOBBY-WOHNWAGENWERK, Ing. Harald Striewski GmbH, located in Fockbek near Rendsburg, has grown into a European market leader. In the intervening period some 250,000 caravans have left the production line. The company owes its leading position to such trailblazing innovations as the combi-cassette rollerblind for skylights and windows, the coffer toilet, the fully integrated refrigerator and burglar-proof windows. Hobby also set new standards in chassis engineering with the introduction of the reverse system with travel-dependent action and the hot-galvanized chassis. Other factors in the success of the company include modern production techniques enabling large-scale production in high quality, the new Hobby service centre which supplies 400 dealers throughout Europe with spare parts, a good price-performance ratio and the stylish and comfortable finishing of the caravans.

(Illustrated contribution page 200, 201)

A fitter's shop founded by Ernst Kuhlmann in 1937 became in 1971 the firm of Hoedtke & Boës GmbH in Pinneberg, to which was added HOEDTKE & BOËS KIEL GMBH & CO. KG in 1991. The two companies employ a skilled workforce of about 210. The subcontractor is mainly active in five sectors: laser and vacuum technology, plant and apparatus construction, sheetmetal working, surface finishing. Customers in Germany and Europe are in particular aircraft and machine builders, are in medical technology, in the car, computer and electrical industries, also research institutes and local authorities. In 1980 Hoedtke & Boës was one of the first firms in Germany to use laser technology for cutting metals, and today the company has more than a million hours of experience in laser applications. Still new is the soldering and annealing of workpieces in a continuous high-temperature process that is also part of the Hoedtke & Boës programme.

(Illustrated contribution page 96)

Kieler HOWALDTSWERKE-DEUTSCHE WERFT AG (HDW) is one of Europe's most modern universal shipyards for high-tech ships. It builds all types and classes of merchant and naval ships, repairs naval vessels and is also active in shipbuilding-related diversification. With some 3,700 employees, HDW is one of the leading industrial employers in Schleswig-Holstein. Taking into consideration its subcontractors, more than 10,000 people live directly or indirectly from the shipyard. The HDW is a subsidiary of PREUSSAG AG, which is an international basic industries and technology concern active in steel production, non-ferrous metals, energy and raw materials, commerce and transport, plant construction and shipbuilding as well as building technology.

Johann Schweffel and August Ferdinand Howaldt founded their firm of Schweffel & Howaldt as a "Marineschiffbau-Anstalt und Eisengiesserei" in Kiel in 1838. Shipbuilding commenced in 1865 and by the turn of the century the "Howaldtswerke" was one of the leading German shipyards. Its present title of Howaldtswerke-Deutsche Werft AG was adopted in 1968 following the merger of Kieler Howaldtswerke AG, Howaldtswerke-Hamburg AG and the Deutsche Werft AG in Hamburg.

HDW has built many more than 1,500 ships in Kiel, innovative vessels being frequently among them. These included the polar research ship "Gauss" (1901), the world's second motorship "Monte Penedo" (1911), the world's first supertanker "Jupiter" (1914), the first 40,000-ton tanker "Tina Onassis" (1953), the nuclear-powered freighter "Otto Hahn" (1968), the polar research ship "Polarstern" (1982), the novel hatch-cover-free containership "NORASIA Fribourg" (1993) and with "APL China" (1995) the world's largest containership. In naval construction HDW is building the Class 212 submarine with outside-air-independent propulsion based on hydrogen fuel-cell technology. HDW is today a leader in the building of containerships and non-nuclear-powered submarines.

That calls for a highly modern shipyard. Having already created worldwide criteria with the "ship of the future" concept, the shipbuilders in Kiel are now creating the "yard of the future". HDW is backing an extensive product and production model in a data processing system out of which design, work scheduling and planning, production machines, on-schedule purchasing and delivery can be controlled. CAD/CAM is an indispensable feature of the modern shipyard. And in certain sectors HDW has achieved the technological quantum leap to CIM (computer integrated manufacturing). This is the precondition for the operation of highly modern production lines with plasma burning machines and profile robots for individual manufacture, programme-controlled transport equipment, the control of robot installations such as profile-burning robots and welding robots for sub-group and panel manufacture as well as a largely mechanized assembly line for large sections and computer-controlled welding robots for the production of large ship sections. Just high-tech on the waterfront.

(Illustrated contribution page 102, 103)

HOWMEDICA GMBH was founded in Kiel in 1904, and is thus one of the oldest medical device firms anywhere. Together with four associated firms in Europe an the U.S.A. it is part of the globally active pharmaceuticals company, Pfizer Inc., New York, since 1972. Howmedica's development and production work at Schönkirchen covers implants and instruments for emergency surgical care of fractures of the tubular bones, the skull and the spine. The company also produces pneumatically and battery-driven surgery machines. These products are marketed in about 150 countries, the export share is about 75 percent. The German and Austrian markets are served from Schönkirchen with the whole Howmedica product range as well as with products of other sectors of the Pfizer medical device business. At Howmedica GmbH there are today some 500 well-trained and committed employees in the service of the patient. Closeness to the customer, reliable products and quick realization of innovative ideas make Howmedica a trusted and indispensable partner in medical care all over the world. (Illustrated contribution page 84, 85)

INOTEC BARCODE SECURITY GMBH of Neumünster, founded in 1978, is a pioneer in the manufacture of sequential bar code labels.

These high-quality data carriers are produced using photocomposition, thermo, thermo transfer and laser printing processes for industrial, medical and library applications. A qualified team and computer controlled production are the basis for high product quality and a user-oriented corporate philosophy. INOTEC products are marketed by way of an international sales network, and sold in Germany (60 percent), other EU countries (30 percent) and elsewhere abroad (10 percent).

(Illustrated contribution page 31)

The newly built IZET INNOVATION CENTRE ITZEHOE is a technology transfer and company start-up centre with 3,300 square metres rentable space at favourable conditions for offices, laboratories and production facilities. It is operated by Gesellschaft für Technologieförderung Itzehoe GmbH whose main shave holders are the City of Itzehoe and county of Steinburg. IZET skilled personnel provides a range of centralized services. Also offered are project coordination and consulting tailored to each company's county needs. The IZET offers technology transfer in respect of semiconductor process development and microsystem technology in close cooperation with the nearby located Fraunhofer-Institute for Silicon Technology ISiT, which has state-of-the-art modern production cleanrooms rentable (partly) to local industry. (Illustrated contribution page 59)

JOHNSON & JOHNSON GMBH, Kiel, is a plant of Johnson & Johnson Company of New Brunswick, New Jersey, U.S.A., which was set up in 1886. Johnson & Johnson is the world's largest manufacturer of healthcare and hygiene products. These include mother-and-child products, women's hygiene and body-care products, sun protectants, wound dressings, products for therapy and diagnostics, instruments and high-tech articles. The production facilities for external women's hygiene such as sanitary towels and panty shields are in Kiel. The Johnson & Johnson Group consists of 168 companies in 61 countries, including 13 in Germany. The plant in Kiel supplies 20 affiliates throughout Europe.

(Illustrated contribution page 79)

The history of HEINRICH KARSTENS GMBH & CO. KG, building contractors in Kiel-Eckernförde, goes all the way back to 1938, when building engineer Heinrich Karstens started his own business. The firm grew quickly and is now one of the most powerful medium-sized building companies in Schleswig-Holstein. Its range of activities includes earth-moving, sewerage system and road construction, wall and concrete construction and turn-key residential and commercial projects. Building and civil engineering projects are conducted throughout Schleswig-Holstein. With a modern fleet of vehicles and equipment, innovative ideas and techniques and qualified personnel, the KARSTENS building company is ready for the challenges of the future. As one of the first building contractors in Schleswig-Holstein the company began employing the ISO 9001 quality management system in the spring of 1996.

(Illustrated contribution page 123)

■ KIELER BESCHÄFTIGUNGS- UND AUSBILDUNGSGESELL-SCHAFT KIBA GMBH was founded on December 21, 1993, as a charitable enterprise. The partners are: City of Kiel (80 percent), the DGB's vocational advancement centre (10 percent), the DAG's educational centre (10 percent). The manager is Dr. Eberhard Weyl. Purpose of partnership: Offering help to people with special difficulties on the labour market by way of employment for a limited period of time, advancement and qualification. In the eight facilities some 500 persons find employment with social insurance. The offices of KIBA GmbH are in Kiel's Preusserstrasse, while the WaS (Workshops at Seafishmarkt), BNL (Works for Nature-near Landscape Architecture and Preservation) and the FBQ (Department for Qualification) are in Wischhofstrasse. The ÖNB (Ecological Natural Building Materials Recycling) and the AMB (Cogeneration Plant Group) are located at Eichkamp.

(Illustrated contribution page 74, 75)

■ The head office of KIELER VOLKSBANK EG, newly constructed on Europaplatz in 1983 and awarded the German Architects' Prize, is one of the most striking buildings in Kiel's city centre. Originally founded as a "craftsmen's bank" in 1897, Kieler Volksbank provides the full range of modern banking services with its comprehensive network of branches around the Kieler Förde. As cooperative credit institute and major component in the regional economy, Kieler Volksbank eG serves all elements of the population and branches of industry. (Illustrated contribution page 165)

■ The "Kieler Nachrichten" daily is the successor to the "Generalanzeiger für Schleswig-Holstein", that first appeared on November 20, 1894. It has an average daily circulation today of more than 115,000 copies and in the main area of Kiel and its surroundings it reaches a good 300,000 readers. The Kieler Nachrichten is published by KIELER ZEITUNG, VERLAGS- UND DRUCKEREI KG — GMBH & CO.

(Illustrated contribution page 151)

■ The state capital Kiel: the gantry cranes of the shipyard on the east side still predominate in the town's silhouette, but shipbuilding and machine construction no longer play such a vital role in the economic life of the region, and in recent years Kiel has become the centre of a modern service-based economy. About 74 percent of all employed are in this sector, while the average for Germany as a whole is 52 percent. With Kiel as state capital, the public administration is of particular importance here, with various federal authorities, the state university, and the administrative centres of various organizations and service providers based there. Kiel has about 8,500 industrial firms, these including such companies as Hagenuk, Krupp-MaK, Linotype-Hell and Ortopedia, all of whom have an enviable reputation worldwide, as well as large concerns with branches in Kiel. And in respect of shipping, regular freight services over the Baltic to all of the countries there contribute to the growing importance of the port of Kiel, with its advantageous location on the Kiel Canal. With a population of more than 800,000 in the region, the city is also an important shopping centre.
KIWI — KIELER WIRTSCHAFTSFÖRDERUNGS- UND STRUKTUR-ENTWICKLUNGSGESELLSCHAFT MBH, Kiel

(Illustrated contribution page 14, 15)

■ With the setting up of a small groat mill in 1820, Peter Kölln laid the foundation for today's KÖLLNFLOCKENWERKE in Elmshorn. Right from the start the emphasis was on high-quality products, and today there is a wide variety of best-quality cereals on offer: for example oat flakes, classical and crunchy muesli mixtures, also crisp-flake mueslis and oat-bran products. Since the late 1970s, Peter Kölln has enlivened the muesli market with a whole range of new products: "Kölln Schoko" muesli came on the market in 1979 and "Kölln Joghurt" muesli appeared in 1990. In 1995 it was "Kölln Knusper Apfel-Zimt" muesli and in 1996 came "Kölln Knusper Cappuccino" muesli in Germany. With its balanced programme of high-quality wholemeal oat products, the family-owned enterprise is making an important contribution to healthy living. The high quality standard is today certified in accordance with EN ISO 9001 and documented thus. Peter

Kölln has been internationally active for decades, exporting to about twenty countries worldwide, with exports accounting for about 10 percent of sales. The combination of tradition and innovation is the basis of success for all brand articles carrying the Kölln label.

(Illustrated contribution page 126, 127)

With at first a staff of 26, KVP PHARMA- UND VETERINÄRPRO-DUKTE GMBH, Kiel, commenced manufacture in 1974 of veterinary medicinal products, animal care products and animal feed stuffs. Today this subsidiary of Bayer AG, Leverkusen, has a staff of about 300, and the range of products covers some 200 articles (such as Bolfo anti-flea collars and Autan) in more than 800 variations. Production in accordance with international standards is strictly controlled to ensure adherence to the high quality standards. There is also a high level of environmental consciousness. Some 30 percent of production is sold in Germany, primarily via a 24-hour service to veterinarians, while 70 percent is exported.

(Illustrated contribution page 83)

LANDESBANK SCHLESWIG-HOLSTEIN views itself as a Bank for the North with a regional focus and an international orientation. Its business in Germany concentrates on its core region of Schleswig-Holstein, Hamburg and its southern surroundings, Mecklenburg-Western Pomerania and Berlin. In Europe, the Bank is strategically oriented towards Scandinavia and the Baltic sea region. Landesbank Schleswig-Holstein offers its customers the full range of traditional and innovative products of an universal bank.

With a group balance-sheet total of 92 billion DM and 1,800 employees it is Schleswig-Holstein's largest bank and one of the 20 largest in Germany. It is the central institute for the savings banks of Schleswig-Holstein and by way of the Investitionsbank Schleswig-Holstein is the largest institute for promoting Schleswig-Holstein's economy. The Landes-Bausparkasse and the Investitionsbank are legaly dependent devisions of the bank.

The Landesbank was established in 1917. It is a credit institution in the legal form of an institution under public law. The Bank's headquarters are located in the state capital of Kiel. The Bank maintains branches in Lübeck, Schwerin, Rostock and Luxembourg as well as representative offices in Hamburg, Berlin, London and Tallin.

Westdeutsche Landesbank Girozentrale (WestLB) holds 39.9 percent and Südwestdeutsche Landesbank Girozentrale (SüdwestLB) 10 percent of the share capital of Landesbank Schleswig-Holstein. The State of Schleswig-Holstein and the Savings Banks and Giro Association for Schleswig-Holstein each hold 25.05 percent of the Bank's share capital.

(Illustrated contribution page 156, 157)

Schleswig-Holstein's building society LBS has been a division of the Landesbank Girozentrale in Kiel since 1949, being successor to institutes going back to 1929. The LBS is the only building society with seat in Schleswig-Holstein and is a market leader in its area with more than 300,000 customers and an aggregate sum of 10.5 billion DM of saving contracts. In addition to saving contracts LBS offers comprehensive financing and is successful as estate agency. With 49 branches and advisory offices, as well as outlets in several savings banks, it provides a close network of expert advisers to customers throughout Schleswig-Holstein.

(Illustrated contribution page 163)

LEG SCHLESWIG-HOLSTEIN is the state's development company and was set up in February 1996. Its task is to help realize the objectives of the state's development work. It is to act together with its subsidiaries, WOBAU Schleswig-Holstein and the Schleswig-Holstein Rural Company, in attaining the following:

— development and improvement of the state's infrastructure,
— the region's economic, ecological, social and cultural development,
— ensuring an adequate volume of housing,
— creating new job opportunities in rural areas,
— cooperation between municipalities on infrastructure, trade and industrial development and housing,
— shaping of structural change in agriculture,
— organization and perception of comprehensive land management, also for protection of nature and the environment.

LEG Schleswig-Holstein is itself active in integrated regional development. It also takes over the strategic and financial control of the concern. Within the scope of their brief, its subsidiaries are operationally independent.

By way of the social-obligated renting out of its own dwellings and its housebuilding activities, WOBAU Schleswig-Holstein will contribute to maintaining and improving the conditions of living in the towns and communities. WOBAU itself has about 18,500 dwellings in 77 towns and municipalities in Schleswig-Holstein.

The Landgesellschaft (Rural Company) is active in the field of improving the agricultural structure. Within the framework of the LEG it has the task of comprehensive and central land management. In respect of agricultural structure improvement it looks after the investments for each farm. The objective is, with assistance from the state, to create competitive farms and keep them competitive. The company is led by a management team of three which is responsible for the strategic and financial control of the company and of the subsidiaries.

(Illustrated contribution page 112—115)

LINOTYPE-HELL AG, based in Eschborn near Frankfurt, was founded in 1886, and is today the world leader in products and systems for prepublishing such as scanners, image setters, computer-to-plate systems, type, software and gravure production lines. Linotype-Hell is represented in more than 130 countries and has a clientele consisting mainly of printers and composers and service firms, process departments, newspaper and magazine publishers, agencies and designers and graphic arts departments in industry, trade and officialdom. Some 3,300 people are employed worldwide. Kiel is the company's main production location in Germany.

(Illustrated contribution page 153)

MAK SYSTEM GESELLSCHAFT MBH, Kiel, emanated from Krupp MaK in 1990 and became a subsidiary of Rheinmetall Industrie AG. In Defense Technology the company produces armoured vehicles for the Bundeswehr and for friendly armed forces. They include the LEOPARD 2, Recovery, Bridgelayer, Engineer and Mine Clearing Vehicles, the WIESEL 1 and 2 air-transportable vehicles and the Self-Propelled Howitzer PZH 2000. In the field of Commercial Technology the principal products are Electron Beam Texturing Systems, Manipulator Vehicles, mobile Earth Tillers and gas-turbine-driven Power Units. Technological skills, such as system integration of complex apparatus, system-related intelligent hydraulics, electrics and electronics as well as chassis and protective technologies contribute to the recognized market position. (Illustrated contribution page 90, 91)

MERCEDES-BENZ AKTIENGESELLSCHAFT's Kiel branch stemmed from the Daimler-Benz sales office in Kiel set up in 1929. Out of modest beginnings — an office, a showroom and a staff of two — an independent branch appeared in 1946 and steadily developed to its present size. In Kiel and northern Schleswig-Holstein service is provided by 22 modern dealers and authorized workshops with their skilled personnel. In addition to selling cars, commercial vehicles and buses, the branch offers a comprehensive customer service and spare parts supply. (Illustrated contribution page 176)

NEUMAG — NEUMÜNSTERSCHE MASCHINEN- UND ANLA-GENBAU GMBH in Neumünster was established in 1948 and is now one of the world's leading suppliers of machines and plants for manufacturing synthetic fibres and filaments. NEUMAG plants are used for producing yarns for multiple applications: for the clothing industry, for fitted carpets, for fleeces and for a wide range of applications in the industrial area. This range of products is supplemented with extensive services in the field of general engineering. NEUMAG's international success is based on intensive research and development, a high level of design and production know-how, state-of-the-art manufacturing facilities, and above all the high qualifications of the 530-strong workforce. The company exports 95 percent of its products. (Illustrated contribution page 94)

The NORDWESTLOTTO — State Lottery for Schleswig-Holstein, Kiel, is successor to the Schleswig-Holsteinische Sportwette GmbH founded in 1948. It organizes various lotteries for the state of Schleswig-Holstein. These include the numbers lotto "6 out of 49" on Wednesday and Saturday, the GlücksSpirale (Lucky Spiral), the football-toto selection wager "6 out of 45", the football-toto results wager "11er-Wette", the overlay lotteries "Spiel 77" and "Super 6" and the Rubbelfix letter lottery.

(Illustrated contribution page 23)

The shipyard PETERSWERFT WEWELSFLETH GMBH & CO originated in 1871, when only wooden ships were built, while at the beginning of the 20th century it saw the changeover to iron ships. The yard today builds ships of up to 8,000 dwt and handles repairs, lengthenings and conversions of inland and seagoing ships of up to 10,000 dwt. The Peterswerft has a production area of 100,000 square metres with three slips and two modern drydocks. The innovative shipyard, with about 300 employees, builds everything from river ferries through dry cargo ships to supply ships for the offshore sector. (Illustrated contribution page 105)

POHL-BOSKAMP, a pharmaceutical manufacturer employing the most modern technology. When in the beginnings the pharmacist held his phial against the light to determine the quality of the mixture it was a sign of his care and a traditional symbol — still used in the firm's trademark — of the Hohenlockstedt company. Brand drugs such as Gelomyrtol®, Nitro-lingual® and Pohl cod-liver oil capsules® are produced in today's standard organized and progressively equipped company. Computer control is used for the analysis of the composition of the drugs down to the smallest trace, and each individual emergency spray is checked for proper functioning before despatch. (Illustrated contribution page 39)

◼ REESE GMBH & CO., Kiel, was founded in 1867. Today, with a work-force of 240 employees (in Kiel, Lübeck, Flensburg and Itzehoe), the company operates a widecast sales and service network in the office equipment, office supplies and office communication sector that makes it one of the leaders in Schleswig-Holstein. The range of equipment supplied by Reese to trading and service companies and local government agencies is backed up by counselling, planning, training, service and logistics.
(Illustrated contribution page 141)

◼ RENDSBURG, metropolis of Rendsburg-Eckernförde District, is in the heart of Schleswig-Holstein and over the centuries has become a traditional industrial and service centre. The region's broad economic structure takes in machine and tool manufacture, fine mechanics, electronics, the electric power industry, shipbuilding, civil engineering and construction, plastics and wood processing, printing and publishing, grain trading, food and stimulants. Firms in Rendsburg have the benefit of a skilled labour force, diverse training places, an excellent business climate, adequate port handling capacity, an optimal transport infrastructure and top technological resources with promise for the future.
(Illustrated contribution page 45)

◼ The North-East state group in Kiel of the Board for Rationalization of the German Economy (RKW), founded in 1921, helps mainly small and medium-sized firms and other such business units in Schleswig-Holstein in adapting to structural change, competitive and cost pressures. Its neutral advisory activity relates to cost and environmental management, marketing and sales, quality and personnel management, initial and advanced training. In the interest of entrepreneurial success, RKW NORTH-EAST relies on the advice of specialists in this work.
(Illustrated contribution page 57)

◼ J. P. SAUER & SOHN MASCHINENBAU GMBH & CO. in Kiel was founded 1884 under the name of Wilhelm Poppe GmbH. The forward-looking company today develops and produces medium- and high-pressure compressors for industry, shipping and naval vessels with pressures of up to 350 bar. Sauer, with a skilled workforce of about 120, is also a market leader in compressors for submarines. Modern CNC machining methods ensure the high quality of Sauer products, which are sold worldwide, with more than 60 percent being exported. Sauer's subsidiaries, ALUP-Kompressoren GmbH, Stuttgart, and S. A. GIRODIN-SAUER, Paris, complement the parent's product range with low-pressure screwtype compressors. (Illustrated contribution page 89)

◼ The SAUER-SUNDSTRAND GROUP was formed in 1987 from a merger between Sauer Getriebe AG, Neumünster, and Sundstrand Hydrotransmission, Ames, Iowa (U.S.A.). Worldwide, it has a workforce of about 3,000, with almost 600 in Neumünster. Sauer-Sundstrand products are produced directly or under licence in nine countries. The programme covers hydrostatic and mechanical gears, axial piston pumps and motors, electronic and electrohydraulic controls and gear pumps. As competent systems supplier Sauer-Sundstrand offers power transmissions for mobile equipment used in agriculture, construction and building, forestry, material handling and municipal markets. Flexibility, a commitment to innovation and a skilled and motivated workforce are the group's formula for success. (Illustrated contribution page 95)

◼ With the exception of the self-administering towns, SCHLESWAG AKTIENGESELLSCHAFT in Rendsburg supplies Schleswig-Holstein with electricity, gas, water and heat. It provides the citizens of Germany's northernmost state with reliable and economical power. A firm feature of the energy mix are the renewable sources such as water, wind, sun and biogas.
(Illustrated contribution page 99)

◼ SCHLESWIG-HOLSTEINISCHE LANDSCHAFT HYPOTHEKEN-BANK AKTIENGESELLSCHAFT commenced business in Kiel on May 1, 1896. Its business covers everything appropriate to mortgage land banks. The credit institute gives house-building and agricultural credits mainly in Schleswig-Holstein, but advances to industry and local authorities all over Germany. In the securities sector the bank maintains links with the big German institutional investors. (Illustrated contribution page 164)

SCHNITTGER ARCHITEKTEN, Kiel: The architect's office was set up in 1900 by Hans Schnittger, taken over in 1934 by Otto Schnittger and is led today in the third generation by the architects Hans-Joachim, Dieter and Knud Schnittger. SCHNITTGER ARCHITEKTEN has a skilled staff of about 80 and in addition to the main office in Kiel there are field and partner offices in Lübeck, Berlin and Stralsund. Activities cover architectural competitions, planning, supervision of construction work, and cost and progress control for all civil engineering and construction projects. Planning and execution continually affect each other during project scheduling. The newest data processing methods are employed in costing, tendering, price comparison, cost optimation and CAD.

(Illustrated contribution page 70)

The company SIEMEN & HINSCH MBH (SIHI) has been founded in 1920 by the engineers Mr. Otto Siemen and Mr. Johannes Hinsch at St. Margarethen on the river Elbe. The fundamental creative idea of the founders was the invention of the self-priming liquid pumps and of vacuum pumps handling liquids. In 1925 the company has been removed to Itzehoe and forms the basis where the present internationally acting SIHI Group has been built up. Today 20 producing and marketing companies count among the SIHI Group; 17 abroad and 3 within the domestic territory, with 5 producing locations in Germany. There are 2,600 staff members worldwide, 1,600 of them in Germany. In 1994 the business units pump technology, vacuum technology, engineered systems and service of SIHI Itzehoe, with 800 staff members, achieved a turnover of 175 million DM. The worldwide Group turnover was 570 million DM (1994). SIHI's position is based on the role of leader in the fields of self-priming side channel pumps, liquid ring vacuum pumps and liquid ring vacuum compressors. (Illustrated contribution page 93)

SIEMENS SCHIENENFAHRZEUGTECHNIK GMBH, Kiel, emerged from Krupp Verkehrstechnik in December 1993 and today is part of Siemens AG's transport technology division. This innovative company is involved in manufacturing diesel-electric and diesel-hydraulic locomotives as well as components for railcars. Some 40 percent of production is sold in Germany, another 40 percent in other EC countries and 20 percent elsewhere abroad. Within the Siemens Group the Kiel company is regarded as a centre of competence for diesel locomotives.

(Illustrated contribution page 80, 81)

In 1796 the citizens of Kiel themselves founded the KIEL SAVINGS BANK for the benefit of their own community. Due to the mutual trust Kiel Savings Bank was developed to the todays most important partner in all financial matters for the private custumers, the crafts, trade and whole economy of the region. With a balance-sheet of nearly 5 billion DM, 30 branches throughout the city and a staff of about 800, Kiel Savings Bank is the largest bank of the region serving the needs of their citizenry.

(Illustrated contribution page 162)

SPAR HANDELS-AKTIENGESELLSCHAFT, in Schenefeld near Hamburg, was the result of a merger in 1985 between SPAR Grosshandlungen Pfeiffer & Schmidt in Hamburg, Karl Koch & Sohn in Düsseldorf and Kehrer & Weber in Munich. SPAR today has more than 30 wholesaling/service areas for almost 8,000 stores in the whole of Germany, almost 5,000 of which are independent SPAR dealers. SPAR earns about 50 percent of turnover in wholesaling with independent medium-sized food retailers, and a further 50 percent from retail at the large consumer markets of SPAR Handels-AG (EUROSPAR, famka, attracta), the self-service stores (INTERSPAR, HZ) and the food and non-food discount markets (Netto, KODI). The extensive product range also includes SPAR's own labels, which guarantee the customer brand quality at favourable prices. The company is present all over Germany and employs more than 30,000 people. The SPAR Group is today the world's largest store chain, being represented in 25 countries with more than 100 wholesalers and about 20,000 retailers. The SPAR Handels-AG is the largest and most successful national SPAR organization. (Illustrated contribution page 170, 171)

SPIEGELBLANK Reinigungsunternehmen Heinz Kuhnert GmbH & Co. KG, Kiel

Services of all kinds:

General maintenance and after-building cleaning, hospital cleaning, glass cleaning, Carpet Express: cleaning and sale of decoration material and carpets, upholstery cleaning; façade technology, graffiti removal, building restoration work and painting; winter services, industrial and computer cleaning, caretaker services, building management, diverse supply and disposal services and much, much more.

Kiel — Neumünster — Hamburg — Lübeck — Sylt — Itzehoe — Plön — Schwerin — Rostock — Stralsund (Illustrated contribution page 137)

Already in 1900 the Elmshorn public utility (STADTWERKE ELMS-HORN) supplied the town and many surrounding communities with gas, from 1902 with drinking water from two waterworks, and with electricity from 1912. The annual delivery rate today for natural gas is 670 million kilowatt-hours, while for water it is 3.5 million cubic metres. The supply area at present has an annual electricity demand of 188 million kilowatt-hours. Of this quantity, a modern combined heat-and-power station has been supplying 6.1 million kilowatt-hours since 1995, with 11.0 MWh being supplied as heat.

The utility also took over the Elmshorn port area in 1941. The baths operated since 1954 were converted in 1989 to a modern and attractive leisure bathing complex that is widely popular and even attracts people from as far away as Hamburg. Stadtwerke Elmshorn is today a modern, consumer-oriented service organization. A special concern, for example, is the advising of customers at the new energy advisory centre on such matters as resource-saving energy supply and tips for energy economy in the household. Further challenges in new fields will also be met with resourcefulness in the future. (Illustrated contribution page 100)

The TECHNISCHE FAKULTÄT DER CHRISTIAN-ALBRECHTS-UNIVERSITÄT ZU KIEL (Faculty of Engineering of Christian-Albrechts University in Kiel) was established in 1990 and offers study courses in electrical engineering, master's degree computer science, engineer-level computer science and materials sciences. The range of services for industry and private enterprise comprises consultancy, expert reports, material analysis, equipment use by third parties and joint development of equipment and processes. (Illustrated contribution page 64, 65)

The TECHNOLOGY FOUNDATION SCHLESWIG-HOLSTEIN, Kiel, established in 1991, supports the technology policy of the state government and aims to exert a favourable effect on the strategic-infrastructural prerequisites for technological development in Schleswig-Holstein. Its goals include stimulation of technological developments which focus on human benefits, unification of various fields of technology, support of new technology structures, objective assessment of the consequences of technology and provision of information for the technology process. The work of the Technology Foundation is characterized by a flexible approach, dynamic application of methods, time-limited project work, interdisciplinary staff qualifications and strategic use of resources. In this way it makes a ma-

jor contribution to the innovative "technology scene" in Schleswig-Holstein. (Illustrated contribution page 49)

The TECHNOLOGY REGION K.E.R.N. comprises the four towns which together create its name: Kiel, Eckernförde, Rendsburg and Neumünster, as well as the county of Rendsburg-Eckernförde and Plön. In total this region has a population of about 700,000 people in 254 towns and municipalities. In 1991 these six regional authorities commenced collaboration with the Kiel Chamber of Industry and Commerce, the Kiel and Central Holstein employers' associations and the KERN Region district of the DGB (German Trade Union Federation). They set themselves a number of tasks: to publicize the K.E.R.N. region as an attractive location, to strengthen cooperation in the region between the business and scientific communities and in the field of local planning, and to intensify cooperation with other regions. This developmental initiative has met with a positive response from the research programme on town networks of the Federal Ministry of Regional Planning, Construction and Town Planning and from the EU's INTERREG communal initiative. The EU has earmarked funds for a collaboration between the K.E.R.N. technology region and the Danish county of Fünen over a five-year period.

(Illustrated contribution page 50, 51)

THOMAS-BETON GMBH, Kiel, was founded in 1965, and in 1966 General-Consul Martin Thomas set up the ready-mixed concrete plant at Jarplund near Flensburg. Two years later a further plant was erected at Husum and in 1969 the Kiel plant was built and the head office was moved there. In the following period the company expanded and further grew by way of participations and takeovers. The company has also been represented in the former East Germany since 1990. Its products — ready-mixed concrete and concrete slabs — are marketed mainly in Schleswig-Holstein, Mecklenburg-Wester Pomerania and Berlin-Brandenburg, while worldwide links are maintained by way of a company in the U.S.A. and the parent establishment in Sweden. (Illustrated contribution page 122)

TRANSPORTBETON SCHLESWIG-HOLSTEIN GMBH & CO. KG, Kiel, was founded in 1961 and is part of the internationally active Ready-mix Group, Ratingen. Although concrete is by no means the only material of which one might say "It depends on into what we make it", a quotation like this is especially true of concrete. The production of this "material of the century" has shifted largely from the building site to the ready mixed concrete plant. The very large range of building materials (including ready mixed concrete, freshly mixed wet mortar, anhydrite floor screed, Füma and Estritherm) produced by Readymix using quality-tested raw materials is the basis of a comprehensive knowledge of the properties and possible uses of modern building materials. There is in addition a close-knit service network without which economical building, especially under adverse conditions, would hardly be possible. Building materials are delivered flexibly and reliably by truck mixers in accordance with the customer's needs. Mobile concrete pumps are taking over the placement of concrete at construction sites of any size. (Illustrated contribution page 120)

With its close branch network in Schleswig-Holstein, Hamburg, Niedersachsen, Mecklenburg-Vorpommern and Sachsen-Anhalt, VEREINS-UND WESTBANK is the leading regional bank in Northern Germany. Its regional presence — it has been in Kiel for more than 125 years — has yielded a wealth of experience that works to the advantage of its customers and of the whole business community and finds expression in specialized counselling and particular services. (Illustrated contribution page 161)

Stadtwerke Kiel AG supplies the state capital, Kiel, and a considerable surrounding area with electricity, gas, water and heat. These services are provided reliably, economically and on an environmentally friendly basis. In addition, the corporation is active in waste disposal. In 1965 the municipality's self-administered service departments were converted into a joint-stock company and incorporated with the Kieler Verkehrs-AG (transport company) under the umbrella of the corporate association VERSORGUNG UND VERKEHR KIEL GMBH (VVK). Measured in terms of workforce, turnover and capital investment, the VVK concern is one of the largest enterprises in the state capital. Shareholding relationships are as follows: Gemeinschaftskraftwerk Kiel GmbH (50 percent each for Stadtwerke Kiel AG and PreussenElektra AG), Stadtwerke Kiel und Tiedemann Entsorgung GmbH (50 percent each for Stadtwerke Kiel AG and Tiedemann Entsorgung GmbH & Co.), Kieler Umwelt-Entsorgungsservice GmbH (50 percent each for Stadtwerke Kiel AG and Schleswag Entsorgung GmbH), Kommunaler Windenergiepark Schleswig-Holstein GbR (20 percent Stadtwerke Kiel AG, 80 for 15 other supply companies in Schleswig-Holstein). (Illustrated contribution page 134, 135)

VOLLBRECHT + POHL KG, based in Rendsburg and with branches in Itzehoe and on Sylt, was founded about 1890 by the Weber-Lucks and Vollbrecht families. This modern wholesaler for heating and sanitary equipment and industrial supplies is now a member of the GC Group, which works together with the crafts. This grouping of medium-sized companies allows an unrestricted range of articles to be offered, also market and price transparency, ensures high stock availability and a reliable service. Customers have the benefit of regular product displays, comprehensive information, assistance in planning of shop layouts, exhibitions and fairs, also seminars and technical training arrangements. (Illustrated contribution page 174, 175)

WANKENDORFER BAUGENOSSENSCHAFT EG was founded by refugees, expellees and air-raid sufferers on September 4, 1947, in Wankendorf. With more than 10,000 members today, it is one of the largest housing cooperatives in the state. The housing service provider "Wankendorfer" at present manages about 14,000 real-estate properties in the region between Kiel, Hamburg and Lübeck. Of these more than 6,300 properties are self-owned, about 3,300 are managed for local authorities and private owners, while for about 4,300 the Wankendorfer is administrator in accordance with the House Ownership Act. A comprehensive construction programme covering the building of rented and freehold apartments and owner-occupier dwellings and including building renewal completes the building-society's activities. It had 172 employees in 1995 and with a balance-sheet total of about 361 million DM invested more than 46 million DM. (Illustrated contribution page 140)

The WAK Economics Academy for Schleswig-Holstein, founded in 1967 with the support of the three chambers of industry and commerce in Schleswig-Holstein and on the initiative of the then president of Kiel Chamber of Industry and Commerce, Consul Hans-Detlev Prien, is the centre for further training of the Chambers of Flensburg, Kiel and Lübeck. The WAK has 15 locations throughout the state. It offers further training in economics, with international management seminars, dual courses for Abitur students at the Berufsakademie (BA) and further training in business management to become a state-qualified business administrator. (Illustrated contribution page 72, 73)

Chocolate-maker Privat-Confiserie WIEBOLD was set up in 1968 and is now in the second generation, with confectioner Walter R. Wiebold in charge of the firm since 1985. The Elmshorn works has up to 250 employees. Every week fresh, hand-made truffle and chocolate specialties in a wide range are produced for the leading shops in Germany, Japan, the U.S.A., in the Middle East and all European countries. The most modern technology and a perfect standard of hygiene together with master craftsmanship ensure continuing success and growth rates far beyond the average for the trade. (Illustrated contribution page 125)

The PETER WOLTERS-GROUP includes two production companies in Rendsburg and seven sales and service companies in Germany, Switzerland, England, U.S.A., Singapore and China. The machine-tool division offers machines and processes for the precise plane-parallel machining of workpieces, while in respect of applications for the semiconductor industry the company is a market leader. High-precision wires for use in special tools and in the textile industry are produced and supplied worldwide by the wire division of the Peter Wolters-Group. (Illustrated contribution page 61)

YTONG NORDWEST GMBH in Wedel is one of nine production sites of the YTONG Group, supplying the German market with its high-quality products. YTONG Nordwest GmbH supplies the federal states of Schleswig-Holstein, Hamburg, Bremen and Lower Saxony with ecological building materials for basic construction and for modernization. The YTONG company, founded in Sweden in 1929, also developed the precision block building method and the precision block with finger recess. (Illustrated contribution page 121)

Activity at Kiel's Seafishmarket has changed from operating a fish transshipment point to becoming a modern service and rescarch centre. For some years now the 7-hectare terrain has accommodated the Research Centre for Marine Geosciences (Geomar) and the Institute of Polar Ecology. Here also is located the greater part of Kiel's fish trade, likewise various trading and craft firms, Schleswig-Holstein's Fisheries Office, a field office of the Oceanographic Institute and the DGB's vocational advancement centre. The area has good road links, railway sidings and is directly adjacent to deep water. Anyone interested in setting up here should contact ZENTRUM FÜR MARITIME TECHNOLOGIE UND SEEFISCHMARKT ZTS GRUNDSTÜCKSVERWALTUNG GMBH. (Illustrated contribution page 138)

BILDNACHWEIS / PICTURE REGISTER

VERZEICHNIS DER PR-BILDBEITRÄGE

Die nachstehenden Unternehmen, Verwaltungen und Verbände haben mit ihren Public-Relations-Beiträgen das Zustandekommen dieses Buches in dankenswerter Weise gefördert.

LIST OF ILLUSTRATED CONTRIBUTIONS

We thank the following companies, administrations and associations which with their public relations contributions have made the production of this book possible.

259

■ BILDQUELLEN/PICTURE SOURCES

Jörg Hillebrand, Bielefeld: S. 14 u., 15, 19, 23, 27, 31, 35, 49, 57, 59, 64, 65, 68 o., 69 M., 70, 74, 75, 77, 79, 84, 85, 87, 93, 95, 96, 99, 100, 113, 115, 118, 119 u., 121, 122, 123, 125, 129, 131, 133, 139, 140, 141, 142, 145, 146, 147, 148, 151, 152, 155, 158, 159, 165, 170, 171, 174, 175, 182, 183, 200

Archiv (Werkaufnahmen): S. 20, 21, 39, 50, 54, 55, 72, 73, 94, 107, 112, 114, 126, 127, 132, 164, 176, 178/179; F. Behling, Kiel: S. 120; Lars Bosse, Kiel: S. 227; Studio Brusius, Hamburg: S. 201; Johannes Callsen, Mohrkirch: S. 25, 37, 47, 169, 196 o., 197, 204, 214, 215; Jochen Clausen, Landballig: S. 187; Ulf Dahl / SH:Z, Flensburg: S. 17; Michael-Uwe Dreyling, Appen: S. 33, 193, 199, 207, 209, 211, 213, 218, 219; Fremdenverkehrsverband Schleswig-Holstein e. V., Kiel: S. 181, 221; Hansa-Luftbild: S. 119 o.; Jörg Hempel, Photodesign, Aachen: S. 162; F. W. Henning, Schönberg: S. 43; Michael Henry, Kiel: S. 191; André Hoffmann, Kiel: S. 69 u.; Industrie- und Handelskammer zu Kiel: S. 10, 11, 225; Inpress Marketing & Werbung GmbH, Gottfried Funk, Flintbek: S. 61; Prof. Günter Isleib, Kiel: S. 68 u.; Joachim Jüchser, Fotodesign, Lütjenwestedt: S. 111; Krupp MaK Maschinenbau GmbH, Kiel: S. 80, 81; D. Kuhnert, Kiel: S. 137; Kurverwaltung Plön: S. 41; Hero Lang, Bremerhaven: S. 105; mago luftbild Manfred Gottschalk, Dortmund: S. 83; MaK System Gesellschaft mbH, Kiel: S. 90, 91; Peter Neumann, YPS, Hamburg: S. 203; Hans Oden: S. 138; Bernd Perlbach, Preetz: S. 156, 157; Presseamt Landeshauptstadt Kiel, Foto: Renard: S. 14 o.; Peter Rathmann, Rendsburg: S. 173; Foto Renard, Kiel: S. 161; Andreas Rentz, Bongarts Sportfotografie GmbH, Hamburg: S. 223; R. W. Schlegelmilch, Frankfurt/Main: S. 153; Prof. Dr. sc. agr. Klaus Schlüter, Osterrönfeld: S. 69 o.; Stadt Neumünster: S. 29; Stadt Rendsburg, Amt für Wirtschaft und Finanzen: S. 45; Berndt Thomann, Kiel: S. 163; Tourist-Information Kiel e. V.: Titel, S. 13, 196 u., 203, 205, 217, 222; Fotodesign A. TT. Achim Tsutsui, Lübeck: S. 51; VVK-Pressestelle/Langhagen: S. 134, 135; vwn Werbeagentur GmbH, Kiel: S. 89; Fotocentrum Zimmermann GmbH, Hannover: S. 117